Die Wissenschaftssoziologie
Pierre Bourdieus

Alexander Lenger · Philipp Rhein

Die Wissenschafts-soziologie Pierre Bourdieus

Alexander Lenger
Institut für Soziologie
Albert-Ludwigs-Universität Freiburg
Freiburg, Deutschland

Philipp Rhein
Institut für Soziologie, Ludwig-
Maximilians-Universität München
München, Deutschland

Zentrum für ökonomische Bildung
Universität Siegen
Siegen, Deutschland

ISBN 978-3-658-21902-4   ISBN 978-3-658-21903-1 (eBook)
https://doi.org/10.1007/978-3-658-21903-1

Die Deutsche Nationalbibliothek verzeichnet diese Publikation in der Deutschen Nationalbibliografie; detaillierte bibliografische Daten sind im Internet über http://dnb.d-nb.de abrufbar.

Springer VS
© Springer Fachmedien Wiesbaden GmbH, ein Teil von Springer Nature 2018
Das Werk einschließlich aller seiner Teile ist urheberrechtlich geschützt. Jede Verwertung, die nicht ausdrücklich vom Urheberrechtsgesetz zugelassen ist, bedarf der vorherigen Zustimmung des Verlags. Das gilt insbesondere für Vervielfältigungen, Bearbeitungen, Übersetzungen, Mikroverfilmungen und die Einspeicherung und Verarbeitung in elektronischen Systemen.
Die Wiedergabe von Gebrauchsnamen, Handelsnamen, Warenbezeichnungen usw. in diesem Werk berechtigt auch ohne besondere Kennzeichnung nicht zu der Annahme, dass solche Namen im Sinne der Warenzeichen- und Markenschutz-Gesetzgebung als frei zu betrachten wären und daher von jedermann benutzt werden dürften.
Der Verlag, die Autoren und die Herausgeber gehen davon aus, dass die Angaben und Informationen in diesem Werk zum Zeitpunkt der Veröffentlichung vollständig und korrekt sind. Weder der Verlag noch die Autoren oder die Herausgeber übernehmen, ausdrücklich oder implizit, Gewähr für den Inhalt des Werkes, etwaige Fehler oder Äußerungen. Der Verlag bleibt im Hinblick auf geografische Zuordnungen und Gebietsbezeichnungen in veröffentlichten Karten und Institutionsadressen neutral.

Verantwortlich im Verlag: Cori Antonia Mackrodt

Gedruckt auf säurefreiem und chlorfrei gebleichtem Papier

Springer VS ist ein Imprint der eingetragenen Gesellschaft Springer Fachmedien Wiesbaden GmbH und ist ein Teil von Springer Nature
Die Anschrift der Gesellschaft ist: Abraham-Lincoln-Str. 46, 65189 Wiesbaden, Germany

Inhaltsverzeichnis

1	**Einleitung**	1
2	**Bourdieus Erkenntnis- und Wissenschaftstheorie**	13
2.1	Zur Kritik der scholastischen Vernunft	14
2.1.1	Muße und scholastische Felder	14
2.1.2	Denken *über* die Welt als Denken *in* der Welt	19
2.1.3	Der scholastische Epistemozentrismus und die Theorie der Praxis	23
2.2	Zwischen Objektivismus und Subjektivismus: Die praxeologische Erkenntnisweise	27
2.2.1	Der erste Bruch: Wider den Subjektivismus	30
2.2.2	Der zweite Bruch: Wider den Objektivismus	33
2.2.3	Die Überschreitung: Die praxeologische Erkenntnisweise als epistemologische Kritik	38
2.2.4	Kritik am Intellektualismus der Zeitlosigkeit	40
2.3	Jenseits des Positivismus	42
2.3.1	Das Verhältnis von Theorie und Empirie aus Sicht der Kritischen Theorie	44
2.3.2	Bourdieus Programm wider den Positivismus	46
2.3.3	Bruch und Konstruktion: Gaston Bachelard	48
2.3.4	Die symbolischen Formen: Ernst Cassirer	50
2.3.5	Die soziologische Sprache der Relationalität	52
2.4	Distanz zum Beobachteten und Beschriebenen: Die Programmatik der Reflexivität	55

	2.5	Der Anspruch auf Wahrheit	63
		2.5.1 Wissenschaftssoziologie: Von der Praxis der Wissenschaft	63
		2.5.2 Wahrheit und Kampf	68
3	**Das wissenschaftliche Feld**		**71**
	3.1	Wissenschaftssoziologie und das wissenschaftliche Feld	74
	3.2	Habitus und Feld: Eine Theorie konflikthafter Differenzierung	77
		3.2.1 Gesellschaftliche Differenzierung und soziale Konflikte	77
		3.2.2 Konflikttheorie, Habitus und Sozialisation	79
		3.2.3 Habitus, Sozialraum und Felder	81
	3.3	*Illusio* und der Glauben an das Spiel der Wissenschaft	84
	3.4	Professor*innen im wissenschaftlichen Feld	87
		3.4.1 Disposition, Position, Positionierung: Eine Heuristik sozialer Kämpfe	87
		3.4.2 Feldspezifisches Kapital: Ämter und Prestige	90
	3.5	Die Konzeption des wissenschaftlichen Feldes	94
		3.5.1 Die Logik sozialer Felder	95
		3.5.2 Relative Autonomie und das Feld der Macht	98
		3.5.3 Drei Hierarchisierungsprinzipien	101
	3.6	Homo academicus: Von der Theorie zur Empirie	115
4	**Vom Gebrauch der Wissenschaft**		**119**
	4.1	Die Feldtheorie – Ein Programm zur kollektiven Selbstanalyse	120
	4.2	Im Geiste der Kritischen Theorie	129
		4.2.1 Autonomie – Welche Autonomie?	130
		4.2.2 Zur Theorie des kommunikativen Handelns	133
		4.2.3 Autonome Kommunikation – Kontrafaktische Ideale der Wissenschaft bei Bourdieu und Habermas	139
	4.3	Wissenschaft und (Real-)Politik	143
		4.3.1 Kritik und Selbstreflexion	144
		4.3.2 Der politische Eingriff der Intellektuellen	148
	4.4	Wissenschaft, Wissenschaftssoziologie und das Feld der Macht	153
		4.4.1 Die gesellschaftliche Einbettung der Wissenschaft	156
		4.4.2 Die Felder kultureller Produktion und der kritische Standpunkt	160

5 Bourdieu und die moderne Wissenschaftssoziologie 165
5.1 Die konstruktivistische Wende in der Wissenschaftssoziologie.... 166
5.2 Bourdieu und die *Science and Technology Studies* 169
5.2.1 Bourdieus wissenssoziologische Anschlüsse 169
5.2.2 Praxiskonflikte 172
5.2.3 Dinge und Artefakte 173
5.2.4 Bourdieu und Latour 175
5.2.5 „Soziotechnische Rationalität" 176
5.3 Feldtheoretische Analysen im Anschluss an Bourdieu 179

6 Fazit: Bourdieu in der Wissenschaftsforschung 193

Literatur 199

Einleitung 1

Wie kommt denn diese Wissenschaft, die noch in ihren Kinderschuhen steckt, dazu, die anderen Wissenschaften ihrer Prüfung zu unterziehen?! Ich denke natürlich an die Wissenschaftssoziologie. Tatsächlich stellt die Soziologie den anderen Wissenschaften nur die Fragen, die sich ihr selbst in besonders scharfer Form stellen. Ist die Soziologie eine kritische Wissenschaft, dann vielleicht deshalb, weil sie selbst in einer kritischen Position steckt (Bourdieu 1993 [1980]).

Die Soziologie Pierre Bourdieus gehört heute zum Standardrepertoire der Sozialwissenschaften[1] und entfaltet eine nachhaltige Wirkung auf die gesamte Disziplin der Soziologie (Sallaz und Zavisca 2007; Silva und Warde 2010; Lamont 2012a; Lenger et al. 2018). Innerhalb der soziologischen Theoriearbeit Bourdieus kommt der Wissenschaftssoziologie dabei eine zentrale Stellung zu. Sie verbindet seine philosophischen und erkenntnistheoretischen Grundlagen mit seinem soziologischen Forschungsprogramm. Um Bourdieus Gesamtwerk verstehen zu können, so unsere Auffassung, ist es unerlässlich, seine wissenschaftstheoretische Grundlage zu berücksichtigen. Das vorliegende Buch versteht sich als Hilfestellung hierfür. Obwohl Bourdieus Theoriekonzeption in großen Teilen in der Auseinandersetzung mit der Wissenschaft und der Produktion von wissenschaftlichem Wissen entwickelt wurde, wird seine Wissenschaftssoziologie in der deutschen Wissenschaftsforschung bis heute nur eingeschränkt rezipiert, und es liegt bisher

---

[1]Vgl. exemplarisch Janning (1991); Jenkins (2001 [1992]); Schwingel (1995); Bittlingmayer und Eickelpasch (2002); Papilloud (2003); Ebrecht und Hillebrandt (2004); Fuchs-Heinritz und König (2005); Barlösius (2006); Rehbein (2006a); Wacquant (2006); Bohn und Hahn (2007); Schultheis (2007); Jurt (2008); Fröhlich und Rehbein (2009); Kastner (2009); Schumacher (2011); Šuber et al. (2011); Lenger et al. (2013b); Müller (2014a).

© Springer Fachmedien Wiesbaden GmbH, ein Teil von Springer Nature 2018
A. Lenger und P. Rhein, *Die Wissenschaftssoziologie Pierre Bourdieus*,
https://doi.org/10.1007/978-3-658-21903-1_1

keine systematische Abhandlung seiner Wissenschaftssoziologie vor. Diese Lücke schließt der vorliegende Band.

In den einleitenden Worten Bourdieus geht es um die Frage nach der Legitimation und Funktionalität einer Soziologie der Wissenschaft. Darin ist eine gesellschaftliche und wissenschaftliche Kritik an einem zunächst fragwürdig erscheinenden Vorhaben enthalten: Welche Aussagen kann eine Sozialwissenschaft, deren konzeptionell und theoretisch unscharfer Gegenstand die Gesellschaft ist, über die Prozesse logisch-rationaler Wissensbildung generieren? In der Tat spricht eine Vielzahl von Gründen dafür, Wissenschaft und das von ihr produzierte ‚wissenschaftliche Wissen' zum Gegenstand der soziologischen Analyse zu machen. Die Bedeutung und Legitimierung eines solchen Unterfangens leitet sich dabei vom zentralen Stellenwert der Wissenschaft für moderne Gesellschaften ab (Barber 1978 [1952]; Mannheim 1964; Luhmann 1992; Stichweh 2013 [1994]; Böschen und Schulz-Schaeffer 2003). Wissenschaft wird von der Gesellschaft getragen – sie wird finanziert und kontrolliert und sie fordert die Gesellschaft immer neu heraus. Die beständige Produktion neuen Wissens erzeugt einerseits Innovationen und Wohlstand und führt andererseits zu gesellschaftlichen Irritationen, worauf Politik, Recht, Religion und Moral stets gezwungen sind zu antworten. Wissenschaft gefährdet die Gesellschaft fortwährend, wie auch die Wissenschaft selbst von der Gesellschaft gefährdet wird (Weingart 2010a, S. 98). Insofern ist der sozialwissenschaftliche Blick auf die Wissenschaft immer zugleich ein Blick auf die Gesellschaft dieser Wissenschaft (Weingart 2010a, S. 89).

Damit hängt auch zusammen, dass wissenschaftliches Wissen in modernen Gesellschaften stets eine Sonderstellung einnimmt. Gegenüber etwa tradierten, weltanschaulichen oder religiösen Wissensbeständen will wissenschaftliches Wissen explizit unabhängig sein von den religiösen oder weltanschaulichen Überzeugungen seiner Entdecker*innen und Befürworter*innen. Entsprechend wird die ‚Universalität' wissenschaftlichen Wissens betont (Merton 1985a [1973]; Weingart 2003, S. 7). Eine Soziologie der Wissenschaft interessiert daher grundlegend, wie wissenschaftliche Wissensansprüche zustande kommen und wie sie von Wissenschaftler*innen als solche angeboten werden bzw. wie diese Ansprüche als wissenschaftliches Wissen in der Wissenschaft und in der Gesellschaft Geltung erlangen (Stehr 1994, S. 550). Weil sich die Wissenschaftsforschung sowohl mit den logischen und erkenntnistheoretischen Begründungen wie auch mit den Strukturen und kognitiven Inhalten von Wissen befasst, liegt der Fokus der Wissenschaftssoziologie entsprechend auf den Praktiken, sozialen Bedingungen und Gesetzmäßigkeiten, die wissenschaftliches Wissen hervorbringen und produzieren (Felt et al. 1995, S. 19). Die Analyse der Produktionsbedingungen

1 Einleitung

von Wissen erstreckt sich dabei gleichermaßen auf die institutionellen Voraussetzungen von Wissenschaft und der konkreten Forschungsprozesse wie auch auf die Frage, inwieweit die Wissenschaftler*innen als soziale Akteure in die soziale Welt der Wissenschaft eingebunden sind. Die Analyse von Wissenschaft ist für Wissenschaftler*innen ein voraussetzungsvolles Unterfangen. Denn eine die Wissenschaft beobachtende Wissenschaft ist zwangsläufig immer selbst auch Teil des untersuchten Gegenstandes. Insofern scheint eine komplexe-selbstbezügliche Beobachtungssituation vorzuliegen.

An diesem Punkt entfaltet die Wissenschaftssoziologie Bourdieus ihre soziologische und erkenntnistheoretische Bedeutung. Für Bourdieu steht am Anfang jeder Analyse von Wissenschaft und wissenschaftlichem Wissen eine kritische Distanzierung vom Untersuchungsgegenstand (siehe Abschn. 2.1). Diese wurzelt in der Einsicht, dass die soziologische Beobachtung ihre wissenschaftliche Beobachtung nicht unbeobachtet lassen kann. Insofern arbeitet Bourdieu in seiner Wissenschaftssoziologie heraus, dass wissenschaftliches Handeln untrennbar sowohl epistemisch als auch sozial geprägt ist (Kim 2009). Damit stellt er aber keineswegs die Wissenschaftssoziologie infrage, sondern er zeigt auf, dass eine Analyse der Wissenschaft und ihrer Disziplinen zwingend eine Reflexion der Position des*der Wissenschaftler*in implizieren muss. Eine Soziologie, die eine Beobachtung der Wissenschaft leisten will, setzt folglich ein hohes Maß an Reflexivität voraus. Will eine wissenschaftliche Disziplin die Wissenschaft beobachten, dann kommt sie nicht umhin, die Bedingungen ihrer eigenen Existenz in den Blick zu nehmen. Jede Wissenschaft, die ein solches Anliegen verfolgt, muss sich selbst, gewissermaßen als blinden Fleck, in den Mittelpunkt des Forschungsinteresses rücken. Mit dieser konsequenten Selbstperspektivierung verändert Bourdieu radikal den Blick auf die Wissenschaft. Indem er den Geltungsanspruch wissenschaftssoziologischen Wissens relativiert, wirft er die generelle Frage nach der Bedeutung und Reichweite wissenschaftlichen Wissens auf. Bourdieu bewegt sich in diesem Sinne ganz in einer Linie mit anderen Arbeiten zur Selbstreflexion der Wissenschaft (siehe Abschn. 4.3).

Im deutschsprachigen Raum vollzog sich die Institutionalisierung der Wissenschaftssoziologie seit den 1970er Jahren.[2] Die Diskussionen befassten sich in

---

[2]Für die Bundesrepublik Deutschland ist insbesondere das Starnberger ‚Max-Planck-Institut zur Erforschung der Lebensbedingungen der wissenschaftlich-technischen Welt' zu nennen, das 1970 gegründet wurde (Laitko 2011). Dort widmeten sich zahlreiche sozialwissenschaftliche Disziplinen sozialpolitischen und besonders auch wissenschaftsphilosophischen Fragestellungen.

dieser Zeit zunächst mit der Frage, welche Bereiche der Wissenschaft die sogenannte Wissenschafts*forschung* und welche Fragen die Wissenschafts*soziologie* zu bearbeiten hätte (Weingart 1972; Felt et al. 1995). Traditionell ist die Unterscheidung zwischen Wissenschaftsforschung und Wissenschaftssoziologie darin begründet, dass die Wissenschaftsforschung allgemein an den logischen und erkenntnistheoretischen Begründungen als auch an den Strukturen und kognitiven Inhalten des Wissens interessiert ist, während der Fokus der Wissenschaftssoziologie auf den Institutionen, Praktiken sowie sozialen Bedingungen und Gesetzmäßigkeiten liegt, die das Wissen hervorbringen (Felt et al. 1995, S. 19). Für eine umfassende Analyse musste die theoretische Trennung aber zwangsläufig unzureichend bleiben, Wissenschaft zum einen nur im Hinblick auf die internen Gesetzmäßigkeiten wissenschaftlicher Entwicklungen, zum anderen die sozialen und institutionellen Strukturen der Wissenschaft und zuletzt die wissenschaftsexternen Determinanten wie Politik, Medien oder Ethik disziplinär getrennt voneinander zu analysieren (Weingart 1972, S. 21). So hat sich inzwischen die Einsicht durchgesetzt, dass es einer übergreifenden Konzeptualisierung und Theoretisierung bedarf, um Wissenschaft als Teil der Gesellschaft wissenschaftlich beobachten zu können.

Entsprechend wandelte sich das Erkenntnisinteresse und die Wissenschaftssoziologie wandte sich der Untersuchung der Art und Weise der Wissensproduktion zu. Insbesondere die empirische Wissenschaftssoziologie widmete sich vermehrt dem Entstehungsprozess von naturwissenschaftlichem Wissen an seinem Ursprungsort, d. h. dort wo das wissenschaftliche Wissen im jeweiligen Augenblick produziert wird (Weingart 2003, S. 67). So unternahmen Soziolog*innen ab den 1980er Jahren erste sogenannte Laborstudien, d. h. teilnehmende Beobachtungen von Forschungsprozessen in Forschungslaboratorien (Knorr-Cetina 1984 [1981]; Latour und Woolgar 1986 [1979]). Diese ethnografischen Feldforschungen führten zu der Einsicht, dass, entgegen der verbreiteten Vorstellung von Universalität, Wissensgenerierung entscheidungsgeladen, kontextuell kontingent und lokal situiert ist. Entsprechend galt Wissen fortan als Resultat eines sozialen Konstruktionsprozesses, das überhaupt erst unter bestimmten Bedingungen, z. B. denen des Labors, erzeugt werden kann (Weingart 2003, S. 69). Diese zweifelsohne bedeutende Perspektiverweiterung im Zuge der Laborstudien führte zur Etablierung des transdisziplinären Forschungsfeldes der *Science and Technology Studies* (Hackett et al. 2008; Lengersdorf und Wieser 2014; Bauer et al. 2017) und bewirkte eine zentrale Umorientierung in der Wissenschaftssoziologie. Die bisherigen Untersuchungen von Wissenschaft als Institution wurden nun um die Dimension einer Soziologie wissenschaftlichen Wissens erweitert, womit Wissen selbst zum Untersuchungsgegenstand sozialwissenschaftlicher Forschung wurde (Bloor 1991 [1976]; Niewöhner 2012).

1 Einleitung

Seit den 1990er Jahren fand eine zentrale Weiterentwicklung im deutschsprachigen Raum im Kontext der Systemtheorie statt, die Wissenschaft als operativ geschlossenes Funktionssystem moderner und differenzierter Gesellschaft begreift (Luhmann 1992; Stichweh 2013 [1994]). Der besondere Beitrag liegt in dem Versuch, gesellschaftstheoretische und erkenntnistheoretische Fragen zirkulär zu verknüpfen. Insbesondere Niklas Luhmann argumentierte, dass ein Mangel an Gesellschaftstheorie der Grund dafür sei, dass die bisherige Wissenschaftssoziologie epistemologische Fragen nicht zureichend behandeln konnte, sondern sich mit dem – aus seiner Sicht – trivialen Nachweis sozialer Einflüsse des Wissens begnügen musste (Luhmann 1992, S. 616). Im Anschluss an Luhmann kritisiert entsprechend Peter Weingart die Laborstudien und die Akteur-Netzwerk-Theorie, denen er einen Mangel an allgemeiner Gesellschaftstheorie vorwirft. Weil beide Ansätze die Einbindung gesellschaftsstruktureller Bedingungen nicht berücksichtigen, reduzieren sie das Soziale in der Wissenschaft lediglich auf das konkrete Handeln von Wissenschaftler*innen. Damit – so Weingart – verkennen die Akteur-Netzwerk-Theoretiker*innen sowie die Vertreter*innen der *Science and Technology Studies* die sozialstrukturell vermittelte Dimension von Handeln (Weingart 2003, S. 83). Darüber hinaus messen sie ihren Schlussfolgerungen zu viel Erklärungskraft bei, weil die vermeintlich kontingente und durch lokale Bedingungen geprägte Konstruktion des Wissens jede Differenz zu anderen, alltäglichen Wissensformen verschwinden lasse (Weingart 2003, S. 82). Wie Luhmann begreift Weingart Wissenschaft als gesellschaftliches Teilsystem und nimmt dessen Verschränkung mit anderen Teilsystemen, insbesondere dem der Medien und der Politik, in den Blick (Weingart 2001). Wissenschaft zeichnet sich für ihn durch einen hohen Grad an ‚reputationaler Autonomie' aus, d. h. sie verfügt über einen Selbststeuerungsmechanismus, der mittels der Zuweisung von Reputation an Akteure und Organisationen funktioniert. Hierdurch wird ein innerwissenschaftlicher Beurteilungsmechanismus der wissenschaftlichen Leistungen etabliert und aufrechterhalten (Weingart 2001, S. 234).

Auch wenn die Beiträge der Wissenschaftssoziologie im vergangenen Jahrhundert die Entstehungsbedingungen und Geltungsansprüche wissenschaftlichen Wissens stets kritisch begleitet haben, so besteht in der Wissenschaftssoziologie Einigkeit darüber, dass den sogenannten ‚klugen Köpfen' weit weniger Bedeutung im Prozess der wissenschaftlichen Erkenntnisgenese zukommt, als es das wissenschaftliche Selbstverständnis suggerieren würde (Stehr 1994, S. 544–546; vgl. hierzu ausführlicher Merton 1985b [1973]; Zuckerman 1988, S. 526–535). Kritisch merkt beispielsweise Stefanie Engler an: „Nach gängigen Vorstellungen wird herausragende wissenschaftliche Leistung von Persönlichkeiten erbracht. Es ist die von ihnen hervorgebrachte Arbeit, die sie zu dem macht, was sie sind:

große wissenschaftliche Persönlichkeiten" (Engler 2001, S. 445). Dementsprechend scheint auch weiterhin in weiten Teilen der Gesellschaft ein Wissenschaftsverständnis vorzuherrschen, hinter dem die implizite Vorstellung steht, dass Wissenschaftler*innen über außergewöhnliche Kompetenzen verfügen. So wird in der außerwissenschaftlichen Öffentlichkeit wissenschaftliche Erkenntnis auch weiterhin vielfach als das Ergebnis einer Anzahl von kreativen Beiträgen von einsamen und autonomen Wissenschaftler*innen verstanden, die sich einer Analyse der sozialen, ökonomischen und politischen Kontexte scheinbar entziehen.

Genau diese unkritische Wahrnehmung ist für Bourdieu problematisch. Für ihn hängen die unanfechtbaren Geltungsansprüche wissenschaftlich-objektiven Wissens in der modernen Gesellschaft untrennbar mit Macht- und Durchsetzungsmechanismen zusammen. Ihn interessiert, welche sozialen Bedingungen dafür verantwortlich sind, dass wissenschaftliches Wissen mit diesem Anspruch auf Unanfechtbarkeit operieren kann. Gerade weil die Soziologie eine verstehende und beschreibende Disziplin ist, die keine Objektivitätsansprüche erheben will und kann und daher beispielsweise auch um ihre eingeschränkte Prognosefähigkeit weiß – sie also in einer „kritischen Position steckt", wie Bourdieu (1993 [1980]) sagt – ist sie auch in der Lage, die Wissenschaft kritisch zu begleiten. Für Bourdieu lässt sich die „Objektivierung des objektivierenden Subjekts [...] nicht mehr umgehen" (Bourdieu 1988 [1984], S. 10). Er meint damit, dass Wissenschaftler*innen historischen und gesellschaftlichen Bedingungen unterworfen sind, womit jeder Anspruch auf Unanfechtbarkeit des objektiven Wissens der Wissenschaft problematisch wird. Entsprechend ist es die Aufgabe der Wissenschaftssoziologie, die materiellen, historischen und gesellschaftlichen Strukturen des wissenschaftlichen Produktionsprozesses aufzudecken und in ihren Analysen zu berücksichtigen. Damit wird der praktischen Einbettung jedes wissenschaftlichen Akteurs in ein spezifisches Universum – dem der Wissenschaft – Rechnung getragen. Wissenschaft weist, so die zentrale soziologische Einsicht, eine operative oder praktische Eigenlogik auf, in der sie sich von anderen gesellschaftlichen Bereichen – der Politik, Religion oder Wirtschaft – unterscheidet (Luhmann 1984). Bourdieus besondere Leistung auf dem Gebiet der Wissenschaftssoziologie ist es, ein gesellschaftstheoretisches, d. h. ein gleichermaßen praxis- und differenzierungstheoretisches Verständnis von Wissenschaft bereitzuhalten. Er verbindet dabei zwei wissenschaftssoziologische Theorietraditionen: zum einen eine strukturfunktionalistische bzw. institutionalistische Wissenschaftssoziologie in der Tradition von Talcott Parsons und Robert K. Merton, die vornehmlich die Genese und die soziale Struktur der Wissenschaft ins Auge fasst und zum anderen ein handlungstheoretisches, wissenssoziologisches und modernisierungstheoretisches Verständnis von Wissenschaft, das wissenschaftliches Wissen selbst als

1 Einleitung

soziale Konstruktion betrachtet (Krohn 2000, S. 314–315; Kaiser und Maasen 2010, S. 685).

Die Synthese von Wissens- und Wissenschaftssoziologie, von Epistemologie und Wissenschaftsforschung gelingt Bourdieu, weil seine Wissenschaftssoziologie in eine allgemeine Praxistheorie eingelagert ist. Mittels der Beschreibung von Wissenschaft als Praxis gelingt es, die Entstehung und Durchsetzung wissenschaftlicher Geltungsansprüche zu erklären. Für Bourdieu ist soziale Praxis nicht über die gesamte Gesellschaft hinweg einheitlich geordnet, sondern stets an spezifische Räume bzw. Felder gebunden, die jeweils ihre eigenen Strukturen und Funktionslogiken aufweisen. Mit Rückgriff auf Bourdieus erkenntnis- und wissenschaftstheoretische Arbeiten werden wir die wissenschaftssoziologische Relevanz der Praxistheorie herausarbeiten und zeigen, auf welche Weise Bourdieu seine allgemeine Sozialtheorie, die er in Form seines relationalen Konzeptes sozialer Felder ausbuchstabiert, auf die Erforschung der sozialen Strukturen der Wissenschaft anwendet. Indem Wissenschaft als eine besondere Form sozialer Praxis mit aus spezifischen Interessen handelnden Akteuren interpretiert wird, ohne Bezugnahme auf explizite, von den Handelnden in ihrer Verbindlichkeit bewusst wahrgenommene, sanktionierende soziale Regeln, gelingt es Bourdieu, die Entstehung und Durchsetzung wissenschaftlicher Geltungsansprüche zu verstehen.

Bourdieus Mehrwert für die Wissenschaftsforschung besteht in der Einsicht, dass sich Wissenschaftler*innen in ihrer Handlungspraxis an einem „Praktischen Sinn" (Bourdieu 1987 [1980]) orientieren. Die Regelhaftigkeit wissenschaftlicher Praktiken und Institutionen wird dementsprechend durch das Zusammenspiel von Personen und Strukturen erklärt: Zum einen werden auf der Seite der Akteure die impliziten Regeln des wissenschaftlichen Feldes durch entsprechende Präferenzen praktischer Sinnhaftigkeit in Form von regelmäßigen Praktiken und Faustregeln sowie durch ein korrespondierendes *Ethos* und eine entsprechende Stilisierung als praktikabel und schlüssig anerkannt. D. h. wissenschaftliche Praktiken werden von Wissenschaftler*innen (bewusst und/oder unbewusst) als ‚sinnvolle' bzw. ‚praktikable' Handlungsorientierungen in ihre individuellen Habitus-Dispositionen übernommen. Zum anderen erfolgt die theoretische Vermittlung zwischen gesellschaftlich legitimierten Geltungsansprüchen und den individuellen Erwartungen von Wissenschaftler*innen, indem deren subjektive Ansprüche und Werthaltungen, wie auch der äußere Zwangscharakter, von verbindlichen Pflichten und Geltungsansprüchen in der Analyse gleichermaßen berücksichtigt werden. Entsprechend muss bei der Erforschung der Wissenschaft Bourdieu zufolge die Analyse der objektiven Strukturen der Wissenschaft (Institutionen, Kräftefelder, Regeln) mit einer Analyse mentaler Strukturen und Positionierungen (Einstellungen, Präferenzen und Habitus-Dispositionen von

Wissenschaftler*innen) kombiniert werden. Die Analyse dieses Vermittlungsprozesses ist ein zentraler Mehrwert einer praxistheoretischen Wissenschaftssoziologie im Anschluss an Bourdieu.

Bourdieus konflikt- und differenzierungstheoretische Analyse der Wissenschaft hat ihren Ursprung bereits in seinen frühen Arbeiten. Schon 1975 hat er in zwei kürzeren Publikationen auf die sozialen Bedingungen der Wissenschaft hingewiesen und das wissenschaftliche Feld als eine Arena sozialer Konflikte gekennzeichnet (Bourdieu 1975, 1991 [1975]):

> The scientific field is a field of forces whose structure is defined by the continuous distribution of the specific capital possessed, at the given moment, by various agents or institutions operative in the field. It is also a field of struggles or a space of competition where agents or institutions who work at valorizing their own capital – by means of strategies of accumulation imposed by the competition and appropriate for determining the preservation or transformation of the structure – confront each other (Bourdieu 1991 [1975], S. 6–7).

Es gilt festzuhalten, dass Bourdieus wissenschaftssoziologische Beiträge über eine Vielzahl verschiedener Werke verteilt sind. Dennoch nehmen sie unseres Erachtens innerhalb seines soziologischen Gesamtwerks eine zentrale Stellung ein. Als zentrale wissenschaftssoziologische Werke gelten die in den 1980er Jahren veröffentlichte Monografie *Homo academicus* (Bourdieu 1988 [1984]) und der in den 1990er Jahren publizierte Band *Vom Gebrauch der Wissenschaft* (1998 [1997]). Vielfach wird Bourdieus wissenschaftssoziologischer Beitrag schlichtweg mit *Homo academicus* (Bourdieu 1988 [1984]) gleichgesetzt und in der Folge auf seine empirische Analyse des akademischen Feldes reduziert (z. B. Rehbein 2006a). Allgemein muss darauf hingewiesen werden, dass sich das Gesamtwerk von Bourdieu in seiner Entwicklung durch bestimmte Phasen, Ideenstränge und Entwicklungsschübe charakterisieren lässt (Lenger et al. 2013a, S. 16). Auch wenn die Literatur diese Weiterentwicklung in der Regel anerkennt, werden die dem Werk immanenten Modifikationen und Weiterentwicklungen doch selten explizit herausgestellt. Gemäß unserer Lesart lassen sich für die Wissenschaftssoziologie Pierre Bourdieus drei Entwicklungsstränge identifizieren, wobei bemerkenswerterweise alle drei Stränge schon Mitte der 1970er Jahre angelegt waren und von Bourdieu erst Schritt für Schritt weiter systematisiert und in den Folgejahren durch Einzelstudien ergänzt und komplettiert wurden.[3]

---

[3]Gerade dieses Vorgehen ist charakteristisch für die Soziologie Pierre Bourdieus. So weisen beispielsweise Hans Joas und Wolfgang Knöbl (2013 [2004]) darauf hin, dass Theorie und

1 Einleitung

Als erstes ist seine erkenntnistheoretische und wissenschaftsphilosophische Grundlegung zu nennen. Bereits 1968 veröffentlichte Bourdieu gemeinsam mit Jean-Claude Chamboredon und Jean-Claude Passeron mit *Soziologie als Beruf: Wissenschaftstheoretische Voraussetzungen soziologischer Erkenntnis* (Bourdieu et al. 1991 [1968]) eine erste wissenschaftstheoretische Abhandlung. Hier diskutierten Bourdieu und Kollegen erstmalig die Struktur der scientific community und legten zugleich den Grundstein für seine reflexive Wissenschaftssoziologie (Bourdieu 1991 [1968], S. 86). Darüber hinaus liegen mit „The Specifity of the Scientific Field and the Social Conditions of the Progress of Reason" (Bourdieu 1975) und „The Peculiar History of Scientific Reason" (1991 [1975]) zwei frühe Aufsätze vor, die die zentralen Argumentationslinien von Bourdieus Wissenschaftssoziologie skizzieren (vgl. dazu auch später die Monografie *Science of Science and Reflexivity* 2004 [2001] sowie Kim 2009).

Zweitens sind seine empirischen Analysen des wissenschaftlichen Feldes zu nennen: Die empirische Beschreibung des wissenschaftlichen Feldes hat Bourdieu insbesondere mit den zwei benannten Abhandlungen betrieben. Mit *Homo academicus* (Bourdieu 1988 [1984]) legte er Mitte der 1980er Jahre eine umfassende empirische Beschreibung des akademischen Feldes vor. Mit *Vom Gebrauch der Wissenschaft. Für eine klinische Soziologie des wissenschaftlichen Feldes* (1998 [1997]) folgte dann Mitte der 1990er Jahre eine Beschreibung der außeruniversitären Forschung.[4]

An dritter Stelle kommt in den 1990er Jahren die Entwicklung einer politisch orientierten reflexiven Wissenschaft als Weiterentwicklung seiner wissenschaftstheoretischen Arbeiten hinzu. Hier sind insbesondere erneut die Schrift *Vom Gebrauch der Wissenschaft* (Bourdieu 1998 [1997]) sowie seine Abschiedsvorlesung am Collège de France in den Jahren 2000 und 2001 unter dem Titel *Science de la science et réflexivité* (Bourdieu 2001a, 2004 [2001]) zu nennen. Beide Werke bauen stark auf die ursprünglichen Überlegungen der beiden Aufsätze von 1975 auf und widmen sich einer konsistenten Weiterentwicklung hin zu seiner reflexiven Wissenschaftssoziologie. Die bemerkenswerte Tatsache, dass Bourdieu seine letzte Vorlesung am Collège de France der Wissenschaft widmet,

---

Begrifflichkeiten bei Bourdieu bereits in seiner *Theorie der Praxis* (Bourdieu 2009 [1972]) angelegt waren.
[4]Auf epistemologischer Ebene könnte man noch Bourdieus Analyse des deutschen philosophischen Feldes zu seinen Feldanalysen hinzuzählen (Bourdieu 1988 [1975]).

unterstreicht unseres Erachtens den zentralen Stellenwert, den die Wissenschaftssoziologie in seinem soziologischen Schaffen insgesamt einnimmt.[5] Seine vornehmlich in dieser letzten Phase ausgearbeitete theoretische und erkenntniskritisch motivierte Einsicht in die Reflexivität der Wissenschaft mündet in die Forderung nach einer *Realpolitik der Vernunft* (Bourdieu 1998 [1997]). Damit meint Bourdieu die Einrichtung und Ermöglichung gesellschaftlicher Bedingungen, unter denen Wissenschaft möglichst autonom und unabhängig von politischen oder ökonomischen Zwecken operieren kann. Hierbei nimmt er insbesondere die Intellektuellen in die Pflicht, denen er die Aufgabe zuspricht, am Kampf um gesellschaftlich institutionalisierte Selbstbestimmtheit, etwa im Bereich der Wissenschaft, der Kunst oder der Bildung, mitzuwirken. Das hat zur Folge, dass Bourdieu selbst die Aufgabe eines ‚kollektiven Intellektuellen' zuteilwurde. Diese Einsicht erklärt auch sein spätes Engagement gegen Kürzungen im Sozialsystem und den neoliberalen Rückbau wohlfahrtsstaatlicher Sicherungen sowie seine Globalisierungskritik (Bourdieu 2004; vgl. auch Schneickert 2013a). So wurde Bourdieu selbst ab Mitte der 1980er Jahre zu einem der führenden öffentlichen Intellektuellen Frankreichs (Swartz 2003) Hierbei kommt Bourdieu zugute, dass er selbst als Bildungsaufsteiger einen distanzierten Blick auf das französische Erziehungs- und Universitätssystem und auf die Intellektuellen insgesamt hatte (Joas und Knöbl 2013 [2004], S. 519). Es wäre jedoch verkürzt, sein kritisches Engagement lediglich auf seine wissenschaftssoziologischen Einsichten oder seine eigene soziale Position zurückzuführen. Vielmehr ist die gesamte Soziologie Pierre Bourdieus als ein Programm mit politischem Anspruch zu verstehen (Swartz 1997, 2010, 2013; Bittlingmayer et al. 2002). Denn aus Bourdieus konflikttheoretischer Perspektive ist Soziologie stets die Analyse von Macht und existierenden Machtverhältnissen. Da Macht immer einer Legitimation bedarf, kommt der Soziologie die Aufgabe zu, die verborgenen und hingenommenen Machteffekte aufzudecken. Treffend fasst Bourdieu zusammen: „The sociologist unveils and therefore intervenes in the force relations between groups and classes and he can even contribute to the modification of those relations" (Bourdieu und Hahn 1970, S. 15; zitiert nach Swartz 2003, S. 797).

---

[5]Des Weiteren ließen sich – gewissermaßen als theoretischer Unterbau von Bourdieus Wissenschaftssoziologie – die Verortung der Wissenschaft im sozialen Raum sowie seine Arbeiten zur Soziologie des französischen Bildungssystems nennen, die für die vorliegende Untersuchung jedoch eine untergeordnete Rolle spielen (Heim et al. 2009; Hillebrandt 2012; Rieger-Ladich und Grabau 2017).

1 Einleitung

Das vorliegende Buch verfolgt das Ziel, die Bourdieu'sche Wissenschaftssoziologie erstmalig umfassend in systematischer Form darzustellen. Als Grundlage hierzu dient ein ganzheitlicher Blick auf dessen Theoriegebäude. Wir werden zeigen, wie sich seine Erkenntnisphilosophie (Kap. 2) mit seiner soziologischen Analyse des wissenschaftlichen Feldes verbindet (Kap. 3) und gemeinsam die Basis für seine Forderung nach Reflexivität bildet (Kap. 4). Im Mittelpunkt der Ausführungen steht dabei der Bezug von Bourdieus Wissenschaftssoziologie zu seiner allgemeinen Sozialtheorie. Insbesondere werden wir zeigen, dass Bourdieu durch seine praxeologische Analytik Wissenschaft stets in einen konsequenten Gesellschaftsbezug stellt. Bourdieu erweist sich dabei als ein Theoretiker *konflikthafter Differenzierung*, d. h. er bietet eine theoretische Synthese zwischen konflikt-, differenzierungs-, modernisierungs- und wissenssoziologischen Perspektiven an. Damit stellt er substanzielle Einsichten für die moderne Wissenschaftssoziologie bereit.

Das Buch gliedert sich entsprechend wie folgt: In Kap. 2 werden die theoretischen Grundlagen von Bourdieus Erkenntnis- und Wissenschaftstheorie dargestellt. Hierzu werden sowohl die Grundpositionen seiner erkenntnistheoretischen Kritik wie auch sein Programm des praxeologischen Relativismus vorgestellt. Kap. 3 widmet sich Bourdieus Feldtheorie. Es wird herausgearbeitet, dass es sich bei der Soziologie Pierre Bourdieus um eine *Theorie konflikthafter Differenzierung* handelt und Bourdieus Konzeption des wissenschaftlichen Feldes nachgezeichnet. Kap. 4 schließlich stellt Bourdieus Programm einer Realpolitik der Vernunft vor und zeigt, wie dieses in eine gesellschaftliche Gebrauchsweise der Wissenschaft münden kann. Anknüpfend an das zweite Kapitel wird dargestellt, wie sich Bourdieu Formen der Reflexion in der Wissenschaft vorstellt und welche Werkzeuge er für die Konstruktion einer tatsächlichen Selbstwahrnehmung bereitstellt. In deutlicher Abgrenzung zur Kritischen Theorie formuliert Bourdieu das Programm eine Realpolitik der Vernunft, die zur Aufgabe habe, den Raum der Möglichkeit, d. h. die sozialstrukturellen Bedingungen selbst zu kreieren, in welchen ein aufgeklärter Diskurs möglich ist. In Kap. 5 wird ein Überblick über die Rezeption von Bourdieus Wissenschaftssoziologie in der Wissenschaftsforschung und in den *Science and Technology Studies* sowie über sein Anwendungspotenzial in der Wissenschaftssoziologie gegeben. Hierzu wird zunächst das kritische Verhältnis von Bourdieus Wissenschaftssoziologie zu den *Science and Technology Studies* beleuchtet und die Anschlussfähigkeit der Ansätze herausgearbeitet. Daran anschließend werden die bisherigen feldtheoretischen Analysen im Anschluss an Bourdieu dargestellt. Abschließend wird in Kap. 6 noch einmal der zentrale Mehrwert von Pierre Bourdieus Wissenschaftssoziologie für die moderne Wissenschaftsforschung zusammengefasst.

Das Verfassen eines Buches ist ein langwieriges und mühsames Unterfangen, das in vielerlei Hinsicht durch die Hilfe und Unterstützung anderer Personen im akademischen Feld profitiert. Entsprechend möchten wir uns bei Martin Buchner für wertvolle Hinweise, die kritische Durchsicht und die Bearbeitung des Literaturverzeichnisses bedanken. Für die kritische Lektüre des Manuskriptes gebührt unser Dank insbesondere Christian Schneickert. Wir schulden darüber hinaus Vincent Gengnagel, Lars Gertenbach, Julian Hamann, Sarah Nies, Mila Obert, Christoph Panzer und Hannes Weinbrenner großen Dank für wertvolle Hinweise zu einzelnen Teilen des Manuskripts. Außerdem bedanken wir uns bei Anna Geßner für die gründliche Durchsicht der Endfassung. Cori Mackrodt danken wir für die gewohnt professionelle Zusammenarbeit mit Springer VS.

Bourdieus Erkenntnis- und Wissenschaftstheorie

2

Pierre Bourdieus Sozialtheorie beruht in ihrem Kern auf einer soziologischen Kritik der Erkenntnis. Jedes Wahrnehmen und Denken hat historische und soziale Voraussetzungen, ohne die Wissen und die moderne Wissenschaft nicht möglich sind. Die Betonung der sozialen Bedingtheit von Wissen und Erkenntnis hat eine weitreichende Bedeutung. Bourdieu wendet sich damit gegen jede Vorstellung eines von Sozialität unberührten, reinen Denkens und diese Kritik ist zugleich eine Kritik an tief greifenden gesellschaftlichen Machtmechanismen:

> […] nur die Illusion von der Allmacht des Denkens kann uns veranlassen zu glauben, dass ein ganz radikaler Zweifel die in unsere Gedanken eingehenden, an unsere unterschiedlichen Mitgliedschaften, Zugehörigkeiten, Involviertheiten gebundenen Voraussetzungen zu suspendieren vermöchte. Das Unbewusste ist die Geschichte – die kollektive Geschichte, die unsere Denkkategorien erzeugt, und die individuelle, die sie uns eingeprägt hat […] (Bourdieu 2004 [1997], S. 18).

Bourdieu sieht hinter der cartesianischen Konstruktion des reinen Denkens eine unbegründete und problematische Abwertung der gesellschaftlichen Bedingungen von Erkenntnis. Diese „Illusion von der Allmacht des Denkens" stellt für ihn eine Ideologie dar, die mit allgemeinen Geltungs- und wissenschaftlichen Wahrheitsansprüchen einhergeht, die weder erkenntnistheoretisch noch soziologisch haltbar sind und sich vor dem Hintergrund historischer Katastrophen der Moderne zudem als hochproblematisch erweisen.

Damit wird schon die Bedeutung von Bourdieus Wissenschaftssoziologie und der ihr zugrunde gelegten Erkenntniskritik deutlich. Indem er die sozialen Bedingungen von Wissen ins Auge fasst, gerät auch die gesellschaftliche Einbettung der modernen Wissenschaft in den Blick. Zur Konzeptualisierung der sozialen Bedingungen von Wissen und Erkenntnis entwickelt Bourdieu eine allgemeine

Sozialtheorie, in der er den Begriff der Praxis in den Mittelpunkt stellt. Diese Praxistheorie dient ihm auch dazu, Wissenschaft als Praxis zu beschreiben. Den Gesellschaftsbezug wissenschaftlicher Praxis stellt Bourdieu über die theoretische Konstruktion der Felder her. Mit der Feldtheorie gelingt es Bourdieu, eine moderne gesellschaftliche Differenzierungsstruktur mit sozialen Konflikten praxistheoretisch zu verbinden. Indem seine Feldtheorie so systematisch soziale Konflikte in modernen Differenzierungsstrukturen analysiert, hält die Theorie eine Weiterentwicklungsmöglichkeit der Wissenschaftsforschung bereit. Aus der Einsicht in die Zirkularität von Bourdieus praxeologischer Theorie ergibt sich unserer Meinung nach ein zentraler Mehrwert für die moderne Wissenschaftssoziologie und die *Science and Technology Studies* (siehe auch Kap. 5).

Die Feldtheorie ist vor dem Hintergrund der erkenntniskritischen Position damit zugleich jenes Konzept, mit dem Bourdieu soziale Akteure – Wissenschaftler*innen – zu einer begrifflich-konzeptuell abgesicherten Reflexion über die gesellschaftlichen Bedingungen ihres Tuns und ihrer Konflikte anleiten will. Weil Bourdieus Soziologie konsequent macht- und ungleichheitssensibel ist und das mit der Feldtheorie verbundene Reflexionserfordernis die verborgenen Mechanismen der Macht in der wissenschaftlichen Praxis offenlegt, vermag sie einen genuinen Mehrwert zu erzeugen. Bourdieu nimmt die skizzierte Erkenntniskritik zum Anlass, die Reflexivitäts-Forderung konsequent auf die Soziologie selbst anzuwenden. Damit gelingt es ihm, die gesellschaftsbezogene Erkenntniskritik der Soziologie durch eine Kritik der soziologischen Erkenntnis zu stabilisieren. Aus diesem Grund steht Bourdieus Wissenschaftssoziologie im Zentrum seiner allgemeinen Sozialtheorie, weil hier genau jene Kreisbewegung unverzichtbar ist, die sich von Erkenntniskritik zu einer Sozialtheorie, hin zur Wissenschaftssoziologie bewegt und von dort zurückkehrt zur Kritik der soziologischen Erkenntniskritik.

2.1 Zur Kritik der scholastischen Vernunft

2.1.1 Muße und scholastische Felder

Bourdieu behandelt den Gegensatz zwischen absoluter Wahrheit und dem sozialen Charakter von Wissen ausführlich in seiner *Kritik der scholastischen Vernunft* (Bourdieu 2004 [1997]). Mit den Begriffen „scholastische Vernunft", „scholastische Sicht" (Bourdieu 1998 [1994], S. 203–218) oder „scholastische Ansicht" (Bourdieu 1993a) will Bourdieu auf das erkenntnistheoretische Problem der Verdrängung sozialer Voraussetzungen aus dem Denken und Wahrnehmen hinweisen. Für Bourdieu ist evident, dass nur diejenigen, die über genügend Zeit und

2.1 Zur Kritik der scholastischen Vernunft

somit über eine gewisse Zwanglosigkeit zur Reproduktion verfügen, überhaupt in der Lage sind, die Welt aus der nötigen Distanz heraus zu beobachten, um am Ende glauben zu können, dass die Beobachtung selbst von diesen Faktoren unbeeinflusst sei (vgl. auch Gimmel und Keiling 2016). Nur in einer von sozioökonomischen Einschränkungen und soziostruktureller Beherrschung weitestgehend befreiten Distanz zur Welt könne sich die Vorstellung eines ‚absoluten' und ‚wahren' Wissens herausbilden. Bourdieu betont daher, dass Denken und Wahrnehmen soziale Ursachen haben. Um genau diesen Gedanken kreist seine Kritik der scholastischen Vernunft.

Als „scholastische Situation" bezeichnet er einen Ort oder Zeitpunkt „sozialer Schwerelosigkeit, an dem die gewöhnliche Alternative zwischen Spiel *(paizein)* und Ernst *(spoudazein)* außer Kraft gesetzt ist und man ‚ernsthaft spielen' *(spoudaios paizein)* kann" (Bourdieu 2004 [1997], S. 23). Damit nimmt Bourdieu Bezug auf die Überlegungen Platons zur *skholè* – der Muße. Es handelt sich dabei um eine herbeigeführte Situation, in der man sich ernsthaft um Dinge und Fragen des Spiels kümmern soll (Bourdieu 1998 [1994], S. 204), welche die „mit den praktischen Dingen der gewöhnlichen Existenz befassten und um sie besorgten Leute ignorieren" (Bourdieu 2004 [1997], S. 23). Der Zusammenhang zwischen Muße und Erkenntnis findet sich bei Platon an prominenter Stelle in seiner Dialogschrift *Theaitetos* (172 d4–e3).

Bourdieu überträgt den von Platon diagnostizierten Zusammenhang zwischen Freiheit, Muße und Erkenntnis einerseits und Zwang, Zeitlosigkeit und Knechtschaft andererseits im Hinblick auf die für moderne Gesellschaften zentrale Strukturdimension der sozialen Ungleichheit (vgl. Dobler und Riedl 2017). Um in der Lage zu sein, das für die ‚reine Erkenntnis' scheinbar unabdingbare ernsthafte Spiel auch hinreichend ernsthaft spielen zu können, bedarf es sowohl der Zeit als auch der Disposition im Sinne der Neigung und Fähigkeit zum Spielen *(skholè)*. Der Erwerb dieser Disposition ist einerseits, so Bourdieus zentrale Überlegung, von der Verfügung über die notwendigen materiellen Ressourcen abhängig – so wie Knechtschaft und Freiheit in der antiken griechischen Polis im Zusammenhang mit Besitz stehen. Dies gilt aber nur, insofern materieller Wohlstand davon befreit, Zeit für reproduktive Tätigkeiten aufwenden zu müssen. Es steht Zeit für das ernsthafte Spiel, die zwanglose bzw. zweckfreie Übung zur Verfügung und in dieser Hinsicht ist die „scholastische Sicht" nicht zu trennen von einer sozial geschaffenen und institutionalisierten Situation, wie sie in modernen Gesellschaften die Schule verkörpert, welche sich der Einübung geistiger und mußevoller Arbeit widmet:

Das Lernen und namentlich die Schulübung als spielerische, zwecklose, im Modus des ‚Tun als ob' durchgeführte Arbeit ohne (ökonomischen) Einsatz veranlassen nämlich dazu […], etwas ganz Wesentliches zu erwerben: die scholastische Disposition und die Gesamtheit der den gesellschaftlichen Bedingungen ihrer Möglichkeit innewohnenden Voraussetzungen (Bourdieu 2004 [1997], S. 23–24).

Dadurch wird deutlich, dass die Neigung, sich mit geistigen Dingen zu befassen, soziale Ursachen hat. Sie ist nicht einfach im einzelnen Menschen von Geburt an vorhanden, sondern wird im Sozialisationsprozess erworben. Es bedarf aber laut Bourdieu einer Situation der ökonomischen Zwecklosigkeit, um diese scholastische Disposition überhaupt erst ausbilden zu können (Bourdieu 2004 [1997]). Entsprechend wichtig ist die Tatsache, dass in modernen Gesellschaften die für eine solche Muße notwendigen Ressourcen ungleich verteilt sind (vgl. Gimmel und Keiling 2016).

Die Entstehung und Verstetigung scholastischer Situationen betrifft wesentlich die Struktur einer Gesellschaft. Nur dort, wo die gesellschaftliche Ordnung etwa einen Unterschied macht zwischen sozialen Positionen, die zur Muße und zur scholastischen Disposition befähigt sind, und jenen, denen dieser Zustand nicht zugänglich ist, ist die Ausbildung scholastischer Dispositionen überhaupt dauerhaft und wiederkehrend denkbar. Bourdieu bezeichnet eine solche Struktur als „scholastisches Feld". Eine historisch frühe Form eines solchen Feldes stellt für Bourdieu die im antiken Griechenland entstandene Philosophie dar, die sich wesentlich von den im Entstehen begriffenen Handlungsbereichen (Feldern) der Politik und der Religion unterschied und verselbstständigte (Bourdieu 2004 [1997], S. 28). Die Existenz scholastischer Situationen und Dispositionen ist also von der gesellschaftlichen Strukturierung abhängig.

Bourdieu überträgt diesen Gedanken nun auf die Moderne: Von zentraler Bedeutung für die Ausbildung scholastischer Dispositionen ist dabei der für moderne Gesellschaften charakteristische Differenzierungsprozess (Simmel 1989 [1890]; Durkheim 1977 [1893]; Luhmann 1985, 1997; Nassehi 1999). Dieser Prozess prägt der Gesellschaft eine bestimmte Struktur auf. Differenzierung zielt somit einerseits auf die historische Dimension und andererseits auf die gegenwärtig beobachtbaren Struktureigenschaften einer Gesellschaft. Für Bourdieu sind beide Dimensionen von Bedeutung. So belegt seine Feldtheorie einerseits, dass für ihn Differenzierung als Strukturkategorie wichtig ist (Kneer 2004, S. 35; siehe auch Kap. 3). Er betont daneben aber auch den Prozess gesellschaftlicher Differenzierung, aus dem historisch unterschiedliche Felder erst hervorgegangen sind. Dieser Modernisierungsprozess führte zur Entwicklung sozialer Strukturen, die ebenfalls scholastische Dispositionen erzeugen: Die Rede ist vom modernen

2.1 Zur Kritik der scholastischen Vernunft

Wissenschaftsfeld. Ähnlich wie die griechische Antike, so die Denkfigur Bourdieus, hat auch eine moderne, differenzierte Gesellschaft eine Struktur hervorgebracht, für die die Unterscheidung von Wissen und Erkenntnis einerseits und den materiellen Bedingungen der Reproduktion andererseits wesentlich ist.

Der moderne gesellschaftliche Differenzierungsprozess brachte es mit sich, dass „die unterschiedlichen Felder der symbolischen Produktion", wie Bourdieu es nennt, „sich autonom gemacht und als solche konstituiert haben, womit sie sich aus dem seinerseits im Konstitutionsprozess begriffenen ökonomischen Universum lösten" (Bourdieu 2004 [1997], S. 28). Gesellschaftliche Differenzierung meint für Bourdieu in diesem Sinne die Entstehung eines eigenständigen Handlungsbereiches des Ökonomischen (ökonomisches Feld), der sich damit von anderen und sich parallel entwickelnden Praxisfeldern zu unterscheiden begann. Bourdieu bezeichnet diese nichtökonomischen Felder als „Felder symbolischer Produktion", um zu markieren, dass sie nicht einer rein materiell-ökonomisch Akkumulations- und Wertschöpfungslogik folgen (siehe ausführlich Kap. 3). Um die Funktionsweisen vorkapitalistischer Ökonomien zu rekonstruieren, greift Bourdieu auf eigene empirische Erhebungen über die Kabylen, eine in Algerien beheimatete ethnische Gruppe der Berber, zurück (Bourdieu 1987 [1980], 2009 [1972], 2010, 2012 [1998]; vgl. auch Lenger 2013). Er ist damit in der Lage zu beschreiben, wie eine nicht- oder vorkapitalistische Ökonomie erstens „auf der Verneinung des Ökonomischen in dem Sinne, wie wir es verstehen, beruht" (Bourdieu 1998 [1994], S. 161) und zweitens, wie sie von der „Verklärung der ökonomischen Akte zu symbolischen Akten" abhängt. Diese Verklärung erfolgt prototypisch etwa beim Gabentausch, „bei dem die Gabe aufhört, ein materielles Objekt zu sein und zu einer Art Botschaft oder Symbol wird, mit dem ein sozialer Zusammenhang hergestellt werden soll" (Bourdieu 1998 [1994], S. 175–176).

Eine vorkapitalistische Situation, ähnlich der bei den Kabylen, in der die Ökonomie in einen durch Symbolik strukturierten sozialen Zusammenhang eingebettet ist, transformierte sich im Zuge der Modernisierung mit der Ausdifferenzierung der Ökonomie zu einem eigenständigen Handlungsbereich:

> Mit der Einführung der Ökonomie als Ökonomie, die in den europäischen Gesellschaften schrittweise erfolgte, ging die negative Bildung von kleinen Inseln vorkapitalistischer Ökonomie einher, die im Universum der als Ökonomie begründeten Ökonomie fortbestehen. Dieser Prozess entspricht der Entstehung eines Felds, eines Spiel-Raums, Austragungsort eines Spiels neuer Art, dessen Prinzip das Gesetz des materiellen Interesses ist. Mitten in der sozialen Welt entsteht ein Universum, in dem das Gesetz des *do ut des* zur expliziten Regel wird und in fast schon zynischer Manier *öffentlich* bekundet werden kann (Bourdieu 1998 [1994], S. 176; Hervorhebung im Original).

Der hier beschriebene Differenzierungsprozess ist durch einen sozialen Mechanismus begleitet, der die Verselbstständigung eines rein ökonomischen Tauschhandelns legitimiert (Bourdieu 2000b). Bourdieu spricht von einer Zäsur, die „den ökonomischen Aspekt der im eigentlichen Sinne symbolischen Produktionsakte und -verhältnisse in die niedere Welt der Ökonomie verweist" (Bourdieu 2004 [1997], S. 30). Dies führte letztlich zur vollständigen Herausbildung dessen, was Bourdieu als „Felder symbolischer Produktion" bezeichnet: Mikrokosmen, die spezifische handlungsleitende Regeln und Regulierungen vorgeben, die unter ökonomischen Gesichtspunkten uneigennützige Handlungen strukturieren: Das Feld der Kunst, der Religion, der Politik oder eben auch das der Wissenschaft (siehe weiterführend Kap. 3). Neben dem Begriff der „symbolischen Produktion" findet sich bei Bourdieu auch noch die Bezeichnung „kulturelle Produktion", die er häufig auf die Felder der Religion, der Kunst und Literatur sowie der Wissenschaft bezieht (vgl. auch Peter 2007, S. 18; Müller 2014a, S. 81–86). Während sich indessen bei Bourdieu der Begriff „symbolische Produktion" auf all diese genannten Felder bezieht, so meint der Terminus „scholastisches Feld" lediglich den spezifischen Fall der modernen Wissenschaft. Bourdieu zielt damit explizit auf die Verdrängung der – objektiv-materiellen wie gesellschaftsstrukturellen – Voraussetzungen von Wissen und Erkenntnis, die in der modernen Wissenschaft auf besondere Weise am Werk sind. Die Bezeichnung „scholastisches Feld" dient Bourdieu also als ein inhärent erkenntniskritischer Begriff.

Die gesellschaftliche Differenzierung ist für Bourdieu jedoch auch wesentlich mit der Herausbildung bestimmter Wahrnehmungsmuster der Welt – mit bestimmten Dispositionen – verbunden. Die benannte Zäsur zwischen einer ökonomischen Ökonomie und einer symbolischen Ökonomie, die konstitutiv ist für die scholastischen Felder, kommt ihrerseits durch eine kollektive Verdrängung zustande, die in der Entstehung scholastischer Dispositionen begründet ist. Es handelt sich um einen zirkulären Zusammenhang zwischen gesellschaftlicher Differenzierung und handlungsleitenden Dispositionen, die gleichermaßen das Ergebnis und der Motor dieses Prozesses sind. Sie erwachsen beispielsweise aus der Differenzierung der Sphäre der reinen Ökonomie und anderen gesellschaftlichen Bereichen symbolischer Tauschbeziehungen. Die Entstehung der scholastischen Sicht ist folglich untrennbar in einen gesellschaftlichen Differenzierungsprozess eingelagert. Es ist der scholastischen Disposition eigen, dass sie ihre ökonomischen und gesellschaftlichen Voraussetzungen verdrängt und hierdurch an der Aufrechterhaltung dieser konstitutiven Differenz mitwirkt (Bourdieu 2004 [1997], S. 36). Gerade diese Verdrängung ist die Bedingung der Möglichkeit für ein „ernsthaftes Spielen" im Sinne der *skholè*, denn die scholastischen Felder ermöglichen und befördern „die Neigung und die Fähigkeit, spekulative

2.1 Zur Kritik der scholastischen Vernunft

Probleme um des Vergnügens ihrer Lösung willen zu stellen, und nicht weil sie, oft mit aller Dringlichkeit, von den Notwendigkeiten des Lebens gestellt werden" (Bourdieu 1998 [1994], S. 205). Die Herausbildung einer solchen scholastischen Disposition wird umso eher möglich, als freie Zeit vorhanden ist, „über die wir in Gestalt von akkumulierten ökonomischen Ressourcen verfügen" (Bourdieu 1998 [1994], S. 205). Bourdieus Kritik an der „scholastischen Vernunft" knüpft an die ökonomisch bedingten ungleichen Zugangsbedingungen zu Bildung und Muße an, womit zugleich das erkenntnistheoretische Kernproblem seiner Wissenssoziologie berührt wird. Es geht ihm darum, „zu erkennen, inwiefern dieser Rückzug, diese Abstraktion, diese Abgehobenheit auf das durch sie erst mögliche Denken und dadurch bis auf den Inhalt des von uns Gedachten durchschlagen" (Bourdieu 1998 [1994], S. 206). Bourdieu will, in anderen Worten, den verborgenen Zusammenhang zwischen sozialer Stellung und inhaltlichen Wahrheitsansprüchen analysieren und aufdecken.

Diesem Vorhaben liegt folgender Gedanke zugrunde: Die scholastischen Felder stellen soziale Konstrukte dar, die vergessen machen, dass ein Denken *über* die Welt und die Wahrnehmung *der* Welt an objektive soziale Bedingungen geknüpft sind, die als solche jeglicher Universalität entbehren. Erst wer über genügend Zeit und somit keinem Zwang zur Reproduktion ausgesetzt ist, ist in der Lage bzw. der ‚privilegierten Position', die Welt und die ihr innewohnenden Notwendigkeiten aus einer Distanz heraus zu beobachten:

> Das Auftreten von Universen, die, wie die scholastischen, Positionen bieten, die den Eindruck erlauben, die Welt lasse sich als Aufführung, als Schauspiel erfassen, sie sei zu Recht von weitem und von ganz oben beobachtbar und als nur der Erkenntnis dienendes Ganzes organisierbar, dürfte die Entwicklung einer neuen Einstellung oder, wenn man so will, einer ‚Sicht' der Welt im wahrsten Sinne des Wortes begünstigt haben (Bourdieu 2004 [1997], S. 32).

2.1.2 Denken *über* die Welt als Denken *in* der Welt

Bourdieu vertritt die erkenntnistheoretische Position, dass das Erkennen aller in der Welt auftretenden Phänomene nicht zu trennen ist von der Beschaffenheit der Welt selbst. Die Art und Weise, wie diese Welt strukturiert ist, hat also notwendigerweise etwas damit zu tun, wie die Erkenntnisinstrumente strukturiert sind, die sie beobachten und beschreiben: „Wir sind in diese Welt verwickelt, und deswegen ist, was wir von ihr denken und sagen, nie frei von Implizitem" (Bourdieu 2004 [1997], S. 18). Diese soziale Gebundenheit gilt gleichermaßen für

Wissenschaftler*innen (Stehr 1994, S. 544–546; Zuckerman 1988, S. 526–535; vgl. hierzu ausführlicher Merton 1973; Latour und Woolgar 1986 [1979]; Knorr-Cetina 1984 [1981], 2002 [1999]). Entsprechend richtet sich Bourdieus Wissenschaftssoziologie insbesondere gegen das Personal der modernen Wissenschaften, denn gerade diejenigen, „die das Nachdenken über die Welt professionell betreiben, [haben] die besten Chancen, gerade die Voraussetzungen zu übersehen, die zur scholastischen Sicht gehören" (Bourdieu 1998 [1994], S. 205).

Bourdieu bezieht sich hierbei auf drei verschiedene Formen sozialer Voraussetzungen: zum einen auf eine Position im sozialen Raum – einem durch Ungleichheit strukturierten Raum, der sich primär auf die zentralen Ungleichheitsdimensionen der ökonomisch und kulturell determinierten Schicht- bzw. Milieuzugehörigkeit sowie auf Geschlecht bezieht (siehe Abschn. 2.3.5 und Abschn. 3.2). Eine zweite Voraussetzung liegt in der Position begründet, die „jede*r einzelne Denker*in" im wissenschaftlichen Feld einnimmt. Diese Position kann eine Wissenschaftler*innenpersönlichkeit Bourdieu zufolge nur einnehmen, weil sie eine entsprechende Position im Sozialraum innehat, die ihr die Chance bereithält, genau jene Fähigkeiten und Präferenzen auszubilden, die mit der Teilhabe an einem Feld als Akteur verbunden sind (siehe Kap. 4). Schließlich sind es jene spezifisch scholastischen Voraussetzungen, d. h. der „mit der *scholé*, der Muße, dieser Existenzbedingung aller Wissenschaftsfelder" (Bourdieu 2004 [1997], S. 19) verbundenen Dispositionen, die die Teilhabe an der Wissenschaft erst erlauben. Bourdieu selbst formuliert diesen Gedanken folgendermaßen:

> Der *homo scholasticus* oder *academicus* ist jemand, der imstande ist, ernsthaft zu spielen, weil sein Status […] ihm alle Mittel dazu sichert, das heißt die freie – jedenfalls von den Nöten des Lebens freie – Zeit, die durch eine spezifische, auf der *skholè* beruhende Lehrzeit gesicherte Kompetenz und schließlich und vor allem die (als Befähigung wie als Neigung zu verstehende) Disposition zum Investieren in die Dinge, zum Sich-Einlassen auf die Dinge, die in den Welten geistiger Tätigkeit produziert werden und zumindest in den Augen von ernsthaften Menschen durchaus unnütz sind […] (Bourdieu 1998 [1994], S. 204).

An dieser Stelle zeigt sich deutlich, dass Bourdieu das wissenschaftliche Feld als Prototyp scholastischer Vernunft versteht. Bourdieu bezeichnet jedoch häufig neben dem Wissenschaftsfeld auch die Felder der künstlerischen Produktion als scholastische Felder, denn sowohl die Produktion als auch der Konsum von Kunst, Literatur oder Musik setzen „reine Dispositionen" voraus, die Bourdieu als Bedingung für einen ästhetischen Sinn versteht (Bourdieu 1998 [1994], S. 212–213). Wir vertreten jedoch die Auffassung, dass es aufgrund der von Bourdieu für die Wissenschaft ausbuchstabierten Erkenntniskritik angemessener ist, lediglich bei

2.1 Zur Kritik der scholastischen Vernunft

der Wissenschaft von einem *Feld scholastischer Vernunft* zu sprechen. Entsprechend schlagen wir vor – entgegen der uneinheitlichen Begriffsverwendung Bourdieus – den Begriff des scholastischen Feldes ausschließlich für die Wissenschaft zu reservieren (siehe auch Abschn. 3.5).

Bourdieu vertritt die Auffassung, dass hauptsächlich in der Schule – jenem institutionalisierten und staatlich ermöglichten Ort der „freien" und jeder Notwendigkeit zur Reproduktionsarbeit enthobenen Zeit – die scholastischen Dispositionen erworben werden (können), die besonders bei der Integration in ein wissenschaftliches Feld zur vollen Entfaltung gelangen (Bourdieu 2004 [1997], S. 24).[1] In der Schule sind die Zwänge der „normalen Welt" aufgehoben und werden in eigengesetzliche Notwendigkeiten transformiert, die als „logische Zwänge" in Erscheinung treten und sowohl in den Köpfen – in Gestalt von Dispositionen, die entsprechend an die Logik der Praxis der Wissenschaft angepasst sind – als auch in der Objektivität des wissenschaftlichen Feldes – womit die Institutionen mit ihren Regelungen, Verfahren und Zugangsbedingungen gemeint sind – existieren (Bourdieu 1998 [1994], S. 217). Damit benennt Bourdieu eine weitere Voraussetzung der scholastischen Vernunft, denn die schulische Laufbahn nimmt bei ihm eine zentrale Stellung in der Reproduktion des Wissenschaftsfeldes als scholastisches Universum ein. Er verweist damit zugleich auf die Reproduktion sozialer Ungleichheit durch das Bildungs- und Wissenschaftssystem (Bourdieu und Passeron 1971 [1964]). Das bedeutet, dass nicht jede*r Schüler*in die Voraussetzungen erfüllt und den notwendigen Bildungsweg durchläuft, um eine entsprechende scholastische Disposition auszubilden und am wissenschaftlichen Feld teilnehmen zu können.

Unberührt davon bleibt bei Bourdieu aber die Frage, inwiefern das wissenschaftliche Denken davon geprägt ist, dass es nicht nur eines epistemologischen, sondern auch eines sozialen Bruchs mit dem Alltag und dessen Anforderungen bedarf (Hark 2008, S. 216). So vertritt er die Auffassung, dass es in der Wissenschaft, wenn nicht um Wahrheit, so doch um eine Deutungshoheit bezüglich bestimmter Phänomene geht, die naturwissenschaftlicher, ästhetischer, philosophischer oder

---

[1] Allerdings muss darauf hingewiesen werden, dass Schüler*innen und Studierende heute Leistungs- und Wettbewerbsdruck in einem erhöhten Maße erfahren und als psychische Belastungen wahrnehmen. Aufgrund der Implementierung wesentlicher Merkmale einer „Wettbewerbsgesellschaft" im Bildungssektor (Lohr et al. 2013; Peetz 2014) kommt es zunehmend zu Burnout- und Erschöpfungserscheinungen (Neckel und Wagner 2013). Entsprechend kann nicht mehr uneingeschränkt davon die Rede sein, dass Schulen und Universitäten als von praktischen Zwängen der Arbeit befreite Orte gelten können.

sozialer Art sein mögen. Ein solcher quasi-objektiver Wahrheitsanspruch bzw. eine solche wissenschaftliche Deutungshoheit lassen sich laut Bourdieu aber durch einen gewissen Grad an Universalisierung erreichen, die nur um den Preis des Vergessens der sozialen und ökonomischen Voraussetzungen dieser Universalisierung realisiert werden kann. So schreibt Bourdieu:

> Die meisten von Menschen hervorgebrachten Werke, die wir gewohnheitsmäßig als universell betrachten – Recht, Wissenschaft, Kunst, Moral, Religion usw. –, sind untrennbar an die scholastische Sicht und die ökonomischen und sozialen Bedingungen gebunden, die sie möglich machen und die alles andere als universell sind. Sie entstehen in bestimmten, höchst besonderen sozialen Universen, den Feldern der kulturellen Produktion (dem juristischen, wissenschaftlichen, künstlerischen, philosophischen usw. Feld), in denen Akteure engagiert sind, die das gemeinsame *Privileg* haben, um das Monopol auf das Allgemeine kämpfen und damit so oder so zum Fortschritt der Wahrheiten und Werte beitragen können, die zum jeweiligen Zeitpunkt als universell, ja, ewig angesehen werden (Bourdieu 1998 [1994], S. 212).

Die Konsequenz liegt für ihn auf der Hand: Gerade im wissenschaftlichen Feld, wo Akteure fortlaufend versuchen, Wahrheits- und Deutungsansprüche zu universalisieren und durchzusetzen, gilt es permanent Selbstreflexion bezüglich der eigenen sozialen Position einzufordern. Allein die Tatsache, dass sich soziale Ungleichheiten in Positionen und Feldern scholastischer Ansichten niederschlagen, genügt bereits, um die universelle Gültigkeit von wissenschaftlichem Wissen infrage zu stellen, denn die Perspektive eines wissenschaftlichen Akteurs hängt für Bourdieu letztlich von der sozialen Position ab, die dieser im sozialen Raum einnimmt (Bourdieu 1988 [1984] sowie für aktuelle empirische Beispiele Lenger 2008, 2009; Lenger et al. 2014, 2017; Graf 2015; Möller 2015). Wird dieser Umstand nicht berücksichtigt, dann entbehrt ein auf Universalität gegründeter Durchsetzungsanspruch von Wissen, Deutungen oder Perspektiven jedweder Grundlage, denn „die unbewussten Dispositionen zur Generierung von unbewussten Thesen, die man mittels einer schulischen oder scholastischen Erfahrung erwirbt", sind oftmals nur die „Fortsetzung einer (bürgerlichen) Ur-Erfahrung der Distanz zur Welt und zum Druck der Notwendigkeit" (Bourdieu 1998 [1994], S. 205).

2.1.3 Der scholastische Epistemozentrismus und die Theorie der Praxis

Der Wissenschaftler, so Bourdieu, der sich nicht seiner sozio-biographischen Ursprünge und damit sozial geprägten inhaltlichen Sicht bewusst ist, läuft Gefahr, „dass er *seine* eigene scholastische Sicht in die Köpfe der Akteure hineinverlegt; dass er in sein Objekt verlegt, was zu der Art und Weise gehört, wie er es wahrnimmt, zu seinem Modus der Erkenntnis" (Bourdieu 1998 [1994], S. 207). Dieser Punkt wird im Folgenden noch von zentraler Bedeutung sein. Zunächst schlussfolgert Bourdieu daraus eine erkenntnistheoretische Problematik, die er als „scholastische Schranke" (Bourdieu 2004 [1997], S. 74) bezeichnet. Demnach ist wissenschaftliche Erkenntnis erstens an Denkwerkzeuge gebunden, die ihre sozialen Voraussetzungen nicht mitberücksichtigen, womit zweitens Erkennen und Beschreiben stets als Operationen im Kontext einer scholastischen Distanz zur Welt vorgenommen werden. Diese Schranke nicht zu überwinden, d. h. sie nicht mit zu beobachten, hat zur Folge, dass Fragen gestellt und beantwortet werden, die sich in der Praxis und der Lebenswelt der untersuchten und befragten Personen überhaupt nicht stellen (Bourdieu et al. 1991 [1968], S. 43; Rehbein 2006a, S. 54). Bourdieu kritisiert diese Situation des „Epistemozentrismus", wie er es nennt, die „darin besteht, alles zu ignorieren, was der Analysierende aufgrund der Tatsache, dass er dem Objekt äußerlich ist, es von fern und von oben beobachtet, in seine Wahrnehmung dieses Objektes hinein projiziert" (Bourdieu und Wacquant 2006 [1992], S. 100). In besonderer Weise macht Bourdieu die Gefahr eines „scholastischen Epistemozentrismus" in den humanwissenschaftlichen Disziplinen – allen voran in der Ethnologie und Soziologie – sowie in der Philosophie aus. Gerade in diesen Fächern schreiben Wissenschaftler*innen dem Gegenstand theoretische Annahmen zu, die im Kern einzig aus der Weltanschauung des wissenschaftlichen Akteurs hervorgehen, denn diese projizieren „eine gedanklich nicht verarbeitete soziale Beziehung zur Welt" in ihren Gegenstand hinein (Bourdieu 2004 [1997], S. 68).

Dem Epistemozentrismus will Bourdieu mit dem Hinweis auf die sozialen Bedingungen und Bedingtheiten der scholastischen Vernunft begegnen: „Wir müssen […]" – so schreibt er – „die unterschiedlichen Arten der ,Welterzeugung' auf die sie ermöglichenden ökonomischen und sozialen Bedingungen zurückführen" (Bourdieu 2004 [1997], S. 27). Damit aber gelangt er zu einer soziologischen Kritik an der Wissenschaft als solcher, denn wenn der zu beobachtende Gegenstand immer schon den Beobachtungsoperationen als äußerlich gedacht wird, dann muss Bourdieu zufolge eine Anwendung der Beobachtungs-

und Erkenntniswerkzeuge zu einem antinomischen Verhältnis von Beobachtung und Beobachtetem führen. Für humanwissenschaftliche Disziplinen, die sich mit sozialen oder kulturellen Phänomenen befassen, ist dies besonders relevant, denn deren Gegenstände – Symbole, Handlungen, Rituale, Institutionen, Konflikte usw. – sind letztlich immer das Ergebnis sozialer Praktiken und damit mehr als das, was ihre reine Beschreibung repräsentiert. Damit rückt für Bourdieu die traditionelle Unterscheidung zwischen Theorie und Praxis in den Mittelpunkt des Forschungsinteresses. Praxis meint für ihn dabei mehr als „Handlung", denn der objektive Sinn der Praxis übersteigt die subjektive Sinnerfassung schon insofern, als sich die Praxis auf mehr als nur Interaktionen beschränkt und stets auf einen größeren sozialen Kontext gerichtet ist (Bourdieu 1987 [1980], S. 127). Wissenschaftsdisziplinen, die eine Beschreibung von Praxis leisten wollen, vergessen, so Bourdieu, dass die Praxis die Beherrschung der Logik, die in wissenschaftlichen Beschreibungen zum Ausdruck kommt, nicht voraussetzt (Bourdieu 1987 [1980], S. 27). Versucht man jedoch, die Logik der Praxis mit wissenschaftlichen, d. h. scholastischen, Konstruktionen zu erfassen, dann zerstört man zwangsläufig die Logik, die man zu erfassen versucht (Bourdieu 1987 [1980], S. 26). In anderen Worten: Das was Praxis ausmacht, ist nicht ohne Weiteres durch ein soziologisches Theorie- und Methodeninstrumentarium zu erfassen.[2]

Bourdieus Kritik an der scholastischen Sicht ist daher unmittelbar mit der für ihn zentralen Kritik an der Differenz von Praxis und Logik – genauer: an der Trennung der Logik der Praxis und der Logik der Theorie – verbunden. Wenn er mit dem Begriff *homo scholasticus* zum Ausdruck bringt, dass erst eine Situation der privilegierten Befreiung von den reproduktiven Notwendigkeiten der praktischen Welt ein ernsthaftes Spielen erlaubt (Bourdieu 1998 [1994], S. 204), dann verbirgt sich dahinter eine epistemologische Kritik an einer durch soziale Ungleichheit geprägten Disposition, die nicht in der Lage ist, Praxis als Praxis zu erkennen. Die Ursache für dieses Versagen sieht Bourdieu darin begründet, dass die scholastischen Felder selbst stets von der Praxis entkoppelte Universen sind. Zudem behandle die scholastische Vernunft Theorie und Praxis als Antinomie, woraus sich immer schon eine Abwertung der Praxis zugunsten einer ‚reinen' theoretischen oder logischen Wissenschaft ergibt. In Bourdieus Worten:

---

[2]Bourdieu nimmt besonders Bezug auf die in der strukturalistischen Anthropologie vorherrschenden Methoden, mittels Tabellen, Plänen, Karten oder Stammbäumen kulturelle Strukturmuster zu beschreiben (Bourdieu 1987 [1980], S. 26).

2.1 Zur Kritik der scholastischen Vernunft

Die Analyse der Logik der Praxis wäre sicher schon weiter, wenn die Gelehrtentradition die Frage nach dem Verhältnis zwischen Theorie und Praxis nicht immer als *Wert*problem gestellt hätte. So hat zum Beispiel Platon [...] das Spiel schon ganz am Anfang verfälscht, indem er den Intellektuellen über eine völlig negative Beschreibung der Logik der Praxis [definiert; Anmerkung der Verfasser], die nur die Kehrseite einer Verherrlichung der als *conditio sine qua non* der Wahrheitsfindung dargestellten *skholé* als Freiheit von Zwang und Drang der Praxis ist [...] (Bourdieu 1987 [1980], S. 53–54).

Bourdieu möchte also einen scholastischen Epistemozentrismus verhindern, indem er die sozialen Bedingungen und Bedingtheiten des Denkens, Wahrnehmens und Bewertens explizit in seiner Analyse berücksichtigt. Das bedeutet dann zwangsläufig, dass er der Eigenlogik der Praxis die Beachtung schenkt, die ihr aus scholastischer Sicht zu Unrecht verwehrt wird.

Diese Einsicht gewinnt Bourdieu insbesondere durch seine Auseinandersetzung mit der Linguistik und der Sprachtheorie. Für ihn verhält sich der Gegenstand Praxis analog zur Sprache. Am Beispiel der von Ferdinand de Saussure getroffenen Unterscheidung zwischen Sprache und Sprechen (Saussure 1967 [1916]) zeigt Bourdieu, dass die Sprache als System objektiver Beziehungen mitnichten das „wahre Kommunikationsmedium sei", so wie es Saussure glauben macht, indem er die „*Materie* der Kommunikation, das von ihr Sichtbarste und Wirklichste, einem reinen, sinnlich nicht erfahrbaren Konstruktum untergeordnet hat" (Bourdieu 1987 [1980], S. 57). Dem Sprechen als Praxis räumt Bourdieu demgegenüber eine konstitutive Rolle hinsichtlich der Sprache als System ein:

Die Illusion, die sprachliche Ordnung sei an sich autonom, wie sie der Vorrang bestätigt, der der inneren Logik der Sprache auf Kosten der sozialen Bedingungen ihrer zweckgerichteten Anwendung eingeräumt wird, öffnet allen späteren Forschungen Tür und Tor, die so tun sollten, als könne man sich schon mit der Beherrschung des Codes die Beherrschung des angeeigneten Sprachgebrauchs verschaffen oder als könne man Gebrauch und Sinn der Sprachäußerungen aus einer Analyse ihrer formalen Struktur herleiten [...] (Bourdieu 1987 [1980], S. 61).

Noam Chomskys „Generative Grammatik", die auf eine universale Theorie der Prinzipien der menschlichen Sprache abzielt (Chomsky 2002 [1957], 1993), stellt für Bourdieu ein Paradebeispiel für einen „scholastischen Paralogismus" dar, der darin bestehe, „den Metadiskurs als Ursprung des Diskurses anzusetzen" (Bourdieu 1998 [1994], S. 207). Indem die Vertreter der strukturalistischen Anthropologie, allen voran Claude Lévi-Strauss, das Verhältnis von Sprache, d. h. Grammatik, und Sprechen auf die Beziehung von Kultur und Verhalten übertrugen (Lévi-Strauss 1972; Bourdieu 1987 [1980], S. 59, Fn. 2), hielt der scholastische Paralogismus auch in die Sozialwissenschaften Einzug, insofern sie die „Metapraxis als Ursprung der Praxis" behandelten (Bourdieu 1998 [1994], S. 207). Die strukturalistische „Spaltung zwischen Sprache und ihrer Realisierung im Sprechen" ergibt sich für Bourdieu aus der dem Strukturalismus immanenten Unfähigkeit, „die Beziehung zwischen diesen beiden Wesenheiten [Sprache und Sprechen, Modell und Praxis; Anmerkung der Verfasser] anders als die zwischen Modell und Ausführung, zwischen Wesen und Existenz zu denken – was darauf hinausläuft, den Wissenschaftler als Alleininhaber dieses Modells auf den Platz eines Leibniz'schen Gottes zu erheben, der den objektiven Sinn der Praktiken schwarz auf weiß besitzt" (Bourdieu 1987 [1980], S. 62).

Bourdieus Kritik an der scholastischen Vernunft der Wissenschaft bezieht sich also in erster Linie auf die Verkennung der Praxis als Praxis bzw. auf die Anwendung einer theoretischen (d. h. scholastischen) Logik auf die Logik der Praxis. Wiederholt hat er dabei darauf hingewiesen, dass etwa die strukturalistische Lexik der „Regel" ungeeignet ist, um bestimmte ethnologische und soziologische Fragen – wie beispielsweise die nach dem von ihm untersuchten Heiratsverhalten in der kabylischen Gesellschaft – zu beantworten (Bourdieu 1998 [1994], S. 207–208, 2004 [1997], S. 81). Stattdessen hält für ihn der Begriff der „Strategie" eine konzeptuelle Offenheit bereit, mit der Praktiken angemessener beschrieben werden können, denn damit trägt man einer der Praxis stets immanenten Unschärfe Rechnung, die erklärt, inwiefern Praktiken objektiv an einem Ziel orientiert sein können, ohne jedoch als bewusstes und intentionales Anstreben von Zwecken in Erscheinung zu treten (Bourdieu 1987 [1980], S. 98–99). Eine solche Konzeptualisierung von Praxis erlaubt es Bourdieu der scholastischen Sicht zu entkommen: Nicht nur werden die praktischen Zwänge und Notwendigkeiten mit einbezogen, denen die Akteure immer schon entsprechend ihrer Stellung im Sozialgefüge (in kapitalistischen Gesellschaften wird diese durch den sozioökonomischen Status abgebildet) unterworfen sind. Auch die wissenschaftliche Praxis selbst erfährt hinsichtlich der Konstruktion des Objekts eine Veränderung: „Spricht man von Strategie statt von Regel, konstruiert man das Objekt anders, stellt also den Informanten andere Fragen und analysiert ihre Praktiken anders" (Bourdieu 1998 [1994], S. 208).

Damit macht Bourdieu deutlich, dass es jene von der Wissenschaft angenommene Grenze zwischen einer vermeintlichen Objektivität und Subjektivität nicht geben kann und dass diese Grenze das Resultat von Konstruktionen ist. Der wissenschaftliche Gegenstand, der mittels „objektiver" wissenschaftlicher Instrumente beobachtet und beschrieben – kurz: objektiviert – wird, ist selbst bereits die Konstruktion wissenschaftlicher Praxis, die ihrerseits nie frei von sozialen (scholastischen) Voraussetzungen ist. Die in der Wissenschaft angewandten Erkenntnisinstrumente sind von objektiver Sozialität durchdrungen:

> Es genügt nicht, wie die klassische Erkenntnisphilosophie lehrt, im Subjekt selbst die Grenzen der von ihm gesetzten objektiven Erkenntnis zu suchen. Man muss außerdem in dem von der Wissenschaft konstruierten Objekt *die sozialen Bedingungen der Möglichkeit des ‚Subjekts'* (zum Beispiel die *scholé* und das ganze Erbe an Problemen, Begriffen, Methoden usw., die seine Tätigkeit erst möglich machen) und die möglichen Grenzen seiner Objektivierungsakte suchen. Dies zwingt zur Absage an die absolutistischen Voraussetzungen der klassischen Objektivität, ohne deshalb zum Relativismus zu führen (Bourdieu und Wacquant 2006 [1992], S. 248–249).

Es geht Bourdieu also nicht darum, Objektivität grundsätzlich zu verwerfen, sondern Wissenschaftler*innen derselben Objektivierung zu unterziehen, die er selbst mit seiner Soziologie bezüglich anderer sozialer Phänomene betreibt (siehe dazu insbesondere Kap. 4). Das heißt konkret, dass das erkennende Subjekt nicht länger von dieser Objektivierungsarbeit ausgenommen bleiben kann. Entsprechend geht es Bourdieu in seiner Wissenschaftstheorie in erster Linie darum, die Objektivierungstechniken der Wissenschaften – allen voran eben der Ethnologie und der Soziologie – zu objektivieren (Bourdieu 1993 [1980], S. 31). Um die Bourdieu'sche Kritik an der Wissenschaft weiter nachzuvollziehen zu können, wird im nächsten Abschnitt seine praxeologische Theorie im Detail rekonstruiert.

2.2 Zwischen Objektivismus und Subjektivismus: Die praxeologische Erkenntnisweise

Wie bereits angedeutet, führt die Einsicht Bourdieus in die soziale Prägung scholastischer Erkenntnisweisen zu einer grundlegenden erkenntnistheoretischen Kritik: Wenn diejenigen, die im Dienste der Wissenschaft das Nachdenken über die Welt professionell betreiben, die Voraussetzungen ihres Nachdenkens übersehen, dann läuft die Wissenschaft Gefahr „theoretische Verzerrungen" (Bourdieu 2009 [1972], S. 140) in Kauf zu nehmen. Denn letztlich beruht jede Erkenntnis darauf, dass die Wissenschaftler*innen schon während ihrer Bildungslaufbahn über die nötigen Ressourcen verfügen, um von ökonomischen und sozialen Zwängen so weit entbunden zu sein, dass ihr Forschungshandeln weitgehend autonom erfolgt. Wenn diese Grundlagen der eigenen Erkenntnisleistung nun auf die wissenschaftliche Analyse einwirken, dann resultiert daraus ein unmittelbares erkenntnistheoretisches Problem (Bourdieu 1987 [1980], S. 53; 1998 [1994], S. 207). So stellen sowohl die eigene raum-zeitliche Gebundenheit als auch die scholastische Vergessenheit der Abwesenheit sozialer Zwänge für den*die Beobachter*in einen blinden Fleck dar:

> Erkenntnis hängt nicht nur [...] von dem besonderen Standpunkt ab, den ein ‚nach Raum und Zeit festgelegter' Beobachter gegenüber dem Gegenstand einnimmt, sondern auch davon, dass er als Betrachter, der gegenüber dem Handeln einen Standpunkt einnimmt, der sich zurückzieht, um es zu beobachten, um es aus der Entfernung und von oben in Augenschein zu nehmen, die praktische Tätigkeit *zum Gegenstand der Beobachtung und der Analyse* macht (Bourdieu 2009 [1972], S. 142; Hervorhebung im Original).

Bourdieu bezieht seine erkenntnistheoretische Kritik wie gesagt insbesondere auf die Philosophie und die gesellschaftswissenschaftlichen Disziplinen der Ethnologie und Soziologie – also in erster Linie seine eigenen Disziplinen. Er greift deren epistemologische und theoretische Dualismen auf, die sich entlang der Unterscheidungen zwischen subjektphilosophischen bzw. handlungstheoretischen und strukturtheoretischen Perspektiven ausbuchstabieren lassen. Indem er aber daran erinnert, „dass das Privileg, das jeder theoretischen Tätigkeit [...] zugrunde liegt, [...] einen epistemologischen, aber auch sozialen Bruch voraussetzt" (Bourdieu 2009 [1972], S. 140), positioniert er sich gleich in doppelter Weise gegen diese erkenntnistheoretische Spaltung. Pointiert formuliert er: „Von allen Gegensätzen, die die Sozialwissenschaften künstlich spalten, ist der grundlegendste und verderblichste der zwischen Subjektivismus und Objektivismus." (Bourdieu 1987 [1980], S. 49) Dabei gilt es zu berücksichtigen, dass sich diese Spaltung gerade in Frankreich seit den 1950er Jahren institutionalisierte und in den 1970er Jahren ihren Höhepunkt erreichte. Dort standen sich zwei philosophische Positionen unversöhnlich gegenüber: Die Subjektphilosophie von Jean-Paul Sartre (1974 [1943]), der eine existentialistische Handlungstheorie zur Erklärung der sozialen Welt formuliert hatte, und der subjektlose Strukturalismus von Claude Lévi-Strauss (1972), bei dem soziales Handeln durch die Gesetzmäßigkeiten mentaler Strukturen erklärt wurde.[3] In dieser Zeit nun beginnt die philosophische Auseinandersetzung von Bourdieu

---

[3]Daneben spielt in den 1970er Jahren noch eine strukturalistische Spielart des Marxismus, wie sie Louis Althusser (1968 [1965]) oder Nicolas Poulantzas (1974 [1968]) in Frankreich repräsentierten, eine wichtige Rolle (Müller 2014a, S. 28). Das Verhältnis Bourdieus zum intellektuellen Feld Frankreichs dieser Zeit beschreibt er selbst ausführlich in seiner als Auto-Analyse (frz. *auto-analyse*) bezeichneten Schrift *Ein soziologischer Selbstversuch* (Bourdieu 2002).

2.2 Zwischen Objektivismus und Subjektivismus ...

mit beiden Ansätzen. Ganz grundlegend ist darauf hinzuweisen, dass Bourdieu sich sowohl von Sartre wie auch von Lévi-Strauss distanziert. Insbesondere die intellektuelle Omnipräsenz Sartres störte Bourdieu (Schwartz 2003, S. 792–793; Schumacher 2011, S. 49–56). Zugleich zeigten aber seine empirischen Befunde aus der Kabylei schon früh die Grenzen des Strukturalismus auf (Bourdieu 1987 [1980], 2009 [1972], 2010, 2012 [1998]). In Anbetracht dieser konfliktreichen Akteurskonstellation[4] entwickelt Bourdieu nun seine Kritik am Gegensatz der ihnen zugrunde liegenden erkenntnistheoretischen Positionen, denn der „scholastische Epistemozentrismus" komme insbesondere in diesem Spannungsfeld zum Tragen. Es ist Bourdieus innovative Leistung, die philosophischen Probleme dieser „Erkenntnisweisen" oder „Modi theoretischer Erkenntnis" (Bourdieu 2009 [1972], S. 146–164), wie er es nennt, soziologisch aufgelöst zu haben (Müller 2014a, S. 27).

Die Situation im intellektuellen Feld Frankreichs der 1970er Jahre bildet letztlich auch den Ausgangspunkt für Bourdieus kritische Wissenschaftssoziologie. Um nämlich Wissenschaft als soziale Praxis beschreiben und verstehen zu können, muss die Soziologie über die beiden Modi theoretischer Erkenntnis – Subjektivismus und Objektivismus – hinausreichen. „Der Fortschritt der Erkenntnis setzt bei den Sozialwissenschaften", so Bourdieu, „einen Fortschritt im Erkennen der Bedingungen der Erkenntnis voraus" (Bourdieu 1987 [1980], S. 7). Eine kritische Reflexion über die Grenzen des wissenschaftlichen Verstehens hat für ihn zum Ziel, „die wissenschaftliche Erkenntnis durch Befreiung von den Verzerrungen, die ihr von den epistemologischen und sozialen Bedingungen ihrer Hervorbringung aufgezwungen werden, vollständig zu begründen" (Bourdieu 1987 [1980], S. 53). Ein solches Vorhaben kann nur gelingen, „wenn die wissenschaftliche Praxis einem Erkennen des ‚Erkenntnissubjekts' untergeordnet wird, also einer im wesentlichen [sic] kritischen Erkenntnis der Grenzen jeder theoretischen

---

[4]Bourdieu selbst beschreibt diese Situation zu Beginn von *Sozialer Sinn*. Dort schreibt er: „Es ist nicht leicht, sich die Wirkung des Werkes von Claude Lévi-Strauss auf das intellektuelle Feld Frankreichs und die konkreten Vermittlungsprozesse zu vergegenwärtigen, durch die einer ganzen Generation eine neue Auffassung der Geistestätigkeit aufgedrängt wurde, die in durchaus dialektischem Gegensatz zur Gestalt des ‚totalen' und entschieden der Politik zugewandten Intellektuellen trat, wie sie Jean-Paul Sartre verkörperte. Diese exemplarische Konfrontation hat damals sicher nicht wenig dazu beigetragen, dass bei vielen angehenden Sozialwissenschaftlern der Ehrgeiz geweckt wurde, die Spaltung zwischen theoretischen und praktischen Intentionen [...] aufzuheben, indem diese ihre Aufgabe als Forscher als ein der reinen Wissenschaft und der exemplarischen Prophetie gleichermaßen fernes, sozusagen engagiertes Handwerk bescheidener und verantwortungsbewusster erfüllten" (Bourdieu 1987 [1980], S. 8).

Erkenntnis, sei sie nun subjektivistisch oder objektivistisch" (Bourdieu 1987 [1980], S. 52). Damit meint Bourdieu, dass die Grenzen der subjektivistischen und objektivistischen Erkenntnisweisen genau bestimmt werden müssen, um daraus ableiten zu können, wo ihre Grenzen hinsichtlich der Beschreibung und Konzeptualisierung von Praxis liegen. Die gemeinsame Grenze beider Erkenntnismodi liegt Bourdieu zufolge nun dort, wo sie theoretisch übersteigen oder erkenntnistheoretisch verformen, was sie zu erfassen versuchen: in der Praxis als Ausdruck des Sozialen. Bourdieu begründet in der Folge seine Theorie der Praxis damit, „dass die einzige Weise, die Praxis zu verstehen, die Praxis selbst sei" (Bourdieu 2009 [1972], S. 139). Darin kommt zugleich ein für Bourdieu typischer Widerspruch von Nähe und Distanz zum sozialwissenschaftlichen Forschungsgegenstand zum Ausdruck: Während subjektivistische Theorien zu einer mangelnden Distanz zum eigenen Forschungsgegenstand neigen, führt diese Distanz in der objektivistischen Tradition zu fundamentalen erkenntnistheoretischen Verzerrungen.

2.2.1 Der erste Bruch: Wider den Subjektivismus

Gemeinsam mit Jean-Claude Chamboredon und Jean-Claude Passeron systematisiert Bourdieu den sozialwissenschaftlichen Reflexionsprozess erstmalig in der wissenschaftstheoretischen Anleitung *Soziologie als Beruf* (Bourdieu et al. 1991 [1968]). Die Autoren fordern in einem ersten Schritt einen Bruch mit dem Alltagsdenken und der Alltagssprache, um die Grundbedingung von Wissenschaftlichkeit auch für sozialwissenschaftliche Operationen geltend zu machen. Die subjektivistische Erkenntnisweise setzt Bourdieu zufolge die Wahrheit der primären Erfahrung mit der sozialen Welt gleich und begreift sie damit als natürliche Tatsache. Hiermit vergibt sie die Möglichkeit einer kritischen Reflexion und reflektiert damit „ihrer Definition nach nicht auf sich selbst und schließt im Weiteren die Frage nach den Bedingungen ihrer eigenen Möglichkeit aus" (Bourdieu 2009 [1972], S. 147). „Epistemologische Wachsamkeit" erweist sich für die Autoren gerade bei den „Humanwissenschaften als besonders notwendig, da hier die Trennung zwischen Alltagsmeinung und wissenschaftlichem Diskurs unklarer ist als in anderen Wissenschaften" (Bourdieu et al. 1991 [1968], S. 15). Der Einfluss der Alltagsbegriffe sei derart stark, dass sämtliche empirischen Objektivierungstechniken – quantitativer, qualitativer und vergleichender Art – eingesetzt werden müssen, um einen wirklichen Bruch mit dem Alltagswissen zu vollziehen. Ein solches Unterfangen ist aber keinesfalls einfach. So schreiben die Autoren:

2.2 Zwischen Objektivismus und Subjektivismus ...

Alle Techniken des Bruchs – logische Kritik, statistische Überprüfung der falschen Gewissheiten – bleiben allerdings so lange wirkungslos, wie die Spontansoziologie nicht in ihrem eigentlichen Kern getroffen wird, d. h. in der sie tragenden Philosophie der Erkenntnis des Sozialen und des menschlichen Handelns. Als vom *common sense* klar geschiedene Wissenschaft kann sich die Soziologie nur konstituieren, wenn sie den systematischen Ansprüchen der Spontansoziologie den organisierten Widerstand einer Theorie der Erkenntnis des Sozialen entgegenstellt, deren Prinzipien Punkt für Punkt den Vorannahmen der Primärphilosophie des Sozialen widersprechen (Bourdieu et al. 1991 [1968], S. 17).

Die drei nehmen hier Bezug auf eine Denktradition, die sie insbesondere in der existentialistischen Philosophie Jean-Paul Sartres verorten, der eine angenommene „Evidenz und Transparenz der sich selbst reflektierenden Erfahrung als ‚das Gewisse'" einer ungewissen objektiven Erkenntnis gegenüberstellt (Bourdieu 1987 [1980], S. 50, Fn. 1). In Sartres voluntaristischer Philosophie radikaler Freiheit tritt für Bourdieu genau jene scholastische Täuschung in den Vordergrund, die als Ausdruck einer „statusbedingte[n] Selbstsicherheit (oder Überheblichkeit)" zu lesen ist (Bourdieu 2004 [1997], S. 48). Gegen diese Art erkenntnistheoretischer Philosophie muss man nicht zuletzt deshalb opponieren, weil die Bedingungen der Möglichkeit von Erfahrung verdeckt und unentdeckt bleiben – und zwar insbesondere im Hinblick auf die scholastische Enthobenheit jedweder Zwänge ökonomischer und sozialer Art. Eine daran anschließende Sozialtheorie sei nicht ausreichend, eine wissenschaftliche Erkenntnis des Sozialen zu liefern. In diesem Sinne will Bourdieu mit jener soziologischen Erkenntnisweise brechen, die er die „phänomenologische" (Bourdieu 1987 [1980], S. 50, 2009 [1972], S. 147) nennt.[5] Er kritisiert, dass diese Ansätze die wissenschaftliche Erkenntnis mehr oder minder als eine direkt zugängliche Form des Sozialen verstehen, d. h. die praktisch erlebten Handlungen und Interaktionen sowie ihre unmittelbaren Repräsentationen als *Primärerfahrungen* begreifen.[6] Solche dem phänomenologischen Subjektivismus

---

[5]Darunter sind jene Soziologien zu subsumieren, die unmittelbar an Edmund Husserls Phänomenologie und – daran anschließend – Alfred Schütz' Lebensweltanalyse (Schütz 1974; Schütz und Luckmann 1975) anknüpfen. Bourdieu selbst nimmt nicht explizit zu Schütz und Luckmann Stellung. Er bezieht sich allerdings wiederholt auf Harold Garfinkel und dessen Ethnomethodologie, die die empirische Umsetzung des phänomenologischen Programms von Schütz und Luckmann darstellt.

[6]Bourdieu resümiert, dass besonders in Frankreich „die Phänomenologie als strenge Wissenschaft" aufgefasst wurde. Man glaubte, sich hiervon ausgehend einen „Zugang zu den Humanwissenschaften" eröffnen zu können (Bourdieu 2004 [1997], S. 53). Es sei aber darauf hingewiesen, dass sich Bourdieu selbst beispielsweise bei der Entwicklung des Habituskonzepts stellenweise an der Phänomenologie Husserl orientierte (Schneickert 2013c).

verpflichteten Soziologien, die die vermeintlichen Primärerfahrungen sozialer Akteure lediglich registrieren, systematisieren und explizieren, erweisen sich für Bourdieu als unbrauchbar, weil sie implizit eine Kontinuität zwischen wissenschaftlich-theoretischen und alltäglich-praktischen Erkenntnissen unterstellen. Bourdieu vertritt die Auffassung, dass eine (symbolisch-) interaktionistische Soziologie in der Tradition von George Herbert Mead, Herbert Blumer oder Erving Goffman aber auch die Ethnomethodologie eines Harold Garfinkel „stillschweigend all das [ausschließt; Anmerkung der Verfasser], was die Interaktionen und deren Repräsentationen in den Individuen" jenen objektiven Strukturen schulden, in die sie eingebettet sind (Bourdieu 2004 [1997], S. 150). Damit übernehmen sie die „Spontantheorie des Handelns", die das handelnde Subjekt und dessen Repräsentationen zum „letzten Prinzip all der Strategien erhebt, die die soziale Welt hervorzubringen und zu verändern in der Lage sind" (Bourdieu 2004 [1997], S. 150). Bourdieu hingegen betont, dass in den Handlungen von sozialen Akteuren immer mehr sozialer Sinn enthalten ist, als durch eine solche phänomenologische Beschreibung zum Ausdruck gebracht werden kann: „Weil die Handelnden nie ganz genau wissen, was sie tun, hat ihr Tun mehr Sinn, als sie selbst wissen" (Bourdieu 1987 [1980], S. 127).

Um nun mit derlei Formen der „Spontansoziologie" (Bourdieu et al. 1991 [1968], S. 24) zu brechen und all jenen Dingen Rechnung zu tragen, die in der sozialen Praxis allgegenwärtig sind – den objektiven Strukturen und den subjektiven Handlungen gleichermaßen –, folgt Bourdieu in der Konsequenz einem anderen Programm: Erstens Émile Durkheims Forderung, soziale Tatbestände „wie Dinge" zu behandeln (Durkheim 1976 [1895], S. 115); zweitens Karl Marx' These, dass Menschen „bestimmte, notwendige, von ihrem Willen unabhängige Verhältnisse" in Abhängigkeit zu den gesellschaftlichen Produktionsverhältnissen eingehen (Marx 1972 [1859], S. 8); und drittens Max Webers Unterscheidung von „Handeln" und „sozialem Handeln", mit der er darauf aufmerksam macht, dass der Sinn sozialen Handelns nicht auf subjektive Absichten reduzierbar ist, sondern „auf das Verhalten anderer bezogen wird und daran in seinem Ablauf orientiert ist" (Weber 1976 [1921/1922], S. 1; vgl. hierzu insbesondere Bourdieu et al. 1991 [1968], S. 18–19). Damit will Bourdieu jene Objektivität in der Beobachtung des Sozialen wiedergewinnen, die seines Erachtens nach in den phänomenologisch-subjektivistischen Ansätzen verschwindet. Noch deutlicher verfolgt aber Claude Lévi-Strauss' Strukturalismus diese Arbeit der Objektivierung und stellt entsprechend für Bourdieu einen wichtigen Ausgangspunkt bereit.

2.2 Zwischen Objektivismus und Subjektivismus ...

> Wenn sie nicht lediglich Projektion eines Gemütszustandes sein will, setzt die Sozialwissenschaft zwangsläufig das Moment der Objektivierung voraus, und es sind eben die Errungenschaften des strukturalistischen Objektivismus, die die von diesem Moment geforderte Grenzüberschreitung ermöglichen (Bourdieu 1987 [1980], S. 26).

Es ist also insbesondere der französische Strukturalist, der Bourdieu sowohl eine Grenzüberschreitung in Richtung einer Objektivierung ermöglicht, der ihm aber auch – in einer zweiten Grenzüberschreitung – die Möglichkeit bietet, seine Position wiederum gegen diese objektivistische Lesart des Sozialen zu schärfen. Damit gelingt es Bourdieu die Errungenschaften beider Theorien – der subjektivistischen Sozialphänomenologie und der objektivistischen Strukturtheorie – zu bewahren und in seinem Ansatz zu synthetisieren.

2.2.2 Der zweite Bruch: Wider den Objektivismus

Bourdieu ist sich darüber bewusst, dass ihm die Auseinandersetzung mit dem Strukturalismus nur in einem ersten Schritt hilft, sich gegen die Sozialphänomenologie und ihre blinden Flecken in Stellung zu bringen. Dies erlaubt ihm nämlich, die Suche nach vermeintlichen Strukturdeterminationen des Sozialen zu spezifizieren und durch weitere Aspekte zu ergänzen:

> Der Versuch, die Sozialwissenschaft auf die bloße Aufdeckung objektiver Strukturen einzuengen, darf mit Recht zurückgewiesen werden, wenn dabei nicht aus den Augen verloren wird, dass die Wahrheit der Erfahrungen gleichwohl doch in den Strukturen liegt, die diese determinieren. Die Konstruktion objektiver Strukturen (Preiskurven, Chancen des Zugangs zu höheren Bildungsinstitutionen, Gesetzen des Heiratsmarktes) gestatten faktisch erst, das Problem anzugehen, durch welche die Beziehung zwischen den Strukturen und den Praktiken oder den mit ihnen einhergehenden Repräsentationen gestiftet werden [...] (Bourdieu 2009 [1972], S. 149).

Um diese Beziehung zwischen Struktur und Praxis sozial- und erkenntnistheoretisch fruchtbar zu machen, bedarf es einer kritischen Distanzierung von den Objektivierungstechniken. Damit geht Bourdieu über die Programmatik der genannten Autoren weit hinaus, denn „weder bei Durkheim noch bei Lévi-Strauss geht es darum, die ‚Formen der Klassifikation', die der Wissenschaftler anwendet, ihrerseits zu analysieren" (Bourdieu 1988 [1984], S. 10). Es geht der Soziologie Bourdieus um eine theoretisch abgesicherte Möglichkeit durch eine konsequente „Objektivierung der Objektivierung" ihrerseits selbst Objektivitätsansprüche erheben zu können (Bourdieu 1988 [1984], S. 10).

Diese kritische Distanzierung gegenüber der „objektivistischen Erkenntnisweise" (Bourdieu 2009 [1972], S. 147) gewinnt Bourdieu, wie im ersten Abschnitt dieses Kapitels bereits angedeutet, durch die Auseinandersetzung mit der Saussure'schen Linguistik als „Terrain des Objektivismus schlechthin" (Bourdieu 2009 [1972], S. 151). In der Tat sind es Saussures (1967 [1916]) sprachwissenschaftliche Grundunterscheidungen, die für Lévi-Strauss' Weiterentwicklung des anthropologischen Strukturalismus von Bedeutung waren (Lévi-Strauss 1972 [1945], S. 43–67). Saussure bricht mit einer diachronen Perspektive, die ihren Fokus auf die Konstruktion von Sprache richtet, und untersucht stattdessen ihre synchrone Beschaffenheit. Indem er zwischen konkretem Sprechen, der „*parole*", und der systematischen, durch die Relationalität sprachlicher Zeichen bestimmten Sprache, der „*langue*" unterscheidet, setzt er ein Erkenntnisprinzip in die Welt, das auf die Erklärung von Verhalten und die Wirkungsweise von Relationen und Reziprozitäten ausgerichtet ist. In diesem Sinne postuliert Saussure das Primat der sprachlichen Struktur noch vor ihrer Verwirklichung im Sprechen, denn das eigentliche sprachliche Zeichen existiert für Saussure unabhängig von seiner konkreten Artikulation. Bourdieu unterstellt indes der strukturalistischen Linguistik – und in der Folge der daran anschließenden Ethnologie – ein scholastisches Vergessen ihrer Produktionsbedingungen. Es führt dazu, dass sich die Saussure'sche Linguistik „eine epistemologische Reflexion auf die Geltungsbedingungen" ihres Konstrukts dadurch erspart, dass sie gerade nicht nach dem Verhältnis von Sprache und Sprechen fragt (Bourdieu 2009 [1972], S. 153). In Bourdieus Lesart vollzieht Saussure vielmehr eine „Operation, mittels derer eine jede objektivistische Wissenschaft sich konstituiert, indem sie ein System objektiver Beziehungen konstruiert, das auf die unterschiedlichen Praxisformen und Praktiken, in denen es sich dokumentiert und in Aktion tritt, ebensowenig [sic] zurückzuführen ist wie auf die Intentionen der Subjekte und deren Bewusstsein von seinen Zwängen und seiner Logik" (Bourdieu 2009 [1972], S. 152). Daraus ergibt sich in Bourdieus Verständnis, dass gerade das Sprechen als Bedingung der Sprache hervortritt.

Von diesem Punkt ausgehend setzt sich Bourdieu in der Folge kritisch mit dem strukturalistischen Objektivismus in der Tradition Claude Lévi-Strauss' (1972) auseinander. Insbesondere arbeitet er sich daran zu Beginn seiner ethnografisch-empirischen Untersuchung der Kabylei ab Ende der 1950er Jahre ab. In seiner 1963 im französischen Original erschienenen Studie über den Innenraum des kabylischen Hauses (Bourdieu 1987 [1980], S. 468–489) tritt er nach eigener Aussage das letzte Mal als „unbefangener Strukturalist" auf (Bourdieu 1987 [1980], S. 23). Schon bei der Analyse des Heiratsverhaltens in der kabylischen Gesellschaft stellt er fest, dass sich seine Beobachtungen nicht mit den Annahmen des Strukturalismus vereinbaren lassen. Das Heiratsverhalten der Kabylen beispielsweise lässt sich nicht als das bloße Befolgen bewusster oder unbewusster Regeln beschreiben. So stimmt nur in den allerwenigsten Fällen die konkret beobachtbare Praxis der Akteure mit der strukturalistischen Annahme überein, dass die Parallelcousinenheirat, also die kulturelle Praxis der Auswahl der vaterseitigen Cousine als bevorzugter Ehepartnerin, ein soziale Regelhaftigkeit darstelle (Bourdieu 2009 [1972], S. 66–137). Bourdieu beobachtet, dass die Heiratspraxis weder ein Akt bloßer Unterwerfung unter ein ethisch bedeutsames Regelsystem noch ein Akt individualistischer Handlungsrationalität ist. Vielmehr orientiert sich die Heiratspraxis an *praktischen Zwängen,* was bedeutet, dass die Beteiligten versuchen, ihre ökonomischen und symbolischen Interessen mit dem normativen Regelsystem der Ehre und seinen moralischen Implikationen in Einklang zu bringen. Bourdieu zieht bereits zu diesem Zeitpunkt daraus den Schluss, dass das kulturelle Regelsystem im Handeln der Akteure anwesend und handlungsrelevant bleibt – auch wenn es nicht in allen Entscheidungen strikt befolgt wird. Auch arbeitet er an dieser Stelle den bereits eingeführten Begriff der „Strategie" aus,[7] der sich für ihn deshalb als adäquat erweist, da er „eindeutig mit der strukturalistischen Lexik der Regel und der mit ihr einhergehenden Theorie vom Handeln als deren Anwendung" bricht (Bourdieu 2004 [1997], S. 81).

Bourdieu wendet sich also an entscheidender Stelle nicht nur gegen eine strukturalistische Methode, sondern bricht auch mit den ihr zugrunde liegenden anthropologischen Hypothesen, die „stillschweigend allein schon in ihre konsequente Anwendung auf Praktiken Eingang gefunden hatten" (Bourdieu 1987 [1980], S. 24). Er kritisiert, dass im Strukturalismus die beschriebenen Regelsysteme und die normativen Strukturen sich zu quasi allmächtigen Steuerungsprinzipien des Handelns verselbstständigt hätten, womit die konstitutive Rolle der sozialen Akteure bei der Gestaltung dieser Steuerungsprinzipien selbst verkannt wird. Ohne deren mentale Strukturen und ihre soziale Praxis kämen aber die objektiven Systeme, die für Bourdieu in der strukturalistischen Denktradition überbetont werden, nicht zur Geltung. Entsprechend gelangt Bourdieu zu der Einsicht, dass der Strukturalismus „die Logik der Praxis nur mit Konstruktionen erfassen kann, die sie [die

---

[7]Dem Strategiebegriff räumt Bourdieu bereits in seiner Abhandlung über die praktische Logik der Gabe einen zentralen Stellenwert ein (Bourdieu 1987 [1980], S. 180–204). Siehe hierzu auch Abschn. 2.2.4.

Praxis; Anmerkung der Verfasser] als solche zerstören" (1987 [1980], S. 26). In diesem Sinne begeht eine strukturalistisch-objektivistische Erkenntnisweise einen dem Subjektivismus entgegengesetzten Fehler. Sie untertheoretisiert die Primärerfahrungen der Akteure oder ignoriert sie als sekundäre, vernachlässigbare Erscheinungen. Am Beispiel der strukturalistischen Linguistik und ihrer ethnologischen Ausformulierung verdeutlicht Bourdieu, dass das Unvermögen, „theoretisch all das zu integrieren, was Saussure zufolge aus der Ausübung hervorgeht", auf der Unfähigkeit beruht, „Sprechen und, umfassender, Praxis schlechthin anders denn als Ausübung zu begreifen" (Bourdieu 2009 [1972], S. 157).

Die Praxis weist folglich eine Eigenlogik auf, die nicht vollständig auf die Regelhaftigkeit eines Systems oder einer Struktur zurückzuführen ist. Die scholastische Ignoranz gegenüber dieser Eigenlogik ist für Bourdieu eng an ein weiteres erkenntnistheoretisches Problem gekoppelt: Wenn die Modelle und analytischen Heuristiken, die zur schlüssigsten und sparsamsten Erklärung einer größtmöglichen Zahl an Fällen konstruiert werden, als reale Grundlage von Praktiken behandelt werden oder als solche angesehen werden, dann läuft man Gefahr, die wahre Grundlage von Praxis zu übersehen (Bourdieu 1987 [1980], S. 27). Praxis muss – wie im Fall des Sprechens – in ihrer eigenlogischen Bedeutung für die Akteure analysiert werden, denn die Konstruktion theoretischer Modelle lässt Wissenschaftler*innen vergessen, dass die Praxis die Beherrschung einer solchen Logik, die in ihr lediglich zum Ausdruck kommt, nicht voraussetzt (Bourdieu 1987 [1980], S. 27). Der scholastische Fehler einer objektivistischen Erkenntnisweise – Bourdieu nennt es auch eine „imaginäre Anthropologie" (Bourdieu 2009 [1972], S. 164) – besteht für ihn also darin, „vom Modell der Realität zur Realität des Modells überzugehen" (Bourdieu 1987 [1980], S. 75, 2009 [1972], S. 162). Läge in diesem Sinne den Praktiken die Erzeugungsformel zugrunde, „die man zu ihrer Erklärung konstruieren muss, […] wären nach völlig bewussten Erzeugungsregeln hervorgebrachte Praktiken bar allem, was sie eigentlich als Praktiken definiert" (Bourdieu 1987 [1980], S. 28). Bourdieu fasst diese Kritik wie folgt zusammen:

> [D]er Objektivismus ist, da er die Praxis nicht anders denn negativ, d. h. als *Ausübung/Ausführung* zu entwerfen vermag, dazu verdammt, entweder die Frage nach dem Erzeugungsprinzip der Regelmäßigkeiten gänzlich fallen zu lassen und sich mit deren Bestandsaufnahme zu begnügen, oder aber verdinglichte Abstraktionen dank eines Fehlschlusses hervorzubringen, der darin besteht, die von der Wissenschaft konstruierten Objekte wie ‚Kultur', ‚Struktur', ‚soziale Klassen', ‚Produktionsweisen' usw. wie autonome Realitäten zu behandeln, denen gesellschaftliche Wirksamkeit eignet und die in der Lage sind, zu handeln als verantwortliche Subjekte historischer Aktionen oder als Macht, die fähig ist, auf die Praxis Zwang auszuüben (Bourdieu 2009 [1972], S. 158–159).

2.2 Zwischen Objektivismus und Subjektivismus ...

Nimmt man Praxis unter erkenntnistheoretischen Gesichtspunkten nicht ernst – wie es nach Bourdieus Auffassung dem strukturalistischen Denken eigen ist –, stabilisiert sich eine epistemologische Herrschaftsform, die eine „Kultur" oder „Struktur" als Subjekt behandelt und somit von einer quasi metaphysischen Determination des Handelns ausgeht.[8] Das bedeutet, dass Bourdieus Praxeologie eine genuin herrschaftskritische Komponente eingeschrieben ist. In Bezug auf den ethnologischen Strukturalismus kritisiert er etwa, dass die scholastische Vernunft hier mit einer hochgradig problematischen Machtausübung einhergeht. Nicht selten, so Bourdieu, macht sich nämlich gerade der ethnologische Strukturalismus skandalöser Formen des ethnozentrischen oder gar rassistischen Denkens schuldig – besonders dann, wenn Ethnolog*innen oder Soziolog*innen die Handlungen und kulturellen Praxen der Beobachteten als fehlerhaft oder irrational klassifizieren (Bourdieu 1987 [1980], S. 9–11). Eine solche Erkenntnisweise macht für sich selbst einen souveränen Standpunkt geltend, der „nirgends besser bezogen werden kann als von den besseren Plätzen des sozialen Raums, von denen aus sich die Sozialwelt wie ein von ferne und von oben herab betrachtetes Schauspiel, wie eine Vorstellung darbietet" (Bourdieu 1987 [1980], S. 53).

---

[8]Bourdieus Ansatz einer praxeologischen Erkenntnisweise stellt sich in diesem Sinne auch gegen eine marxistische Denkart, die eine eindimensionale Unterwerfungslogik unterstellt. Der Gebrauch eines Begriffsinstrumentariums von „Klassen" oder „Produktionsweise" gebietet laut Bourdieu Vorsicht, will man gesellschaftliche Widersprüche beobachten, die möglicherweise auch aus dem Handeln der Akteure erwachsen. So stellt er sich etwa gegen Louis Althusser, dem er – nicht ganz gerechtfertigt – ein deterministisches Denken unterstellt. Zwar ist es richtig, dass Althusser zufolge Institutionen wie das Bildungssystem, die Kirche, Parteien oder das Militär als Staatsapparate die Unterwerfung unter die herrschende Ideologie sichern. Bourdieu kritisiert aber, dass Akteure damit auf die Rolle von ausführenden Organen, Opfern oder Komplizen einer in das Wesen der Apparate eingeschriebenen Politik reduziert werden, was für ihn bedeutet „sich dazu zu ermächtigen, die Existenz aus der Essenz zu deduzieren, das reale Verhalten aus der Beschreibung der Apparate herauszulesen, sich die Beobachtung der Praktiken *zu ersparen* und die Forschung mit der Lektüre von Diskursen, die für die wirklichen Matrizen der Praktiken gelten, gleichzusetzten" (Bourdieu 2011, S. 20; Hervorhebung im Original). Er hält eine solche Idee grundsätzlich für das „Phantasma der Verschwörung", das im „ganze[n] ‚kritische[n]' Denken" steckt und das überall einen dämonischen Willen walten sieht (Bourdieu und Wacquant 2006 [1992], S. 133). Wenn die Handlungsmöglichkeiten der sozialen Akteure unter strukturellen Gesichtspunkten immer auch begrenzt sind, so gilt für Bourdieu, dass die konstitutive Widerständigkeit nur in den „Ausnahmefällen" totalitärer Regime von Praxis gänzlich zum Verschwinden gebracht wird.

2.2.3 Die Überschreitung: Die praxeologische Erkenntnisweise als epistemologische Kritik

Bourdieu ist sich darüber im Klaren, dass „jegliche Infragestellung des Objektivismus zunächst zwangläufig als eine Rehabilitierung des Subjektivismus erscheinen" muss (Bourdieu 2009 [1972], S. 139). Wir haben bereits gezeigt, dass der Objektivismus für ihn lediglich ein ‚provisorischer' Standpunkt sein kann (Bourdieu et al. 1991 [1968], S. 21–22), ein Ausgangspunkt für eine Überschreitung phänomenologisch-subjektivistischer Erkenntnisweisen. Die praxeologische Erkenntnisweise, die Bourdieu anstrebt, annulliert die Ergebnisse des objektiven Wissens nicht, „sondern bewahrt und überschreitet sie" (Bourdieu 2009 [1972], S. 148). In diesem Sinne erlaubt es die durch den (‚provisorischen') Objektivismus gewonnene Distanz zur Primärerfahrung der sozialen Akteure die objektiven Strukturen der gesellschaftlichen Welt als objektive Wahrheiten der primären Erfahrung zu explizieren. Dies ist allerdings nur unter der Bedingung möglich, dass er die *doxische* Erfahrung der sozialen Welt berücksichtigt – jene eigenlogische Primärerfahrung, die aus der Einbettung in die praktische Welt resultiert und mit einem Anerkennen ihrer Zwänge, Beschränkungen und Möglichkeiten einhergeht. Die *doxische* Erfahrung – als Grundlage jeglicher Praxis – schließt aber per definitionem die Frage nach den besonderen (sozialen) Bedingungen der Möglichkeit ihrer selbst stets aus (Bourdieu 2009 [1972], S. 147), weshalb der Objektivismus die *doxa*, die kollektiv geteilte Sicht, analytisch nie erfassen kann, sondern sie immer überformt und übersteigt. Bourdieu geht davon aus, dass die *doxa* auf von den objektiven Strukturen der Sozialwelt strukturierten Dispositionen ruht. Gegenstand der praxeologischen Erkenntnisweise ist folglich „die dialektische Beziehung zwischen diesen objektiven Strukturen und den strukturierten Dispositionen, die diese [die Strukturen; Anmerkung der Verfasser] zu aktualisieren und zu reproduzieren trachten; ist mit anderen Worten der doppelte Prozess der Interiorisierung der Exteriorität und der Exteriorisierung der Interiorität" (Bourdieu 2009 [1972], S. 147). Damit ist gemeint, dass der strukturalistische Objektivismus sich aufgrund der Fehlkonzeption von Praxis in der Umsetzung als unfähig erweist, „theoretisch all das zu integrieren [...] was aus der Ausübung *hervorgeht*" (Bourdieu 2009 [1972], S. 157; eigene Hervorhebung). Mit anderen Worten: Es geht darum, die „Exteriorisierung der Interiorität" zu begreifen und auf der Gegenseite zu sehen, dass die Wahrheit der Praxis gleichwohl in den Strukturen liegt, die diese determinieren (Bourdieu 2009 [1972], S. 149) – d. h. gleichzeitig in der Interiorisierung der Exteriorität. Die Struktur der sozialen

2.2 Zwischen Objektivismus und Subjektivismus ...

Welt besteht für Bourdieu somit nicht einfach aus objektiven und subjektiven Komponenten, sondern aus einer „Objektivität erster Ordnung" und einer „Objektivität zweiter Ordnung", die aufeinander bezogen sind (Bourdieu und Wacquant 2006 [1992], S. 24). So vermag er die „Beziehung zwischen den Strukturen und den Praktiken" (Bourdieu 2009 [1972], S. 149) in ihrer dialektischen Form als *Beziehung* zu konzeptualisieren. In einem Satz: Der praxeologischen Erkenntnisweise geht es um die Beziehung von Struktur und Praxis.

Damit ist zugleich der Erkenntnis*gegenstand* für eine moderne Soziologie nach Bourdieu benannt: Praxis (vgl. auch Reckwitz 2003; Ebrecht und Hillebrandt 2004; Schäfer 2014). Da sich sowohl objektivistische als auch subjektivistische Modi theoretischer Erkenntnis „ernsthaft um Fragen kümmern, welche die ernsthaften, schlicht mit den praktischen Dingen der gewöhnlichen Existenz befassten und um sie besorgten Leute ignorieren" (Bourdieu 2004 [1997], S. 23), bedarf es einer anderen Form wissenschaftlicher Erkenntnis, die das „praktische Verstehen zu verstehen" (Bourdieu 1987 [1980], S. 38) erlaubt. Eine solche Erkenntnis bricht nicht nur mit den beiden genannten Modi theoretischer Erkenntnis, sondern auch mit der scholastischen Vernunft als „‚gelehrter Ignoranz' des unmittelbaren, aber sich selbst gegenüber blinden Verstehens" (Bourdieu 1987 [1980], S. 40). Ein praxeologischer Erkenntnismodus ergänzt die wissenschaftliche Arbeit um „eine (nicht durch bloße theoretische Erfahrung zu entdeckende) Theorie der Bedeutung des Eingeborenseins" (Bourdieu 1987 [1980], S. 40). Eine solche „Theorie des Eingeborenseins" meint nichts anderes, als dass jede Praxis eine Eigenlogik aufweist, die grundsätzlich nicht auf irgendeine Form theoretischer Erkenntnis reduzierbar ist (Schwingel 1995, S. 47). Es geht für Bourdieu darum, eine Theorie der Praxis zu entwickeln und hierdurch die Wissenschaft in die Lage zu versetzen, durch praktischen Vollzug die soziale Welt zu erkennen und zu verstehen.

Der Bourdieu'schen Praxeologie gelingt es, die Grenzen jeglicher theoretischen Erkenntnis auszuleuchten, sei diese nun subjektivistisch oder objektivistisch (Bourdieu 1987 [1980], S. 52), weil die Logik der Praxis postwendend die typischsten Formen der vorlogischen Logik offenlegt. Bourdieus erkenntnistheoretische Einsicht, dass Praxis nicht auf eine etwaige theoretische Erkenntnis reduzierbar ist, stellt zugleich die Lösung für den scholastischen Fehlschluss bereit, die theoretische Sicht der Praxis als das praktische Verhältnis zur Praxis auszugeben. Die Praxeologie erlaubt es Bourdieu, der Logik der Theorie (oder des Modells) eine Logik der Praxis entgegen zu setzen. So setzt seine Argumentation sowohl gegen die strukturalistischen Beobachter*innen dort ein, wo diese die handlungsleitenden Strukturen erkennen wollen, wie auch gegen die phänomenologischen Beobachter*innen, wo diese die Frage nach den Bedingungen der Möglichkeit der Primärerfahrung in der Sozialwelt – d. h. die Deckungsgleichheit der objektiven Strukturen mit den einverleibten – ausschließen.

2.2.4 Kritik am Intellektualismus der Zeitlosigkeit

Als Theorie der praktischen Erkenntnis der sozialen Welt ist die Praxeologie dabei mehr als die praktische Erkenntnis selbst – und mehr als eine auf der Entlastetheit von praktischen Zwängen beruhende wissenschaftlich-theoretische Beschreibung der Praxis. Bourdieu kritisiert jeglichen Versuch dieser Art als „Intellektualismus" bzw. „Intellektualozentrismus", der stets dazu verleitet, „der analysierten Praxis über die zu ihrer Erklärung konstruierten Vorstellungen (Regeln, Modelle usw.) das eigene Verhältnis des Beobachters zur Sozialwelt und damit eben jenes zu unterlegen, welches die Beobachtung möglich macht" (Bourdieu 1987 [1980], S. 56). Wie oben bereits dargestellt, vollzieht sich der wissenschaftliche oder intellektuelle Modus der Erkenntnis ausschließlich im Zustand der *scholé* als „Existenzbedingung aller Wissenschaftsfelder" (Bourdieu 2004 [1997], S. 19). Der intellektualistische Fehlschluss besteht nun darin, diesen Muße-Zustand in die sozialen Akteure im Vollzug der Praxis hineinzudenken. Während dieser Zustand scholastischer Vernunft einen Ort und Zeitpunkt sozialer Schwerelosigkeit bezeichnet (Bourdieu 2004 [1997], S. 23), arbeitet Bourdieu an entscheidender Stelle gerade die Funktion der Zeit im Hinblick auf das praktische Verstehen der Praxis aus.

> Wenn man den theoretischen Fehler ausgemacht hat, der darin besteht, die theoretische Sicht der Praxis für das praktische Verhältnis zur Praxis auszugeben, genauer noch darin, der Praxis das Modell zugrunde zu legen, das man zu ihrer Erklärung erst konstruieren muss, wird man auch schon gewahr, dass dieser Fehler auf der Antinomie zwischen dem Zeitbegriff der Wissenschaft und dem Zeitbegriff des Handelns beruht. Diese Antinomie verleitet, die Praxis zu zerstören, indem man ihr die zeitlose Zeit der Wissenschaft überstülpt (Bourdieu 1987 [1980], S. 148).

Aufgrund ihrer von praktischen Zwängen der Zeit befreiten scholastischen Situation ist die Wissenschaft folglich nicht in der Lage zu sehen, dass sich die reale Praxis in der Zeit abspielt, und dass es gerade ihre zeitliche Struktur ist, ihr Rhythmus, ihr Tempo und ihre Richtung, die sie überhaupt erst sinnhaft macht (Bourdieu 1987 [1980], S. 149). Erkennen und Beschreiben auf der Grundlage der Abwesenheit zeitlicher Zwänge, werden einer Praxis, in der zeitliche Zwänge

2.2 Zwischen Objektivismus und Subjektivismus ...

durchaus wirksam sind, nicht gerecht. Dies macht eine theoretisch-wissenschaftliche Beschreibung sozialer Praxis so problematisch, da sie selbst nur in einem „Verhältnis zur Zeit möglich ist, das dem der Praxis diametral entgegengesetzt ist" (Bourdieu 2004 [1997], S. 149). Damit tendiert die Wissenschaft dazu, Praxis entzeitlicht zu denken.

Die konstitutive Rolle der Zeit illustriert Bourdieu am Beispiel der Praxis des Gabentauschs (Mauss 1968 [1923/1924]). Während Marcel Mauss und die strukturalistische Schule den Gabentausch im Sinne einer „Sozialmechanik" als interessengeleitete Reziprozität konzipieren, betont Bourdieu, dass sich aus Sicht der Beteiligten die soziale Beziehung von Gabe und Gegengabe als eine unumkehrbare und gerichtete Abfolge relativ unvorhersehbarer Handlungen darstellen muss (Bourdieu 1987 [1980], S. 180). Entgegen der strukturalistischen Vorstellung, in der der Gabentausch als sozialmechanische Folge von Praktiken erscheint, gibt es für die Handelnden selbst keine Möglichkeit, sich in die verschiedenen Zeitpunkte des Gabenzyklus hineinzuversetzen (Bourdieu 1987 [1980], S. 181). Solange keine Gegengabe erfolgt, bleibt diese für die Beteiligten unwahrscheinlich. Niemand weiß mit Gewissheit, wann und wie eine Gabe erwidert werden wird. Diese Form der zeitlichen Strukturiertheit verbietet es in vielen Fällen auch, auf den Erhalt einer Gabe postwendend eine Gegengabe zu entrichten, will man nicht undankbar, ehrlos oder missachtend erscheinen. Das macht den Gabentausch zu einem diffizilen Unterfangen, bei dem „Improvisation und folglich permanente Ungewissheit" vorausgesetzt sind, denn darin besteht „sein ganzer *Reiz* und damit seine ganze *soziale Wirksamkeit*" (Bourdieu 1987 [1980], S. 181; Hervorhebung im Original). Der Begriff der Strategie taucht an dieser Stelle wieder auf. Damit ist es nun möglich zu explizieren, was Praxis auszeichnet:

> Die Ungewissheit wieder einführen, bedeutet die Wiedereinführung der Zeit mit ihrem Rhythmus, ihrer Gerichtetheit, ihrer Unumkehrbarkeit, wobei die Mechanik des *Modells* ersetzt wird durch die Dialektik von *Strategien*, ohne jedoch in die imaginäre Anthropologie der Theorien des ‚rationalen Handelns' zurückzufallen (Bourdieu 1987 [1980], S. 183; Hervorhebung im Original).

Da Praxis dem Wesen nach stets eine lineare Abfolge darstellt (Bourdieu 1987 [1980], S. 152), treten auch alle sogenannten synoptischen Schemata wie Kalender, Karten oder Stammbäume, die zum Instrumentarium der strukturalistischen Anthropolog*innen gehören, in Gegensatz zum Wesen der Praxis. Alle möglichen Beziehungen, die beispielsweise zwischen Zeitpunkten und Zeitabschnitten, Daten, Orten (etwa in ihrer darstellbaren Verbindung durch Wegenetze) oder Verwandten hervortreten, sind für die Handelnden niemals und zu keinem

Zeitpunkt in ihrer durch das Schema erscheinenden Gleichzeitigkeit vorhanden oder praktisch relevant (Bourdieu 1987 [1980], S. 151–154). Wer die Bedeutung der Zeit für die Praxis übersieht, der wird ihre Logik zerstören, indem er sukzessive aufeinanderfolgende Momente der Praxis, die den Handelnden ökonomisch und sinnvoll erscheinen, durch Schemata der Gleichzeitigkeit überdeckt. „Ein exaktes Modell der Wirklichkeit", so Bourdieu, muss also „der Diskrepanz Rechnung tragen, die zwischen dem Modell und der praktischen Erfahrung der Akteure (die das Modell nicht kennen) besteht" (Bourdieu und Wacquant 2006 [1992], S. 101).

Wenn man die Praxistheorie Bourdieus epistemologisch ernst nimmt, deuten sich erste Konsequenzen an. Die soziologische Beobachtungspraxis selbst wird zum Mittelpunkt der Beobachtung. Der erkenntnistheoretische Wert der Bourdieu'schen Praxeologie ist nämlich ein doppelter: Da Erkenntnistheorie eine Untersuchung der Erkenntnis ist, ist sie immer auch auf sich selbst gerichtet und ist damit Reflexion. In diesem Sinne ist Erkenntnistheorie immer Erkenntnis der Erkenntnis. Nicht nur beschreibt Bourdieu Praxis selbst als Erkenntnis und verleiht ihr damit eine Bedeutung jenseits von Ausführung und Ausübung, eine Bedeutung jenseits ihrer klassischen Gegenstellung zu Theorie. Als Reflexion bedeutet das praxeologische Denken und Beschreiben eine soziologische Reflexion auf das eigene Tun – auf die Praxis der eigenen praktischen (soziologischen) Erkenntnis. Diese Implikation wird noch eine bedeutsame Rolle spielen (siehe Abschn. 4.3). Bevor wir uns jedoch dem Stellenwert der Reflexivität in der Bourdieu'schen Theorie zuwenden, gilt es noch zu klären, welches Wissenschaftsverständnis Bourdieu seiner Praxeologie zugrunde legt.

2.3 Jenseits des Positivismus

Im Mittelpunkt der Bourdieu'schen Praxeologie steht das Verhältnis von Struktur und Handlung, von Modell und praktischer Erfahrung. Die Einsicht in die irreduzible Eigenlogik der Praxis, die mit Modellen operiert, die niemals die Praxis selbst sind, generierte die Frage nach der Logik der Praxis selbst und nach den ihr zugrunde liegenden Mechanismen und Dynamiken. Dies ist die Frage nach den sozialen Umständen, innerhalb derer Akteure „Strategien" entwickeln, die Einhaltung von Regeln und Normen und Widerstand und Subversion zugleich sind und somit dem*der Beobachter*in ambivalent erscheinen, ohne von den Handelnden selbst als ambivalent oder widersprüchlich erfahren zu werden.

Die Einsicht jedoch, dass Praxis weder die bloße Ausübung von noch die Unterwerfung unter Regeln und Strukturen meint, und dass sie trotzdem nie frei

2.3 Jenseits des Positivismus

ist von Zwängen, die auf sie wirken und strukturieren, führt für eine praxeologische Erkenntnisweise zur Frage nach der Beziehung von Struktur und Handlung. Diese Frage verweist dabei auf nichts anderes als auf die (erkenntnistheoretische) Bedeutung dessen, was als *Beziehung* zum Vorschein kommt. Bourdieus Wissenschaftstheorie rückt nun genau diese Beziehung in den Mittelpunkt, weshalb er sie selbst als eine relationale Soziologie bezeichnet, die von einem „Primat der Relationen ausgeht" (Bourdieu 1974 [1970], S. 7). Das bedeutet, dass die epistemologischen und logischen Prinzipien der Wissenschaftstheorie des Sozialen Bourdieu zufolge in der „systematischen Konstruktion eines Systems von Beziehungen und explikativen Schemata dieser Beziehungen" bestehen (Bourdieu 1974 [1970], S. 9). Das Diktum einer „soziologischen Metawissenschaft" kann nach Bourdieu nur im relationalen Denken wurzeln und muss mit jeglichem Denken in Substanzen brechen. Daraus ergibt sich ihm zufolge die methodologische Konsequenz für die Soziologie, ihre Gegenstände (kulturelle und/oder soziale Formationen und Erscheinungen) nicht ihrem substantiellen Gehalt nach, sondern hinsichtlich der „Kombinationsgesetze ihrer konstitutiven Elemente" zu behandeln (Bourdieu 1974 [1970], S. 11–12). Das bedeutet konkret, dass Bourdieu wissenschaftstheoretisch einen Gesellschaftsbegriff entwickelt, der stets auf Relationen verweist: „Der Stoff, aus dem die soziale Wirklichkeit gemacht ist – der Habitus wie die Struktur und ihrer beiden Überschneidungen als Geschichte –, sind Relationen" (Bourdieu und Wacquant 2006 [1992], S. 35).

Es wurde bereits angedeutet, dass ein solches Denken in Relationen nicht erst von Bourdieu in die Sozialwissenschaften eingeführt wurde. In der Tat entlehnt er es selbst dem strukturalistischen Ansatz von Saussure und Lévi-Strauss. Allerdings zeichnet sich Bourdieus Konzeption durch seine wissenschaftstheoretische und methodische Konsequenz aus, mit der er soziale Strukturen und Handlungen und damit das Soziale selbst in ihrer Rationalität ausbuchstabiert. Es geht Bourdieu darum, dass soziale Akteure, Subjekte, Klassen, Institutionen oder Ideologien nicht als eigenständige Individualitäten behandelt werden, sondern dass eine soziologisch angemessene Beschreibung deren Beziehungen zueinander in den Blick nehmen muss (Bourdieu 1974 [1970], S. 12; vgl. auch Rehbein et al. 2009).

Damit bricht die Soziologie Pierre Bourdieus mit den Routinen des gewöhnlichen Nachdenkens über die soziale Welt, welches sich „lieber an substantielle ‚Realitäten', Individuen, Gruppen usw. hält als an objektive Relationen, die man nicht herzeigen und nicht anfassen kann, sondern durch wissenschaftliche Arbeit erobern, konstruieren und verifizieren muss" (Bourdieu 1998 [1994], S. 7). Mit dem Hinweis auf die sinnlich nicht erfassbaren Eigenschaften der Relationen grenzt sich Bourdieu zugleich konsequent und vehement von einer positivistischen

Wissenschaftstheorie ab (vgl. auch Jain 2013). Im Positivismus gilt seit seiner Grundlegung durch August Comte (1883/1884) allein das erfahrungsmäßig Gegebene – das Positive – als die letzte Instanz wissenschaftlicher Erkenntnis. Erkenntnisgewinn basiert in diesem Sinne ausschließlich auf positiven Befunden im Sinne des Exaktheitsideals der Naturwissenschaften. Der Positivismus als erkenntnistheoretische Grundhaltung besagt, dass Erkenntnis nur in Anknüpfung an reale Tatsachen möglich sein kann. Er stellt sich somit als eine Form des Empirismus dar, welche die Möglichkeit ausschließt, Erkenntnis durch „reines Denken", ohne Rückgriff auf empirische Beobachtungen zu erlangen. Damit wird jede theoretische Gesellschaftsbeschreibung als unwissenschaftlich disqualifiziert, oder, wie es Karl Popper pointiert formulierte, als vorgesetzter Gesellschaftsentwurf im Sinne einer „geschlossenen Gesellschaft" verworfen (Popper 1977a [1945], 1977b [1945]).

2.3.1 Das Verhältnis von Theorie und Empirie aus Sicht der Kritischen Theorie

Bekanntermaßen wendeten sich bereits die Vertreter der Kritischen Theorie gegen die Vorstellung einer positivistischen Gesellschaftsbeschreibung, die ihren Geltungsanspruch aus der Kohärenz ihrer mathematischen, logischen oder experimentellen Ordnungen bezieht. Sie sind der Überzeugung, dass sich eine Sozialwissenschaft aufgrund ihres Gegenstandes wissenschaftstheoretisch und methodisch von den Naturwissenschaften unterscheiden muss. Theodor W. Adorno etwa betont die Bedeutung der Gesellschaftstheorie vor der empirischen Forschung. Im Gegensatz zu einer positivistischen Metatheorie des Sozialen, die die Gesellschaftsbeschreibung in empirische Sätze, und damit in falsifizierbare Theoreme, auflöst, verteidigen Adorno und die Kritische Theorie einen Anspruch auf Objektivität, die ihrerseits nur in einer dialektischen Sozialforschung entwickelt werden kann: „Die Objektivität der Struktur", so Adorno, „für die Positivisten ein mythologisches Relikt, ist, der dialektischen Theorie zufolge, das Apriori der erkennenden subjektiven Vernunft" (Adorno 1972a [1969], S. 288). Damit betont Adorno – ähnlich wie Bourdieu – die Bedeutung der Anerkennung objektiver Strukturen für die Sozialtheorie. Für Adorno und Bourdieu stellt eine materialistisch orientierte und soziologisch informierte Erkenntnistheorie die Grundlagen für eine Gesellschaftstheorie bereit.

An diesem Punkt erweisen sich beide, Adorno wie Bourdieu, als veritable marxistische Denker. Marx betont, dass sich die sozialen Akteure der Struktur und Funktionsweise der kapitalistischen Warengesellschaft nicht vollumfänglich

2.3 Jenseits des Positivismus

bewusst sind, weil es, in seinen Worten, „nur das bestimmte gesellschaftliche Verhältnis der Menschen selbst [ist], welches hier für sie die phantasmagorische Form eines Verhältnisses von Dingen annimmt" (Marx 2013 [1867], S. 86). Der berühmte Fetischcharakter der Warenwelt entspringe nämlich „aus dem eigentümlichen gesellschaftlichen Charakter der Arbeit" (Marx 2013 [1867], S. 87). An diese zentrale Unterscheidung von Wesen und Erscheinung schließt die Kritische Theorie an. So betont Adorno etwa die Notwendigkeit und Möglichkeit, das Wesen spätkapitalistischer Gesellschaften hinter ihren bloßen Erscheinungen aufzudecken. Der wissenschaftliche Versuch dieser Aufdeckung, d. h. der Formulierung wahrer Sätze über gesellschaftliche Prozesse, bedarf zuallererst der Theorie, um nicht die Erscheinung mit dem Wesen zu verwechseln. Jede positivistisch-empiristische Wendung bildet im Sinne Adornos lediglich die Erscheinung der Gesellschaft ab, nicht aber ihr Wesen. Die Theorie hingegen misstraut „desto gründlicher der Fassade der Gesellschaft, je glatter diese sich darbietet. Theorie will benennen, was insgeheim das Getriebene zusammenhält" (Adorno 1972 [1957], S. 196). Dahinter steht die Vorstellung einer nicht vollständigen Abbildbarkeit der Gesellschaft durch Empirie. Zwar ist sich Adorno durchaus bewusst, dass es grundsätzlich eines Wechselverhältnisses zwischen Theorie und Empirie bedarf (Adorno 1972 [1952], S. 486). Dennoch hat er in erster Linie eine Empirie im Blick, die sich „an [...] der Theorie orientiert und sich in theoretischem Kontext versteht" (Adorno 1972b [1969], S. 542). Damit macht er deutlich, dass die Theorie als ganzheitliche Beschreibung der Gesellschaft mehr ist und sein muss als die Summe ihrer empirisch in Datenform überführten Teile:

> Theoretische Gedanken über die Gesellschaft insgesamt sind nicht bruchlos durch empirische Befunde einzulösen [...]. Eine jede Ansicht von der Gesellschaft als ganzer transzendiert notwendig deren zerstreute Tatsachen. Die Konstruktion der Totale hat zur ersten Bedingung einen Begriff von der Sache, an dem die disparaten Daten sich organisieren (Adorno 1972 [1957], S. 197).

Eine positivistische Metatheorie des Sozialen würde im Sinne Adornos dort ihren Zweck verfehlen, wo sie die Totalität der Gesellschaft als strukturellen, grundlegenden Zusammenhang, als den Charakter einer Gesellschaft – etwa als spätkapitalistische Gesellschaft (Adorno 1972 [1968]) – nicht mehr abzubilden in der Lage wäre. Für Adorno hat der Begriff der Totalität der Gesellschaft also auch erkenntnistheoretisch eine zentrale Bedeutung, da die empirische Erfassung ihrer Phänomene wesentlich von der Gesellschaft als ganzer vorstrukturiert wird.

Nicht zuletzt deshalb wendet sich die Kritische Theorie gegen das positivistische Postulat der Wertfreiheit soziologischer Forschung und fordert stattdessen eine reflexive und kritische Selbstverortung der Theoretiker*innen in Bezug auf ihre Forschungspraxis sowie ihren Forschungsgegenstand. Dieser Gedanke spielt auch in der Soziologie Bourdieus eine zentrale Rolle. Wichtig an dieser Stelle ist, dass sich eine wissenschaftstheoretische Opposition gegen jegliche Form des empiristischen Positivismus – worunter Adorno bekanntlich insbesondere den Kritischen Rationalismus nach Popper subsumierte – bereits in der Kritischen Theorie manifestierte. Bourdieu dürfte die deutschsprachige Diskussion über die Wissenschaftstheorie, die im sogenannten Positivismusstreit zwischen Adorno und Popper ihren vorläufigen Höhepunkt gefunden hat, gekannt haben. Er bezieht sich aber in seiner Kritik am Positivismus vornehmlich auf den französischen Erkenntnis- und Wissenschaftstheoretiker Gaston Bachelard (Rehbein 2006a, S. 55; Jain 2013, S. 3).

Während Adorno die Bedeutung theoretischer Arbeit betonte, und ihr letztlich Vorrang vor der empirischen Forschung gab, schlägt Bourdieu einen anderen Weg ein. Er hält den Gegensatz von Theorie und Empirie grundsätzlich für eine „falsche Alternative" (Bourdieu 1974 [1970], S. 8). Theorieentwicklung stellt für Bourdieu immer nur eine Seite der wissenschaftlichen Tätigkeit dar, die untrennbar mit der empirischen Forschungsarbeit verbunden sein sollte, wobei theoretische Begriffe stärker als bei Adorno im Sinne forschungspragmatischer Werkzeuge verstanden werden.

2.3.2 Bourdieus Programm wider den Positivismus

Bourdieus Ablehnung des Positivismus erscheint also in einem etwas anderen Licht als die Stoßrichtung der Kritischen Theorie. Denn Bourdieu lehnt für die Soziologie nicht nur das positivistische Wissenschaftsideal ab, sondern unterzieht auch die Kritik am Positivismus selbst einer kritischen Betrachtung. Es genügt Bourdieu nicht, darum zu wissen, dass eine positivistische Metatheorie des Sozialen lediglich eine „Karikatur der Methode der exakten Wissenschaften" darstellt, denn mit dieser Einsicht allein verfüge man noch lange nicht über eine exakte Wissenschaftstheorie der Humanwissenschaften (Bourdieu et al. 1991 [1968], S. 8). Das Problem sei nämlich, dass eine soziologische Kritik an der positivistischen „gedankenlosen Nachahmung der Naturwissenschaften […] sich derart zwangsläufig mit der subjektivistischen Kritik an der Objektivität der sozialen Tatsachen [verbindet], dass jeder Versuch, die spezifischen Probleme zu behandeln, die sich mit der Übertragung des in den Naturwissenschaften erreichten Standes der Erkenntniskritik auf die Humanwissenschaften ergeben, stets der Gefahr ausgesetzt ist, als neuerliche Bekräftigung des unveränderlichen Rechts

2.3 Jenseits des Positivismus

auf Subjektivität zu erscheinen" (Bourdieu et al. 1991 [1968], S. 9; vgl. auch Bourdieu 1991 [1975], S. 4).

Bourdieu geht also einen anderen Weg, um nicht in einer Schleife zu landen, die in einer neuerlichen Überbetonung subjektivistischer Erkenntnisformen resultieren würde. Seine Metatheorie des Sozialen versucht die erkenntnistheoretische Bedeutung des Verhältnisses von Theorie und Empirie als *Verhältnis* auszuleuchten. Weit entfernt davon also, „in eine nihilistische Infragestellung der Wissenschaft zu münden – wie so manche sogenannte postmoderne Analyse, die lediglich unter dem Deckmantel der Anprangerung von ‚Positivismus' und ‚Szientismus' [eine] uralte Ablehnung der Wissenschaft" tarnt (Bourdieu 1988 [1984], S. 11) –, glaubt Bourdieu weiterhin an die Möglichkeit, sich zur Einheit der Wissenschaftstheorie bekennen zu können (Bourdieu 1974 [1970], S. 16). Das ist für ihn möglich, „ohne damit einer Art Positivismus, der die Wahrheit einer Theorie an der Übereinstimmung mit Sinnesdaten glaubt messen zu können, oder einem Physikalismus verfallen zu müssen, der eine jede Behauptung auf dieselbe Weise verifizieren möchte wie die Protokollsätze der Physik" (Bourdieu 1974 [1970], S. 16–17). Was Bourdieu im Sinn hat ist eine Wissenschaftstheorie des Relationalen.

Einer soziologischen Forschungspraxis, „die nur die pure und schlechthinnige Unterwerfung unter ‚Daten', wie sie sich gerade ergeben, als ihren gestrengen Maßstab" kennt, setzt er eine relationale Methode entgegen, in der „eine jede der statistischen Beziehungen, die in einer multivariablen Analyse aufgestellt werden, im Dienste des vollständigen Systems der Relationen, dem eine jede ihren Sinn verdankt" untersucht werden muss (Bourdieu 1974 [1970], S. 15). In diesem Sinne bemisst sich die Gültigkeit einer Hypothese für Bourdieu in erster Linie am „Umfang und an der Mannigfaltigkeit der berücksichtigten Faktoren" (Bourdieu 1974 [1970], S. 16), d. h. an einem möglichst vollständigen System von Relationen, in die sie eingebunden ist und die es ihrerseits wieder abzubilden gilt. Die Praxis ist für Bourdieu zwangsläufig und ausschließlich relational (Bourdieu 1998 [1994], S. 15–27).

Es stellt sich aber die Frage, wie Relationalität nicht nur in die wissenschaftstheoretisch geleiteten soziologischen Sätze eingebaut, sondern auch methodisch berücksichtigt werden kann. Denn gerade für die Soziologie ist es problematisch, dass die in Beziehung zueinander tretenden Elemente als direkt wahrnehmbare, unmittelbar in ihrem Hier und Jetzt zu erfassende Akteure erscheinen, „die geradezu auffordern, man solle sie als separate Existenzen denken, so als verfügten sie gegenüber dem Relationssystem, in dem sie ihren Platz einnehmen und dessen Produkte sie sind, über reale Autonomie" (Bourdieu 1974 [1970], S. 18). Bourdieu versucht also zu einem Denken anzuleiten, das Soziales jenseits seiner unmittelbaren Erscheinungen erfasst: in seiner historisch-kontingenten Einmaligkeit als Ergebnis objektiver Relationen. Als solches ist es weder fass- noch begrenzbar und setzt zwingend einen Bruch mit den eingeübten Routinen des (wissenschaftlichen) Denkens und Sprechens voraus.

2.3.3 Bruch und Konstruktion: Gaston Bachelard

Damit schließt Bourdieu an das Programm des französischen Philosophen und Wissenschaftstheoretikers Gaston Bachelard an, der das Problem der wissenschaftlichen Erkenntnis unter dem Begriff des „Hindernisses" angeht (Bachelard 1978 [1938], S. 46). Diese Hindernisse seien, so Bachelard, im Erkenntnisakt selbst zu verorten und nicht in der Komplexität oder Flüchtigkeit von Erscheinungen. Für eine wahrhaft wissenschaftliche Erkenntnis erachtet er den Bruch mit jeglicher Form von Alltagswissen und Alltagserfahrung für zwingend notwendig. Die Grundkategorie des „Bruchs" von Bachelard spielt auch bei Bourdieu eine zentrale Rolle. Bachelard geht es dabei grundsätzlich um den Bruch der wissenschaftlichen Erfahrung mit der „natürlichen", der die Voraussetzung für wissenschaftlichen Fortgang überhaupt darstellt. Kennzeichen einer wahrhaft wissenschaftlichen Erfahrung sei, dass sie in Widerspruch zur Alltagserfahrung geraten müsse. Schon die primäre Erfahrung oder die erste Beobachtung sei immer ein erstes Hindernis für die „wissenschaftliche Bildung" (Bachelard 1978 [1938], S. 54). Daher gelte es „den unmittelbaren Empirismus zu überwinden" (Bachelard 1978 [1938], S. 55), denn die Wissenschaft *konstruiert* und kann nicht von vorgegebenen Tatsachen ausgehen. In diesem Sinne versucht Bachelard zu zeigen, dass „zwischen Erfahrung und Beobachtung nicht Kontinuität, sondern ein Bruch besteht" (Bachelard 1978 [1938], S. 54). Wissenschaft schafft sich ihre Gegenstände gerade durch Dekomposition der Gegenstände der Erfahrung, weshalb Bachelard alltägliche oder natürliche und wissenschaftliche Erfahrung als grundsätzlich voneinander getrennt ansieht. Für die Wissenschaft ist in der Folge wichtig, dass von der Alltagserfahrung zu analytischen Konstruktionen übergegangen werden muss, denn für „einen wissenschaftlichen Geist ist jede Erkenntnis die Antwort auf eine Frage. Hat es keine Frage gegeben, kann es auch keine wissenschaftliche Erkenntnis geben. Nichts kommt von allein. Nichts ist gegeben. Alles ist konstruiert" (Bachelard 1978 [1938], S. 47).

In der Idee des „Bruchs" und der „Konstruktion" im Sinne der Wissenschaftlichkeit folgt Bourdieu nun in direkter Weise Bachelard: „Nur ein radikaler Bruch mit einer an der puren Unmittelbarkeit fixierten Denk- und Wahrnehmungsweise", so Bourdieu, gebe den Blick darauf frei, dass die „effektiven Verhältnisse",

2.3 Jenseits des Positivismus

in denen sich Individuen oder Institutionen etwa zueinander verhalten, innerhalb eines Feldes als Struktur objektiver Relationen situiert sind – und somit auch darauf, dass „ein jedes dieser einzelnen Verhältnisse unter der Herrschaft der objektiven Relationen steht" (Bourdieu 1974 [1970], S. 19–20). Für Bourdieu ist dieser Bruch die Voraussetzung, „um das System objektiver Verhältnisse zu *konstruieren*", das sich hinter dem Augenscheinlichen verbirgt (Bourdieu 1974 [1970], S. 24; eigene Hervorhebung). Es bedarf somit des Bruches und der Konstruktion, um sichtbar zu machen, was die „Herrschaft objektiver Relationen" verdeckt: eine sozial bedeutsame Situation oder Konfiguration, unter deren Einfluss sich jene sozialen Phänomene und Mechanismen überhaupt erst verwirklichen, deren Beschreibung Soziolog*innen vornehmen. Mit „objektiven Relationen" meint Bourdieu mehr als nur die direkte oder indirekte „Beziehung" zwischen Akteuren, Kollektiven oder Institutionen. Würde man objektive Relationen lediglich so fassen, so würde man das Relationale des Sozialen „nach Art des Kraftbegriffes der alten Physik [auf] absolute Eigenschaften" (Bourdieu 1974 [1970], S. 22) reduzieren. In Bourdieus Worten:

> Sieht man von den objektiven Relationen ab, die, weil sie sich zwischen sozialen Lagen und Stellungen (wie etwa denen, die die Klassenlage bestimmt) herstellen, größere Realität besitzen als die Individuen, die sie miteinander verbinden, größere Realität als die direkten oder vermittelten Beziehungen, die diese effektiv zueinander unterhalten, und die Vorstellung, die sie von diesen Beziehungen haben, ist man dazu verurteilt, alle direkt wahrnehmbaren oder sogar experimentell aufgewiesenen Merkmale so aufzufassen, als handelte es sich um substantiale Eigenschaften, die den Akteuren oder Aktionsklassen von Natur anhaften (Bourdieu 1974 [1970], S. 21).

Gegen diese spontantheoretische Naturalisierung des Sozialen (Bourdieu 1974 [1970], S. 23) gilt es für Bourdieu das System objektiver Relationen sowohl theoretisch als auch methodisch ins Feld zu führen, um, ganz im Sinne Bachelards, das nötige wissenschaftliche Wissen über das Soziale erlangen zu können.

Es geht ihm also zunächst darum, hypothetisch konstruierte Begriffe zu bilden, die, „statt konkret und empirisch unmittelbar greifbare Daten zu reproduzieren", erst in ihren wechselseitigen Relationen symbolisch ihren Gegenstand abbilden (Bourdieu 1974 [1970], S. 17). Diese symbolische Abbildung darf indessen nicht als bloßes Spiegelbild oder als semiotischer Umweg missverstanden werden: Anders ist die relationale Wirklichkeit des Sozialen für Bourdieu begrifflich-theoretisch schlichtweg nicht darstellbar. Vielmehr vertritt Bourdieu die Auffassung, dass zwischen Theorie und Gegenstand eine „strukturell homologe Beziehung" besteht (Bourdieu 1974 [1970], S. 17). Das heißt, dass es eine reziproke

Beziehung zwischen ihnen gibt, in der sie einander zwar nie als deckungsgleich, jedoch als strukturell ähnlich abbilden. Diese strukturelle Homologie von Theorie und Gegenstand wurzelt zudem in der Annahme, dass sich auch Verstand und Erfahrung strukturell homolog verhalten (Bourdieu 1974 [1970], S. 17). An dieser Stelle wendet Bourdieu sich nun allerdings gegen Bachelard, der dezidiert einen Bruch zwischen Beobachtung und Erfahrung konstatiert (Bachelard 1978 [1938], S. 54). Indem er implizit darauf aufmerksam macht, dass es diesen Bruch praktisch nicht geben kann, vollzieht er eine soziologische Wendung der Erkenntnistheorie Bachelards. Das Eingebettetsein in eine soziale Welt lässt keine Erkenntnis von dieser Einbettung unberührt. Der fundamentale Unterschied zwischen Bachelard und Bourdieu besteht darin, dass Bourdieu nicht annimmt, das *alles* konstruiert ist, sondern eher, dass Gegenstand und Konstruktion nicht zu trennen sind. Für Bourdieu ist klar, dass unser Denken und unsere Sprache nicht frei von den impliziten Wirkungen der Welt sind, in die wir notwendigerweise verwickelt sind (Bourdieu 2004 [1997], S. 18).

2.3.4 Die symbolischen Formen: Ernst Cassirer

Auf Grundlage der skizzierten Homologie-Konzeption von Theorie und Gegenstand, von Verstand und Erfahrung, können soziologische Begriffe in ihrer Konstruiertheit symbolisch die Relationen abbilden, um die es Bourdieu bei der Beschreibung des Sozialen wesentlich geht. Neben dem Strukturalismus, dem Bourdieu zufolge – trotz aller Kritik – zu verdanken sei, das „relationale Denken in die Sozialwissenschaften eingeführt" zu haben (Bourdieu 1987 [1980], S. 12), und Bachelards Wissenschaftsphilosophie, folgt er zudem insbesondere Ernst Cassirers *Philosophie der symbolischen Formen* (Cassirer 1977 [1923], 1977 [1925], 1977 [1929]), um zu einer wissenschaftsphilosophischen Fundierung der begrifflich-symbolischen Abbildung der relationalen Wirklichkeit des Sozialen zu gelangen.[9]

---

[9]Das im Jahr 1970 erschienene Buch *Zur Soziologie der symbolischen Formen,* welches eine Aufsatzsammlung erstmalig ins Deutsche übersetzter Texte Bourdieus darstellt, trägt bereits im Titel diesen Verweis auf Cassirer. Dem Mitherausgeber Jacob Taubes zufolge sei Bourdieu „wohl der erste, der Cassirers Philosophie der symbolischen Formen vom theoretischen Himmel auf die sozialwissenschaftliche Erde herunter geholt hat" (Bourdieu 1974 [1970]: Klappentext). Laut Christine Magerski ist die Herkunft dieser von Taubes zitierten Textstelle nicht mehr festzustellen (Magerski 2005, S. 112, Fn. 1).

2.3 Jenseits des Positivismus

Cassirer spielt für Bourdieu aufgrund seiner Bemühungen um ein Verständnis der verschiedenen Grundformen des Verstehens eine zentrale Rolle (Magerski 2005). Grundlegend geht es Cassirer dabei um die Bedingung der Möglichkeit von Bedeutung – und der Bedeutungsbegriff bei Cassirer bezieht sich auf alles, was etwas ausdrückt oder darstellt (Graeser 1994, S. 30). In diesem Sinne spielt hier die Sprache eine wichtige Rolle, aber auch der Mythos, die Kunst, die Religion oder das Recht. Diese Bereiche kennzeichnet Cassirer als Bereiche des Symbolischen. Es geht dabei stets um Sinnerfahrung und Sinnerfüllung. Der Symbolbegriff bei Cassirer zielt also auf das, wie er es nennt, „Ganze jener Phänomene [...], in denen überhaupt eine wie immer geartete ‚Sinnerfüllung' des Sinnlichen sich darstellt; – in denen ein Sinnliches, in der Art seines Daseins und So-Seins, sich zugleich als Besonderung und Verkörperung, als Manifestation und Inkarnation eines Sinnes darstellt" (Cassirer 1977 [1929], S. 109). Damit will er deutlich machen, dass sich eine (sinnliche) Erfahrungsdimension – das Sinnliche – und ein stets sinnhaftes Symbolisches komplementär zueinander verhalten. Cassirer expliziert, wie uns Dinge nicht nur einfach entgegentreten – im Bereich der Sprache, des Mythos, der Kunst etc. –, wie wir sie nicht nur einfach sinnlich wahrnehmen und somit einen sinnlichen Eindruck gewinnen, sondern wie sie ihrerseits selbst immer schon sinnhafte Manifestationen, und damit bereits mit Sinn ausgestattet sind. Mit „symbolischer Form" meint er dann auch „jene Energie des Geistes, durch welche ein geistiger Bedeutungsgehalt an ein konkretes sinnliches Zeichen geknüpft und diesem Zeichen zugeeignet wird" (Cassirer 1994 [1956], S. 175). Damit ist gemeint, dass etwas erst zu einem Zeichen wird, wenn es einen geistigen Gehalt aufnimmt und in der Folge als Sinn-Träger fungiert. Bourdieus Homologie-Annahme von Theorie und Gegenstand, von Beobachtung und Erfahrung, trägt diesen Cassirer'schen Gedanken in sich.

Für Cassirer kann es in diesem Sinne keinen symbolfreien Raum geben, keinen Raum des „Eigentlichen", „Direkten" oder „Nicht-Symbolischen". Er konzipiert einen weiten Symbolbegriff, bei dem die Unterscheidung von „symbolisch" und „nicht-symbolisch" selbst wiederum nur symbolisch gedacht werden kann. Daraus folgt nach Cassirer, dass das Nicht-Symbolische mitnichten als das Authentische oder Substantielle gelten kann. Bourdieu schließt nun direkt dort an Cassirer an, wo dieser den Substanzbegriff konsequent verwirft (Cassirer 2000 [1910]). Bourdieu übernimmt dabei die Cassirer'sche Trennung von substantiellen und funktionalen oder, wie er es selbst ausdeutet, von relationalen Begriffen (Nairz-Wirth 2008). Für die Wissenschaft bedeutet diese notwendige Trennung nach Cassirer, dass ihre Begriffe „nicht mehr als Nachahmung dinglicher Existenzen, sondern als Symbole für die Ordnung und funktionalen Verknüpfungen innerhalb des Wirklichen" erscheinen (Cassirer 1994 [1922]; zitiert nach

Nairz-Wirth 2008, S. 30). Genau darum geht es Bourdieu in seiner relationalen Soziologie: Neben dem bereits im Strukturalismus von Saussure enthaltenen „Primat der Relationen" (Bourdieu 1998 [1994], S. 57) entwickelt Bourdieu also anhand Cassirers Philosophie seine Vorstellung von der Relationalität des Sozialen.[10] In der Folge übersetzen seine zentralen Konzepte wie Feld und Sozialraum (siehe Kap. 3) theoretisch und methodisch, was für ihn die erste Regel sein muss: „[dass] nämlich jene erste Neigung, die soziale Welt realistisch zu denken, oder *substantialistisch,* um mit Cassirer zu sprechen (vgl. *Substanzbegriff* und Funktionsbegriff), mit allen Mitteln zu bekämpfen ist: Man muss *relational* denken" (Bourdieu und Wacquant 2006 [1992], S. 262).

2.3.5 Die soziologische Sprache der Relationalität

Bourdieus wissenschaftstheoretisches Programm vereint insofern mehrere Dinge zugleich: Es geht ihm darum, sich von einem Denken in Substanzen zu emanzipieren, die relationale Wirklichkeit des Sozialen theoretisch einzufangen und begrifflich-symbolisch zugänglich zu machen. Dazu ist es notwendig, mit einem Alltagsverständnis von Begriffen und einem spontantheoretischen Alltagswissen über das Soziale zu *brechen,* um zu einem wissenschaftlichen Diskurs durch Konstruktionsarbeit zu gelangen (Bourdieu et al. 1991 [1968], S. 15). Diese Doppelbewegung von Bruch und Konstruktion berührt nicht zuletzt auch das Verhältnis von Theorie und Empirie.

Wie gesehen vertritt Bourdieu – anders als die Kritische Theorie – eine Zirkelstruktur wissenschaftlicher Erkenntnisprozesse. Soziologie soll für ihn stets Theorie und Empirie zugleich sein. Eine Trennung von Theorie und Empirie lehnt Bourdieu ab (Bourdieu und Wacquant 2006 [1992], S. 258–259). Das betrifft insbesondere die von ihm konstruierten und verwendeten Begriffe, die er zur Analyse der Relationalität des Sozialen entwickelt. So werden, wie er selbst betont, „sozialer Raum", „symbolischer Raum", „soziale Klassen", aber auch „Habitus" und „Feld", „niemals an sich und für sich untersucht; sie müssen sich in einem Forschungszusammenhang anwenden lassen und bewähren, der untrennbar immer theoretisch und empirisch zugleich ist" (Bourdieu 1998 [1994], S. 14).

---

[10]Bourdieu verweist dezidiert auf diesen Zusammenhang: „,Die Sprache', sagte Saussure in einer Formulierung, die Cassirer und seinem Substanzbegriff und Funktionsbegriff sehr nahe steht, ist Form und nicht Substanz" (Bourdieu 1998 [1994], S. 57).

2.3 Jenseits des Positivismus

Insbesondere bei der Konzeption des sozialen Raums als Sozialstrukturkategorie wird Bourdieus wissenschaftstheoretisch geleitete Arbeitsweise auf besondere Weise transparent. Gerade weil die Konstruktion einer Sozialstruktur als Raster für die Erfassung von gesellschaftlichen Gruppen und ihren Verhältnissen dient, berührt sie zwangsläufig die Frage nach der theoretischen Fassbarkeit der gesellschaftlichen Akteure, respektive der sozialen Klassen. Die Konstruktion einer angemessenen Theorie des sozialen Raums setzt für Bourdieu also zunächst den Bruch mit einer ganzen Reihe von Vorverständnissen voraus. Die wesentlichen Elemente der Bourdieu'schen Wissenschaftstheorie werden hier unmittelbar deutlich:

> [...] Bruch zunächst mit der tendenziellen Privilegierung der Substanzen – im vorliegenden Fall die realen Gruppen, deren Stärke, Mitglieder, Grenzen man zu bestimmen sucht – auf Kosten der *Relationen*; Bruch aber auch mit der intellektualistischen Illusion, als bilde die vom Wissenschaftler entworfene theoretische Klasse eine reale Klasse oder tatsächlich mobilisierte Gruppe [...] (Bourdieu 1991b, S. 9).

Bourdieu ist sich darüber bewusst, dass es sich bei der Theorie des sozialen Raums notwendigerweise um eine „abstrakte Darstellung" handelt, die gleichsam „einen Standpunkt oberhalb der Standpunkte" (Bourdieu 1982 [1979], S. 277) markiert, der den Akteuren lediglich die Grundlage jedweder Perspektivierung der sozialen Welt liefert. Der Sozialraum kann so von den darin eingebundenen Akteuren nur vom jeweils eigenen Standpunkt aus wahrgenommen und bewertet werden. Entsprechend können auch alle Formen sozialer oder kultureller Unterscheidungspraktiken, wie etwa die unterschiedlichen Konsummuster, die die Akteure ausbilden, nur vor dem Hintergrund dieser Standpunktgebundenheit untersucht werden (vgl. grundlegend Bourdieu 1982 [1979]). Was also sozial einen Unterschied macht – wie etwa die Wahl zwischen Schlagzeug und Violine –, ist „in Wirklichkeit nur eine *Differenz* [...], ein Abstand, ein Unterscheidungsmerkmal, kurz, ein *relationales* Merkmal, das nur in der und durch die Relation zu anderen Merkmalen existiert" (Bourdieu 1998 [1994], S. 18; Hervorhebung im Original).

Der zentrale Gedanke Bourdieus ist, dass sich Individuen im sozialen Raum zwangsläufig von Anderen unterscheiden. Erst durch die Erzeugung von Differenzen, durch Unterscheidungspraktiken, „wird man zum sichtbaren, wahrnehmbaren, nicht indifferenten, sozial *relevanten* Unterschied" – d. h. man gewinnt eine Existenz (Bourdieu 1998 [1994], S. 22). Sobald man also von jemandem wahrgenommen wird, „der in der Lage ist, *einen Unterschied zu machen* – weil er selbst in den betreffenden Raum gehört und daher nicht *indifferent* ist und weil er über die Wahrnehmungskategorien verfügt, über die Klassifizierungsschemata [...], die es ihm erlauben, Unterschiede zu machen" (Bourdieu 1998 [1994], S. 22; Hervorhebung im Original), wird man das, was man ist – und zwar in Relation zu allen unterscheidenden Anderen. Das ist der Kerngedanke der Theorie des Sozialraums von Bourdieu, in dem er das wissenschaftsphilosophisch begründete Prinzip der Relationalität sozialtheoretisch übersetzt.

In diesem Sinne gibt es für Bourdieu auch keine sozialen Klassen im Marx'schen Verständnis der „Klassen an sich". Zwar lassen sie sich, ausgehend von einer ähnlichen Stellung im Raum als Ensemble von Akteuren herauspräparieren, jedoch existieren solche Klassen nur als Theorie bzw. als „wahrscheinliche Klasse" (Bourdieu 1991b, S. 12). Das meint, dass das, was beispielsweise in der marxistischen Tradition als „reale Klasse" beschrieben wird, für Bourdieu nur das Produkt eines (scholastischen) Irrtums sein kann. Klassen existieren für ihn in diesem Sinne nicht real: „Was existiert, ist ein sozialer Raum von Unterschieden, in denen die Klassen gewissermaßen virtuell existieren, unterschwellig, nicht als gegebene, sondern als *herzustellende*" (Bourdieu 1998 [1994], S. 26; Hervorhebung im Original; siehe auch Kap. 3 und 4).

Es wird deutlich, dass es Bourdieu mit seinem Sozialraummodell gelingt, ein umfassendes *System objektiver Relationen* zu konstruieren. Dass ein solches System bei ihm theoretisch und methodologisch im Mittelpunkt steht, wurde bereits betont. Das zirkuläre Verhältnis von Theorie und Empirie kommt dabei insofern zur Geltung, als dieses Denken in Relationen im Zuge seiner empirischen Analysen mit der Favorisierung der statistischen Methode der Korrespondenzanalyse einhergeht. Bourdieu betont dabei, dass empirische-methodologische Entscheidungen niemals von „eminent ‚theoretischen' Entscheidungen der Objektkonstruktion zu trennen" sind (Bourdieu und Wacquant 2006 [1992], S. 259). Nur vor dem Hintergrund einer Konstruktion von bestimmten Objekten – dem Sozialraum, einer Klasse als relationalem Element in diesem Raum etc. – erscheint ein bestimmtes Verfahren zur Datenerhebung und -analyse als zwingend (Bourdieu und Wacquant 2006 [1992], S. 259). Bourdieus Affinität für das multivariate statistische Verfahren der Korrespondenzanalyse liegt darin begründet, dass diese Methode „eine relationale Technik der Datenerhebung darstellt, deren Philosophie", wie er sagt, „genau dem entspricht, was in meinen Augen die Realität der sozialen Welt ausmacht. Es ist eine Technik, die in Relationen denkt [...]" (Bourdieu und Wacquant 2006 [1992], S. 126).[11]

---

[11]Das bedeutet natürlich nicht, dass ausschließlich ein solches methodisches Vorgehen der Bourdieu'schen Soziologie entspricht. Jedoch betont Bourdieu, dass insbesondere bei

Dahinter steht nun also jenes Programm, das mit scheinbar offensichtlichen und vertrauten Wahrnehmungen, den sogenannten Prä-Konstruktionen, über das Soziale bricht und stattdessen das Ziel verfolgt, „das neue System von Beziehungen zwischen den Elementen sichtbar zu machen" (Bourdieu et al. 1991 [1968], S. 17). Dass es dieses Bruches und der Konstruktion eines Systems objektiver Beziehungen bedarf, liegt darin begründet, dass nun also jene Elemente – Akteure, Klassen, Institutionen etc. –, die in Beziehung zueinander treten, auf einer ersten Beobachtungsebene nur als „direkt wahrnehmbare, unmittelbar in ihrem Hier und Jetzt zu erfassende Akteure" erscheinen, „die geradezu auffordern, man solle sie als separate Existenzen denken, so als verfügten sie gegenüber dem Relationssystem, in dem sie ihren Platz einnehmen und dessen Produkte sie sind, über reale Autonomie" (Bourdieu 1974 [1970], S. 18).

Der soziale Raum als System objektiver Relationen ist also „die erste und die letzte Realität", wie Bourdieu es nennt, denn selbst „die Vorstellungen, die die sozialen Akteure von ihm haben können, werden von ihm bestimmt" (Bourdieu 1998 [1994], S. 27). Damit geht die Beschreibung des Sozialen auf theoretisch-konzeptioneller und empirischer Ebene zu Beschreibungen von Relationen über.

2.4 Distanz zum Beobachteten und Beschriebenen: Die Programmatik der Reflexivität

Nun gilt aber, dass sich Bourdieus Einsicht in die Fallstricke des Objektivismus und der scholastischen Vernunft als halbgare Kritik erweisen würde, würde sich seine Wissenschaftstheorie nur bis zu diesem Punkt erstrecken. Reaktiviert er, so ließe sich fragen, mit der Einsicht in die Notwendigkeit zur Konstruktion von Systemen objektiver Beziehungen nicht einen neuerlichen objektivistischen Anspruch auf Wahrheit und fällt er nicht eigentlich wieder hinter eine scholastische Sicht auf die soziale Welt zurück?

Bourdieus Wissenschaftsphilosophie reicht jedoch weiter und holt sich in einer Kreisbewegung gewissermaßen selbst wieder ein. Seine Kritik am

---

standardisierten und skalenbasierten Erhebungsmethoden der eigene scholastische Standpunkt übersehen werden kann, insofern Fragen gestellt werden, die sich die Befragten in ihrer Lebenswelt selbst mitunter nie stellen würden (Bourdieu 2004 [1997], S. 76–77).

Objektivismus, der die eigene Position bzw. Positionierung als Perspektive vernachlässigt und in der Folge die sozialen Voraussetzungen der eigenen theoretischen Erkenntnis übersieht, wendet er nun methodologisch und entwickelt ein Instrumentarium, mit dem verhindert werden soll, dass die eigene (soziologische) Beobachtung wieder in die scholastische Falle tappt.

So gilt, dass Menschen, die Soziologie betreiben – und allgemeiner natürlich alle, die Wissenschaft betreiben – stets Teil der sozialen Welt bleiben, die sie beobachten. Entsprechend macht es die Eingebundenheit der Soziologie in den untersuchten Gegenstand für Bourdieu theoretisch unmöglich, einen absoluten, zeitlosen und objektiven Standpunkt einzunehmen. Für die soziologische Beobachtungspraxis wird damit die Kritik an der scholastischen Vernunft methodologisch relevant. Es geht nämlich um das Verhältnis von Soziolog*innen zu den Objekten ihrer Beobachtungen und Beschreibungen (Maton 2003).

Es wurde bereits dargestellt, inwiefern Bourdieu durch den expliziten Anschluss an die programmatische Epistemologie Gaston Bachelards eine wissenschaftlich-soziologische Beschreibung anleitet. Es geht dabei um den Bruch mit einem Alltagsverständnis und der Erarbeitung von Konstruktionen, denen es gelingt, Relationalität als jenen „Stoff" intelligibel zu machen, aus dem die soziale Welt gemacht ist (Bourdieu und Wacquant 2006 [1992], S. 35). Um jedoch nicht in die scholastische Falle eines Objektivismus des Relationalen zu geraten, bedarf es einer Kontrolle der Arbeit des Brechens und Konstruierens: „Zu den Grundvoraussetzungen der Konstruktion eines wirklichen Wissenschaftsobjekts", so Bourdieu, gehört die „wissenschaftlich[e] Kontrolle des Verhältnisses zum Wissenschaftsobjekt" (Bourdieu 1993 [1980], S. 81). Bourdieu nennt das – mit Bachelard gesprochen – die „epistemologische Wachsamkeit" (Bourdieu et al. 1991 [1968], S. 14, 85–91). Bei dieser gegen sich selbst als brechende und konstruierende Soziolog*innen gewendeten Kritik geht es nicht nur um die eigenen Vorurteile oder die Einsicht in die eigene privilegierte Position hinsichtlich des Beobachteten. Bourdieu ist sich bewusst, dass zwar, wie es beispielsweise auch die postkoloniale Theorie betont (vgl. Boatcă 2015; Varela und Dhawan 2015), ein unkontrolliertes Verhältnis zum Objekt die Gefahr einer ethnozentrischen oder klassistischen Sicht auf die Welt perpetuiert und mitunter reale politische Herrschaftszustände untermauert (Bourdieu 1993 [1980], S. 77–82) – Bourdieu geht aber weiter und reformuliert die postkoloniale Kritik an der Hierarchie zwischen Subjekt und Objekt als wissenschaftstheoretische Grundfrage, indem er betont, dass die „Frage des privilegierten Standpunkts" durch die grundlegende Kontrolle des Verhältnisses zwischen Subjekt und Objekt zu ersetzen ist: „Unter sozialen Gesichtspunkten gibt es nichts weniger Neutrales als das Verhältnis zwischen Subjekt und Objekt" (Bourdieu 1993 [1980], S. 82).

2.4 Distanz zum Beobachteten und Beschriebenen ...

Dadurch, dass Sozialwissenschaftler*innen Objekte konstruieren, in die die Beziehungen der Wissenschaftler*innen zu diesem Objekt selbst immer schon eingegangen sind, bedarf es eines wissenschaftspraktischen Prinzips, das zu einer anderen Konstruktion der wissenschaftlichen Objekte führt (Bourdieu und Wacquant 2006 [1992], S. 71). Um den besagten Fallstricken zu entgehen, ist also eine methodologisch streng und konsequent reflektierte und angewandte Selbstkritik notwendig, die nicht nur die eigenen Vorurteile, sondern insbesondere auch die eigene soziale Position und die theoretische Haltung gegenüber den wissenschaftlichen Objekten in den Blick bekommen muss. Das bedeutet konkret, dass in eine reflexive Sozialwissenschaft zwingend eine Feldanalyse einfließen muss, die Aufschluss gibt über das Verhältnis der eigenen Position im Feld und im Sozialraum sowie über die eigene Disposition und Positionierung im Feld (siehe hierzu Abschn. 2.5.1 sowie Kap. 3). Dahinter steht für Bourdieu die Einsicht, dass die Objekte der Sozialwissenschaft und die Art ihrer Behandlung in einer „intelligiblen Beziehung zu dem soziologisch, das heißt durch eine bestimmte soziale Herkunft, eine bestimmte Stellung innerhalb der universitären Institution, eine bestimmte Disziplin usw. definierten Forscher" stehen (Bourdieu 1993 [1980], S. 81–82). Es tritt die Frage nach den (soziologischen) Möglichkeiten der Objektivierung des individuellen Verhältnisses zum untersuchten Objekt in den Vordergrund:

> Wichtig ist also, dass man weiß, wie das Verhältnis zum Objekt objektiviert werden kann, so dass der Diskurs über das Objekt nicht zu einer bloßen Projektion eines unbewussten Verhältnisses zum Objekt gerät. Zu den Techniken, die eine solche Objektivierung ermöglicht [sic], gehört die gesamte wissenschaftliche Ausrüstung; wobei natürlich diese Ausrüstung, da Erbschaft der früheren Wissenschaft, der historischen Kritik zu unterziehen ist (Bourdieu 1993 [1980], S. 82).

Es geht Bourdieu also um nichts weniger als um die Objektivierung nicht nur des objektivierenden Subjekts, sondern der gesamten soziologischen Tradition, deren Begriffe, Methoden, Techniken und ihres kritischen Geistes, d. h. des genuin soziologischen Interesses an der Aufdeckung des in der Welt Zensierten und Verdrängten (Rehbein 2006a, S. 55). Das ist das Ziel und der Inhalt des Bourdieu'schen Programms der *Reflexivität*.

Grundsätzlich kann Reflexivität als Forschungsstrategie begriffen werden, die die Positionalität der objektivierenden Subjekte, d. h. der Wissenschaftler*innen und Forschenden, im Prozess der Erkenntnisproduktion zu explizieren versucht, um die scholastische Haltung zu minimieren, und die zugleich auch die Einwirkung des Forschungsprozesses auf den Forschungsgegenstand in Rechnung stellt und auf diese Weise zu kontrollieren versucht (vgl. auch Maton 2003). Was aber besagt das Programm des Rückbezugs der Wissenschaft auf sich selbst? Loïc Wacquant hat darauf hingewiesen, dass der Anspruch eine „reflexive Soziologie" zu betreiben relativ häufig erhoben wird, ein solcher ohne entsprechende Spezifizierung jedoch „ein bis zur Bedeutungslosigkeit vages Etikett" bleibt (Bourdieu und Wacquant 2006 [1992], S. 63). Er unterscheidet eine Reihe von Ansätzen und Auffassungen von Reflexivität, von denen sich die Bourdieu'sche Konzeption unterscheidet (Bourdieu und Wacquant 2006 [1992], S. 64–65; vgl. Woolgar 1988; Ashmore 1989; Lindemann 1999; Maton 2003; siehe grundsätzlich Langenohl 2009). Im Vordergrund steht dabei die Einsicht, dass Bourdieu *Reflexivität* als „Erfordernis und Form der soziologischen Arbeit" überhaupt und auf diese Weise als „wissenschaftstheoretisches Programm in actu" reformuliert (Bourdieu und Wacquant 2006 [1992], S. 65). Es handelt sich also um ein weit gespanntes und tief greifendes „Programm" im wahrsten Sinne des Wortes, das sich in der soziologischen Praxis nicht nur immer wieder zu bewähren hat, sondern ohne das eine Soziologie nach Bourdieu in der Tat undenkbar ist.

Für Wacquant sind hierbei drei Merkmale entscheidend: Zum Ersten ist der Gegenstand der Reflexion nach Bourdieu nicht der*die individuelle Wissenschaftler*in, sondern, wie oben bereits angedeutet, „das in die wissenschaftlichen Werkzeuge und Operationen eingegangene *soziale und intellektuelle Unbewusste*" (Bourdieu und Wacquant 2006 [1992], S. 63; Hervorhebung im Original). Zur Objektivierung der wissenschaftlichen Ausrüstung, die damit angepeilt ist, gehört in besonderer Weise das Begriffsinstrumentarium. „Epistemologische Wachsamkeit" ist für Bourdieu nicht zuletzt auf der sprachlichen Ebene erforderlich, denn was den besagten Bruch „zwischen Alltagsmeinung und wissenschaftlichem Diskurs" angeht, so gilt insbesondere für die Soziologie, dass diese Trennung „unklarer ist, als in anderen Wissenschaften" (Bourdieu et al. 1991 [1968], S. 15). So gilt es für Soziolog*innen beständig die Sprache zu reflektieren, mit der die soziale Wirklichkeit nicht nur repräsentiert, sondern mittels und durch die sie überhaupt auch erst gedacht und denkbar gemacht wird. Die Sprache stellt Soziolog*innen vor ein „besonders dramatisches Problem: Sie ist nämlich ein riesiger Vorrat von naturalisierten, das heißt als solchen nicht erkannten, Präkonstruktionen, die als unbewusste Konstruktionswerkzeuge fungieren" (Bourdieu und Wacquant 2006 [1992], S. 274). Die Soziologie ist davon bedroht, dass die „von der Umgangssprache vorgenommenen Gliederungen" in sie Einzug halten, sodass schon in der „Beschreibung der Krankheit der Alltagssprache" ein

2.4 Distanz zum Beobachteten und Beschriebenen ...

wichtiges Instrumentarium für ihre Überwindung besteht (Bourdieu et al. 1991 [1968], S. 26). Nur durch eine tief greifende Reflexion auf die eigenen Verstrickungen in einen durch Alltagsbegrifflichkeiten strukturierten Alltag kann der Bruch mit diesem gelingen – und dieser Bruch ist umso notwendiger, als die mit dieser Sprache einhergehenden versteckten Annahmen den Erkenntnisprozess entscheidend lenken oder beeinflussen können:

> Die Sozialwissenschaften [...] müssen alle ihre Aussagen den von der Umgangssprache transportierten gängigen Vorstellungen abtrotzen und ihre so gewonnene Einsicht in einer Sprache zum Ausdruck bringen, die geradezu prädestiniert ist, etwas ganz anderes zu sagen. Die sprachlichen Automatismen zu zerschlagen heißt nicht, künstlich eine distinguierte Differenz zu schaffen, die den Laien auf Distanz hält; es heißt mit der Sozialphilosophie zu brechen, die dem spontanen, unreflektierten Diskurs eingeschrieben ist (Bourdieu 1993 [1980], S. 36).

Zum Zweiten handelt es sich bei der Praxis der Reflexion nicht um eine individuelle Introspektion einzelner Wissenschaftler*innen, sondern vielmehr um ein „kollektives Unternehmen", das einer institutionellen Verankerung bedarf (Bourdieu/Wacquant 2006 [1992]: 63). Dieser Punkt hängt eng mit der Ansicht zusammen, dass es drei Arten von soziologischen Verzerrungen gibt. Neben der ersten Verzerrung, die die soziale Herkunft und die sozialen Unterschiede von Wissenschaftler*innen in Anschlag bringt (sozioökonomische Differenzen bzw. Klassenstellung, Geschlecht, Religion, Ethnie etc.), spielt auch noch eine zweite Verzerrung eine entscheidende Rolle, die die Positionsbestimmung des*der Wissenschaftler*in in der Sozialstruktur und die entsprechenden weiteren Unterschiede noch übersteigt. Es betrifft die Position, die der*die Einzelne im akademischen Gefüge, im akademischen Feld innehat (siehe Kap. 3). Alle Reflexivitäts-Formen, die die Privatperson, das „Ich" des*der Soziolog*in in den Mittelpunkt stellen und die persönliche Introspektion zum Schlüssel der Qualitätssicherung oder eines Objektivitätsversprechens machen, das mit dem Versuch einer Schaffung einer Art „Rollendistanz" (Goffman 1973) einhergehen soll – all diese Primärverständnisse von Reflexivität lassen, so Wacquant, „jene Grenzen der Erkenntnis außer acht [sic], die spezifisch mit der Zugehörigkeit des Forschers zum intellektuellen Feld und seiner Position in diesem Feld zusammenhängen" (Bourdieu und Wacquant 2006 [1992], S. 66). Dieses intellektuelle Feld erscheint wiederum als objektive Struktur oder als Struktur objektiver Relationen, innerhalb derer die Intellektuellen als Elemente überhaupt erst in Bezug zueinander erscheinen. Die Standpunkte der Soziolog*innen sind nun also ebenfalls durch ihre Stellung in einem Feld bedingt, in dem sich alle relational zueinander definieren und sich über ihre inhaltlich-theoretischen Schwerpunkte und Arbeitsbereiche als Unterscheidungen bestimmen.[12] Diese Unterscheidungen werden allerdings nicht neutral registriert, sondern sie treten als Konkurrenzen in Erscheinung, als Konflikte und Kämpfe. Die eigene Eingebundenheit in diese Konkurrenzverhältnisse gilt es ebenfalls reflexiv zu erfassen, um zu verstehen, was Wacquant als dritte Verzerrung beschreibt (die jedoch im Grunde genommen den Kern der Bourdieu'schen Reflexivität ausmacht und von den anderen beiden Verzerrungen nicht zu trennen ist). Es handelt sich um die *theoretizistische* oder *intellektualistische* Verzerrung, wie es Bourdieu selbst nennt – das Vergessen um den Standpunkt des theoretischen Blicks überhaupt als stets nur *theoretische* Sicht auf die Welt:

> Eine wirklich reflexive Theorie muss ständig vor dem Epistemozentrismus auf der Hut sein, vor jenem ‚Wissenschaftler-Ethnozentrismus', der darin besteht, alles zu ignorieren, was der Analysierende aufgrund der Tatsache, dass er dem Objekt äußerlich ist, es von fern und von oben beobachtet, in seine Wahrnehmung dieses Objekts hinein projiziert (Bourdieu und Wacquant 2006 [1992], S. 100).

Damit sind wir wieder bei Bourdieus Kritik an der scholastischen Vernunft angelangt, die als Ausgangs- wie Endpunkt des Bourdieu'schen Denkens und als Voraussetzung und Konsequenz seiner (reflexiven) Wissenschaftstheorie begriffen werden kann (siehe Abschn. 2.1). Der „scholastische Epistemozentrismus" (Bourdieu 2004 [1997], S. 65–78) bringt eine völlig unrealistische Anthropologie hervor, eine, wie Bourdieu sagt, die dem Gegenstand zuschreibt, was im Grunde aus seiner eigenen Anschauungsweise hervorgeht (Bourdieu 2004 [1997], S. 68) – dies meint Bourdieu mit „scholastischem Irrtum" (Bourdieu 2004 [1997], S. 64–107) oder „scholastic fallacy" (Bourdieu 1998 [1994], S. 207). Erneut kommt die Logik der Praxis ins Spiel, diese „differentia specifica", die der scholastische Paralogismus zu zerstören droht (Bourdieu und Wacquant 2006 [1992], S. 67). Diese Verzerrung macht auf den entscheidenden Unterschied aufmerksam, der dem (sozial-)wissenschaftlichen Erkenntnisprozess Grenzen setzt. Eine soziologische Reflexion bezieht sich für Bourdieu also auf dieses Moment: „Die wissenschaftliche Erkenntnis verdankt eine ganze Reihe ihrer wesentlichen Merkmale der Tatsache, dass die Bedingungen ihrer Produktion nicht die Bedingungen der Praxis sind" (Bourdieu und Wacquant 2006 [1992], S. 101).

---

[12]Daneben ist darauf hinzuweisen, dass Bourdieu neben der feldinternen Relationalität der einzelnen Positionen zusätzlich die Stellung der Akteure im Feld der Macht mit einbezieht. Siehe hierzu Abschn. 3.2.2 sowie Abschn. 4.4.

2.4 Distanz zum Beobachteten und Beschriebenen ...

Mit dieser reflexiven Einsicht gerät die soziologische Beobachtung – diese besondere Form wissenschaftlicher Erkenntnis – selbst *als Praxis* in den Blick. Wenn aber gilt, dass die Produktionsbedingungen der Praxis nicht identisch sind mit den Produktionsbedingungen wissenschaftlicher Erkenntnis, dann bedeutet das, dass Soziologie als eigenlogische Praxis erscheint, die nach der Logik ihrer Praxis befragt werden muss. Damit wären alle Prinzipien der Bourdieu'schen Soziologie auf sich selbst angewendet. Es handelt sich um einen „permanent mirror effect", wie es Bourdieu nennt: „Every word that can be uttered about scientific practice can be turned back on the person who utters it." (Bourdieu 2004 [2001], S. 4) Das ist der Dreh- und Angelpunkt seines Denkens. Wie gleich zu sehen sein wird, hat dies eine bedeutende sozialtheoretische Konsequenz, denn wenn die sozialwissenschaftliche Praxis als Praxis beobachtbar wird, dann gilt dies ebenso für alle anderen Formen von Wissenschaft (siehe Abschn. 2.5). Bourdieu hat damit jene Personen im Blick, die das Nachdenken und Fragenstellen über Wissenschaft professionell betreiben: die Wissenschaftssoziolog*innen.

Für ihn stellt die Wissenschaftssoziologie den anderen Wissenschaften lediglich die Fragen, die sie sich selbst in besonders scharfer Form stellt (Bourdieu 1993 [1980], S. 20). Die Grundvoraussetzung insbesondere für eine Soziologie der Wissenschaften kann also zunächst nur eine Soziologie der Soziologie sein (Bourdieu 1993 [1980], S. 22; vgl. auch Camic 2011) – überhaupt ist sie die „notwendige Voraussetzung jeder wirklich wissenschaftlichen soziologischen Praxis" (Bourdieu und Wacquant 2006 [1992], S. 99). Es geht dabei, im oben beschriebenen Sinne, darum, „die soziologische Vernunft einer soziologischen Kritik zu unterziehen" (Bourdieu 1988 [1984], S. 10), d. h. die Klassifikationen, die die Wissenschaftler*innen anwenden, ihrerseits zu analysieren. Das erfordert Sensibilität für die Genese der zur Verfügung stehenden Denkkategorien und ihre Rückbindung an die akademische Welt. „Das Beste, was der Soziologe machen kann", so Bourdieu, „ist, die unvermeidlichen Effekte der Objektivierungstechniken, die er notwendigerweise verwenden muss, zu objektivieren" (Bourdieu 1993 [1980], S. 31). Nur so gelingt es Wissenschaftler*innen den historischen Zirkel zu durchbrechen, der die soziologische Praxis deshalb so prekär macht, weil sie unmittelbarer Teil der sozialen Welt ist, die sie beobachtet (was konsequenterweise für die Philosophie und die Mathematik als die traditionell ‚reinsten' Wissenschaften nicht gilt). Bourdieu beschreibt seine Vorgehensweise dabei als die Konstruktion eines doppelten Objekts: Zunächst erfolgt die Konstruktion des Äußeren, d. h. die Analyse der universitären Strukturen und Forschungseinrichtungen, ihrer Funktionsweise und der von ihnen hervorgebrachten Weltsicht. Sodann schließt sich die Konstruktion des „eigentlichen Objekts" an, d. h. „der reflexive Rückbezug, der mit der Objektivierung des eigenen Universums impliziert ist" (Bourdieu und Wacquant 2006 [1992], S. 97). Mit einer solchen doppelten Konstruktionsarbeit, die das Wissen um die Beziehung des wissenschaftlichen Subjekts zum Objekt reflexiv expliziert, vermag Bourdieu eine Verstrickung in die Fallen des praxisvergessenen Objektivismus, kurz: die „scholastic fallacy", zu vermeiden. Es handelt sich um eine unvermeidliche Objektivierungsarbeit, die eben mehr ist als eine bloße subjektive Introspektion. Bourdieu drückt dies so aus:

> Die Objektivierung des objektivierenden Subjekts lässt sich nicht mehr umgehen: Nur indem es die historischen Bedingungen seines eigenen Schaffens analysiert (und nicht durch eine wie immer geartete Form transzendentaler Reflexion) vermag das wissenschaftliche Subjekt seine Strukturen und Neigungen ebenso theoretisch zu meistern wie die Determinanten, deren Produkte diese sind, und sich zugleich das konkrete Mittel an die Hand zu geben, seine Fähigkeiten zur Objektivierung noch zu steigern (Bourdieu 1988 [1984], S. 10).

An dieser Stelle wird deutlich, welchen Stellenwert Bourdieu in der Folge dem Programm der Reflexivität beimisst. Es ist dieses dritte Merkmal, das Wacquant Bourdieus Reflexivität attestiert: Weit entfernt von jedem Versuch zur „Unterminierung der Objektivität" will sie „die Reichweite und Zuverlässigkeit des sozialwissenschaftlichen Wissens erhöhen" (Bourdieu und Wacquant 2006 [1992], S. 63). Es geht Bourdieu nicht darum, Objektivität zu retten, sondern darum, ihr einen bestimmten Platz und eine prozessuale Form zuzuweisen (Maton 2003).

Wenn oben bereits erwähnt wurde, dass die Praxis der Reflexion nicht eine individuelle Introspektion einzelner Wissenschaftler*innen bedeuten kann, sondern ein „kollektives Unternehmen" (Bourdieu und Wacquant 2006 [1992], S. 63) sein muss, dann wird spätestens hier deutlich, weshalb dies zwangsläufig auf institutioneller Ebene realisiert werden muss. Die Arbeit der Objektivierung des objektivierenden Subjektes kann ipso facto gar nicht von einem*einer einzigen Autor*in geleistet werden (Maton 2003). Es ist die soziale Organisation der Sozialwissenschaft selbst „als einer zugleich in die mentalen und in die objektiven Mechanismen eingegangenen Institution, die zur Zielscheibe einer verändernden Praxis werden muss" (Bourdieu und Wacquant 2006 [1992], S. 69). Diese Vorstellung einer Institution als doppelter Wirklichkeit in mentalen und objektiven Strukturen ruht auf einem Kernkonzept der Bourdieu'schen Theorie, die sich verkürzt so formulieren lässt: „Eine Institution funktioniert nur, wenn es eine

2.5 Der Anspruch auf Wahrheit

Korrespondenz zwischen objektiven und subjektiven Strukturen gibt." (Bourdieu 2013, S. 195)[13] Soziale Ordnungen müssen also zweimal verändert werden, damit tatsächlich etwas geschieht, denn „die soziale Realität existiert sozusagen zweimal, in den Sachen und in den Köpfen, in den Feldern und in den Habitus, innerhalb und außerhalb der Akteure" (Bourdieu und Wacquant 2006 [1992], S. 161). Für den sozialwissenschaftlichen Bereich bedeutet dies, dass die Ausbildung, Evaluation und der innerdisziplinäre Dialog zum Ziel haben, einen sozialwissenschaftlichen Habitus im Sinne der Anforderungen der Reflexivität zu formen (Bourdieu und Wacquant 2006 [1992], S. 256–257). Für die Soziologie gilt, dass sie dadurch den „Anspruch auf ein *epistemologisches Privileg*" erheben kann: Es erwächst aus der Tatsache, „dass sie ihre eigenen wissenschaftlichen Einsichten und Errungenschaften in Form einer soziologisch verstärkten epistemologischen Wachsamkeit wieder in die wissenschaftliche Praxis einbringen kann" (Bourdieu 1988 [1984], S. 11; eigene Hervorhebung; zur Kritik und Weiterentwicklung der Bourdieu'schen Reflexivitätsprogrammatik vgl. exemplarisch Maton 2003 sowie Kap. 4).

2.5 Der Anspruch auf Wahrheit

2.5.1 Wissenschaftssoziologie: Von der Praxis der Wissenschaft

Das epistemologische Privileg der Soziologie erlaubt es ihr in Gestalt der Wissenschaftssoziologie auch die anderen Wissenschaften so zu befragen, wie sie sich selbst befragt. Weiter oben wurde bereits die sozialtheoretische Reichweite dieses Gedankens angedeutet. Die Grundlage, die eigene soziologische Praxis als Praxis zu beobachten, ist aus Bourdieus praxeologischer Erkenntnistheorie erwachsen. Damit erobert er, entgegen ihres scholastischen Selbstverständnisses, Wissenschaft theoretisch-konzeptuell als Praxis, bzw. als eigenlogisches Praxisfeld:

---

[13]Dieser Gedanke betrifft die Habitus-Theorie, die diese Homologie genauer expliziert. In Bezug auf den Institutionenbegriff formulierte Bourdieu selbst an anderer Stelle etwas ungezwungen: „Das Wort ‚Institution' ist ein besonders schwammiges Wort der Soziologensprache, dem ich eine gewisse Strenge zu geben versuche, wenn ich sage, dass Institutionen immer in zwei Formen existieren: in der Realität – Personenstand, Code civil, bürokratisches Formular – und in den Gehirnen" (Bourdieu 2013, S. 294–295).

„[...] the scholastic vision which seems to prevail especially in matters of science makes it impossible to know and recognize the truth of scientific practice as the product of a scientific habitus, a practical sense" (Bourdieu 2004 [2001], S. 38). Ein solcher Abwehrmechanismus beruhe auf der normativen Ausdeutung von Praxis als Intellektualität und Vernunft. Stärker noch als andere Praxisformen tendiere wissenschaftliche Praxis also dazu, sich selbst zu generalisieren (Bourdieu 2004 [2001], S. 41). Bourdieu geht es darum, den Operationsmodus wissenschaftlicher Praxis analog zu den Praxisformen anderer Felder zu denken: „[It is] not a knowing consciousness acting in accordance with the explicit norms of logic and experimental method, but a ‚craft', a practical sense of the problems to be dealt with, the appropriate ways of dealing with them" (Bourdieu 2004 [2001], S. 38).

Die Wendung, Wissenschaft als Praxis zu fassen, hat weitreichende Konsequenzen. Denn wenn die Bedingungen der wissenschaftlichen Erkenntnis nicht die Bedingungen der Praxis sind, dann geraten automatisch auch die Bedingungen der wissenschaftlichen Produktion, und damit die wissenschaftliche Praxis als Praxis mit ihren Eigenlogiken in den Blick. Die Figur des*der Wissenschaftler*in kann nur in einem homologen Verhältnis zu der Struktur objektiver Relationen – dem wissenschaftlichen Feld – gedacht werden, in dem er*sie agiert: „A scientist is a scientific field made flesh, an agent whose cognitive structures are homologous with the structure of the field and, as a consequence, constantly adjusted to the expectations inscribed in the field" (Bourdieu 2004 [2001], S. 41).

Die Bourdieu'sche Wissenschaftssoziologie ist in der Folge vor eine zentrale Schwierigkeit gestellt, die den Unterschied von praktischer und wissenschaftlicher Erkenntnis betrifft: Sie besteht darin, „mit der Erfahrung des unmittelbar Beteiligten zu *brechen* als auch eine um den Preis dieses Bruchs gewonnene Erkenntnis wiederherzustellen" (Bourdieu 1988 [1984], S. 31; Hervorhebung im Original). Zum einen kommt damit zum Ausdruck, dass diejenigen, die im wissenschaftlichen Feld aktiv sind, über eine „Primäranschauung" verfügen, die sie zugleich blind macht für die ihre Praxis bestimmenden objektiven Zwänge. Diejenigen, die am Spiel teilhaben, sind qua ihrer Teilnahme nicht mehr in der Lage zu sehen, um was es darin geht. Die Kämpfe die sie aufgrund ihrer relationalen Bestimmung gegeneinander führen, erscheinen als Kämpfe, die sich für Bourdieu von denen, die Unternehmen oder Politiker*innen gegeneinander führen, nicht unterscheiden. „Die akademische Welt", so Bourdieu, „ist wie alle sozialen Universen Austragungsort [....] eines Kampfes um die Wahrheit über die akademische [oder unternehmerische oder politische; Anmerkung der Verfasser] Welt und über das soziale Universum im Allgemeinen" (Bourdieu 1992 [1987], S. 220). Der Unterschied besteht jedoch darin, dass es um wissenschaftliche

2.5 Der Anspruch auf Wahrheit

Wahrheiten und wissenschaftliche Deutungshoheiten geht, die nach Regeln funktionieren, die etwa ‚bessere' Theorien und Methoden von ‚schlechteren' unterscheiden. Das sind die Spielregeln der Wissenschaften, die sich dem Verdikt der erfahrungsgeleiteten Überprüfbarkeit verschreiben und nur durch Bruch mit der wissenschaftlichen Primäranschauung und der Konstruktion einer relationalen Objektivität zu sehen sind.

Zum anderen versucht Bourdieu mit dem Hinweis, eine Erkenntnis wiederherstellen zu wollen, die doppelte Wahrheit im wissenschaftlichen „Spiel" im Blick zu behalten:

> Obwohl also die partiellen und parteiischen Anschauungen der in das Spiel Verwickelten nichts weiter sind als perspektivische Ansichten, die durch die objektivistische *analysis situ* als solche konstituiert werden, bilden sie doch, ebenso wie die individuell und kollektiv geführten Kämpfe um ihre Durchsetzung, einen Teil der objektiven Wahrheit des Spiels und tragen zu dessen Erhaltung oder Veränderung innerhalb der von den objektiven Zwängen gewogenen Grenzen bei (Bourdieu 1988 [1984], S. 13).

Wahrheit wird für Bourdieu also auf zweierlei Arten virulent: Als Wahrheit, über die inhaltlich-kompetitiv verhandelt wird und als Wahrheit, die den Einsatz für die sozialen Kämpfe auf der Ebene der objektiven Relationalität bildet. Damit ist nicht gemeint, dass es eine Ebene der eigentlich wahren wissenschaftlichen Wahrheiten gibt und eine Ebene der uneigentlichen Sozialität – es existiert also keine Trennung zwischen einer positivistischen und einer konstruktivistischen Seite, auf denen Wahrheit jeweils unterschiedlich verhandelt werden würde. Es ist das spezifische Kennzeichen der Bourdieu'schen Wissenschaftssoziologie, dass diese Ebenen nicht voneinander zu trennen sind. Selbst wer von dem scheinbar von allen sozialen Determinanten bereinigten Willen zur ‚reinen Wahrheit' beseelt ist, der oder die kann und muss diese ‚Wahrheit' gegen konkurrierende ‚Wahrheiten' verteidigen. Diese Wahrheits-Kämpfe sind das Medium der wissenschaftlichen Praxis. In diesem Sinne stellt Wahrheit für Bourdieu eine soziale Konstruktion dar, die auf vermachteten Prozessen der Konsensbildung beruht (siehe hierzu insbesondere Bourdieus „Strong Programm" im Abschn. 5.2.1). Wissenschaftler*innen – insbesondere männliche Wissenschaftler – verschaffen ihren Beobachtungen und Entdeckungen im Feld machtvoll Anerkennung und Legitimation und etablieren damit ihre Arbeiten als wissenschaftliches Wissen (Bourdieu 2004 [2001], S. 79).

Damit aber stellt sich für Bourdieu alles Erkennen als sozial und damit auch historisch veränderbar dar. Auch wenn die wissenschaftliche Faktenproduktion mit einem hohen Grad an Universalisierung, Departikularisierung und

Depersonalisierung von Wissen operiert (Bourdieu 2004 [2001], S. 75) und so den Eindruck erweckt, als handle es sich bei wissenschaftlichem Wissen um objektiv wahres Wissen, so ist doch Wahrheit als Produkt kollektiver Anerkennung immer schon an die historischen und sozialen Bedingungen ihrer Entstehung gebunden.

Universitäten und Hochschulen stellen für Bourdieu den Ort *par excellence* dar, an dem die sozialen Bedingungen wissenschaftlicher Wissensproduktion wirksam werden. Es ist ein Ort, der sich dadurch auszeichnet, so Bourdieu, dass ihm „gesellschaftlich das Recht zuerkannt wird, eine Objektivierung mit dem Anspruch auf Objektivität und Universalität zu vollziehen" (Bourdieu 1992 [1987], S. 219). Die Brisanz der Bourdieu'schen Analyse der Wissenschaften besteht nun darin, dass er die akademische Welt zusätzlich als Ort ausmacht, an dem Urteile über den Sinn der sozialen Welt als Ganzer hervorgebracht werden, die zugleich zu den gesellschaftlich wirkmächtigsten gehören (Bourdieu und Wacquant 2006 [1992], S. 101). Darin gleicht sie den ökonomischen oder politischen Universen. Wissenschaftliche Praxis erscheint somit als die Austragung von Kämpfen darüber, „wer in diesem Universum sozial autorisiert ist, die Wahrheit über die soziale Welt zu sagen" (Bourdieu und Wacquant 2006 [1992], S. 101). Es geht um die Durchsetzung einer *doxa,* einer kollektiv anerkannten Weltsicht, einer Deutungshoheit über soziale Phänomene und Gruppen. Wahrheit als das Medium wissenschaftlicher Praxiskonflikte hat für Bourdieu also einen expansivmachtvollen Charakter, der auf den Herrschaftsanspruch gerichtet ist, die gesellschaftliche Welt als ganze auszudeuten und zu durchdringen.

Für die Soziologie ist das nicht unproblematisch, denn wer Soziologie betreibt, der oder die sieht sich „in die ständige Schlacht um die Wahrheit verwickelt" und läuft Gefahr, vice versa, die Wahrheit über diese Welt sagen zu wollen (Bourdieu und Wacquant 2006 [1992], S. 101). Weil Bourdieu konsequent darauf verzichtet, einen rein objektiv beschreibenden wissenschaftlichen Meta-Standpunkt einnehmen zu wollen, gelingt es seiner Wissenschaftssoziologie, die Wissenschaft soziologisch zu beschreiben, ohne in diese Falle zu geraten. Aus diesem Grund ist in die Bourdieu'sche Wissenschaftssoziologie, die sich vornimmt, den *Homo academicus,* „diesen Klassifizierer unter Klassifizierenden, den eigenen Wertungen zu unterwerfen" (Bourdieu 1988 [1984], S. 9), immer das Bewusstsein eingeschrieben, dieser *Homo academicus* selbst zu sein:

> Man kann über einen solchen Gegenstand nicht arbeiten, ohne sich in jedem Augenblick zu vergegenwärtigen, dass das Subjekt der Objektivierung selber objektiviert wird: Die Analysen, in denen am schonungslosesten objektiviert wird, wurden in dem ganz klaren Bewusstsein geschrieben, dass sie auch auf den anzuwenden sind, der sie schreibt (Bourdieu und Wacquant 2006 [1992], S. 95–96).

2.5 Der Anspruch auf Wahrheit

Der soziologische Anspruch auf Wahrheit hängt somit in erster Linie von der Beobachtung der eigenen Position ab – von einer methodologisch streng konzipierten Reflexivität. Bourdieu nennt dabei zwei Elemente, die den Geltungsanspruch auf soziologische Wahrheiten vor diesem Hintergrund begründen:

> Die Chance, zur Schaffung der Wahrheit beizutragen, hängt in der Tat, wie ich meine, von zwei Hauptfaktoren ab, die mit der eingenommenen Position verknüpft sind: dem Interesse, die Wahrheit zu kennen und sie den anderen kenntlich zu machen (oder, umgekehrt: sie sich und den anderen zu kaschieren), und der Fähigkeit, sie hervorzubringen (Bourdieu 1993 [1980], S. 22).

Interesse und Fähigkeit: Beides ist untrennbar mit der eigenen Position im sozialen bzw. akademischen Universum verknüpft. Die Herausbildung eines soziologischen Interesses sowie die Fähigkeit, es gegenstandsangemessen und methodisch kontrolliert in Erkenntnisgewinn zu überführen, ist zwangsläufig an die Eingebundenheit in ein wissenschaftliches Feld (oder sozialwissenschaftliches Subfeld) geknüpft. In einem strengeren Sinne meint Bourdieu mit jener „Fähigkeit" sein wissenschaftstheoretisches Programm des Bruchs mit dem Primärverstehen und der Konstruktion relationaler Zusammenhänge. Was das Interesse anbetrifft, so betont er, dass es Wissenschaftler*innen nur gelingen könne „Wahrheit zu produzieren [...], nicht *obwohl* er ein Interesse hat, diese Wahrheit zu produzieren, sondern *weil* er dazu Interesse hat" (Bourdieu 1993 [1980], S. 23; Hervorhebung im Original). Dies sei nämlich das genaue Gegenteil einer „etwas verdummenden Rede von der ‚Neutralität'", wie Bourdieu (1993 [1980], S. 23) es nennt. Da es in der Wissenschaft „keine unbefleckte Empfängnis" gibt (Bourdieu 1993 [1980], S. 23), führt gerade für die Soziologie auch kein Weg an einer reflexiven Selbstobjektivierung vorbei. Denn die Schwierigkeit insbesondere für die Soziologie besteht darin, dass die besonderen Interessen „nur in dem Maße zur wissenschaftlichen Wahrheit [führen], wie sie einhergehen mit einer wissenschaftlichen Erkenntnis dessen, was sie determiniert, sowie der *Grenzen,* die sie dem Erkennen auferlegen" (Bourdieu 1993 [1980], S. 23; Hervorhebung im Original).

Hier taucht der für Bourdieu zentrale Antagonismus von Subjektivismus und Objektivismus wieder auf. Bereits zu Beginn wurde darauf hingewiesen, dass Bourdieus „kritische Reflexion über die Grenzen des wissenschaftlichen Verstehens" in einer, wie er es nennt, vollständigen Begründung der wissenschaftlichen Erkenntnis münden soll, und zwar mittels der Befreiung von ihren Verzerrungen, die durch die epistemologischen und sozialen Bedingungen ihrer

Hervorbringungen entstehen (Bourdieu 1987 [1980], S. 53).[14] Dabei geht es um mehr als darum, in den Blick zu bekommen, dass Wissenschaft keine selbstgenerative und außer- oder oberhalb des sozialen Universums schwebende Sphäre der genialisch-entrückten Produktion überzeitlicher Wahrheiten ist.

Das akademische Universum stellt der Soziologie in besonderer Weise das Problem, dass dort ein ausgesprochen mächtiger Diskurs über den Sinn der sozialen Welt geführt wird. Es ist der Ort, der den „Anspruch des Theoretikers auf den absoluten Standpunkt" hervorbringt, der mit der impliziten „Forderung nach einer auf Vernunft gegründeten Macht" einhergeht (Bourdieu 1987 [1980], S. 55). Die Wissenschaft gehört damit zu jenen „höchst besonderen sozialen Universen", wie es bei Bourdieu heißt, „in denen Akteure engagiert sind, die das gemeinsame Privileg haben, um das Monopol auf das Allgemeine kämpfen und damit so oder so zum Fortschritt der Wahrheiten und Werte beitragen zu können, die zum jeweiligen Zeitpunkt als universell, ja, ewig angesehen werden" (Bourdieu 1998 [1994], S. 212; siehe auch Kap. 3). Stärker noch als das juristische oder das politische Feld operiert das wissenschaftliche Feld – und darin gründet auch seine gesellschaftliche Wirkung – mit dem Anspruch auf objektive Erkenntnis. Denn jede objektivistische Erkenntnis, so Bourdieus zentrale Einsicht, „enthält einen Anspruch auf legitime Herrschaft" (Bourdieu 1987 [1980], S. 55; vgl. hierzu auch die gegenwärtigen Diagnosen zur Quantifizierung der modernen Gesellschaft von Crosby 2009; Lamont 2012b; Mau 2017).

2.5.2 Wahrheit und Kampf

Ganz gleich, ob nun Wissenschaft, Politik, Religion oder Recht: Das soziale Universum als solches ist ein Ort, „an dem ein Kampf um Erkenntnis der sozialen Welt ausgetragen wird" (Bourdieu 1992 [1987], S. 221). Die Wissenschaft spielt in diesem Kampf – heute noch stärker womöglich als zu Bourdieus Zeit – eine dominante Rolle. Stärker sicherlich als Religion und auch als das juristische Feld werden von der Wissenschaft Weltdeutungen und Klassifikationssysteme bereitgestellt, auf die das Recht und die Politik mitunter lediglich *re-agieren*.

---

[14]Wir haben oben gesehen, dass Bourdieu zu einem späteren Zeitpunkt, wenn er die epistemologischen Kriterien als soziale Spielregeln des Wissenschaftsfeldes beschreibt, die epistemologischen und sozialen Bedingungen nicht mehr trennt.

2.5 Der Anspruch auf Wahrheit

Wer etwa von Klassen spricht, zeitigt einen „Theorie-Effekt", wie es Bourdieu nennt (Bourdieu 1990 [1982], S. 109–112): eine soziologische Rhetorik, die beispielsweise mit politischen und rechtlichen Folgen zu rechnen habe. Aufgabe der Soziologie ist es, einen solchen Theorie-Effekt angemessen zu berücksichtigen. Gleiches gilt beispielsweise auch für die Ökonomik, die wissenschaftliches Wissen über Ökonomie bereitstellt, das realwirtschaftliche und -politische Konsequenzen zur Folge hat.[15]

Die Soziologie kann der Falle des intellektualistischen und theoretizistischen Irrtums und Herrschaftsanspruchs, der beständig die Wahrheit über diese Welt – und im Fall der Soziologie zudem über die gegensätzlichen Standpunkte in Bezug auf diese Welt – hervorbringen will, nur durch ein relationales und konfigurationales Denken entgehen (Rehbein 2006a, S. 68). Die relationale Sichtweise auf das Soziale sensibilisiert dafür, den antagonistischen Charakter von Wahrheit zu erkennen. Bourdieus Konzeption des Sozialraums als die Theoretisierung des Relationalen ist der Ausgangspunkt für die Beobachtung einer modern-gesellschaftlichen Dynamik, in welcher der Herrschaftsanspruch der Wissenschaft auf Wahrheit nur einer – erneut: aber ein besonders mächtiger – unter vielen ist.[16] In einer Welt, die sich den Soziolog*innen als Konfiguration von Relationen darstellt, erscheint (der Anspruch auf) Wahrheit auf eine ganz spezifische Weise:

> Sobald ein sozialer Raum besteht, gibt es Kampf, Kampf um Herrschaft, gibt es einen herrschenden und einen beherrschten Pol – und von dem Augenblick an gibt es antagonistische Wahrheiten. Was immer man tut, die Wahrheit ist antagonistisch. Gibt es eine Wahrheit, dann die, dass um die Wahrheit gekämpft wird (Bourdieu 1993 [1980], S. 90).

Das ist für Bourdieu ein Wesensmerkmal moderner Gesellschaften. Er begreift sie als grundsätzlich konfliktär. Das Soziale gründet für ihn gewissermaßen auf Konflikten und Durchsetzungskämpfen um die Geltung und Anerkennung sozialer und inhaltlicher – etwa wissenschaftlicher – Positionen. Im folgenden Kapitel wird gezeigt, dass seine Feldkonzeption die theoretische Erweiterung dieser konflikttheoretischen Position ist (siehe Abschn. 3.2). Dabei verfügt

---

[15]Vgl. hierzu die moderne Performativitätsdebatte in den Wirtschaftswissenschaften. Vgl. exemplarisch Callon (1998); MacKenzie (2006); MacKenzie et al. (2007); Boldyrev und Svetlova (2016); Maeße et al. (2016).

[16]Diese Vorstellung betrifft im Kern das Verhältnis von Sozialraum und Feldern als die charakteristischen Strukturen differenzierter Gesellschaften (siehe Abschn. 3.2.3).

nicht jeder Akteur im gleichen Maße über die Mittel und Ressourcen für diese Durchsetzungsarbeit. Das Ergebnis sind Asymmetrien und Ungleichgewichte im gesellschaftlichen Kampf um Wahrheit. Wenn Bourdieu seiner Soziologie der Wissenschaft indessen ein *epistemologisches Privileg* attestiert, dann ist damit auch gesagt, dass er sie als Instrument ausmacht, diese Ungleichheiten und Machtausübungen zu identifizieren und sie nicht fraglos hinzunehmen:

> Vielleicht aber ist die einzige Funktion der Soziologie ja, sowohl durch ihre manifesten Erkenntnislücken wie ihre Einsichten die Grenzen der Erkenntnis der sozialen Welt sichtbar zu machen und auf diese Weise jegliche Form des Prophetismus zu erschweren, angefangen bei jenem, der sich auf die Wissenschaft beruft (Bourdieu 1993 [1980], S. 32).

Das wissenschaftliche Feld 3

Wir haben in Kap. 2 herausgearbeitet, dass die Beschreibung von Wissenschaft als Praxis für die Wissenschaftssoziologie von Pierre Bourdieu weitreichende methodische Konsequenzen hat. Wenn die wissenschaftliche Erkenntnis das Resultat spezifischer Bedingungen der wissenschaftlichen Praxis ist, dann rücken automatisch die Funktionsbedingungen und Figurationen des wissenschaftlichen Betriebes in den Fokus des Forschungsinteresses. Ein solches Unterfangen konnte Bourdieu aber nicht mit seiner allgemeinen *Theorie der Praxis* (Bourdieu 2009 [1972], 1987 [1980]) bewerkstelligen. Vielmehr bedurfte es der sozialtheoretischen und methodischen Ergänzung seiner erkenntnistheoretischen Position, um die wissenschaftliche Praxis analysieren zu können. Denn aus der Einsicht, dass die Praxis nicht das Resultat einer bewussten Befolgung von Regeln und Modellen durch die Akteure ist, stellt sich für Bourdieu die Frage, weshalb und auf welcher Grundlage dann regelmäßig und einheitlich in der Wissenschaft gehandelt wird. Zur Beantwortung dieser Frage entwickelte Bourdieu seine Feldtheorie. Im Kern argumentiert er, dass die Regelmäßigkeit von Handlungsweisen auf die Erzeugungs- und Anwendungsbedingungen des Habitus in sozialen Feldern zurückzuführen ist (Rehbein und Saalmann 2009, S. 100). An diesem Punkt kommt die Einzigartigkeit von Bourdieus Sozialtheorie voll zur Geltung. Denn mit dem Habitus- und Feldkonzept hat Bourdieu einen Instrumentenkasten zur Verfügung gestellt, der die in Kap. 2 ausgeführte Transgression von der epistemologischen zur sozialen Ebene ermöglicht. Entsprechend vertreten wir die Auffassung, dass es Bourdieu mittels seiner theoretischen Konzepte wie Habitus, Feld und Sozialraum theoretisch und methodisch problemlos gelingen konnte, seine Einsicht von der epistemologischen Relativität von Wissen in eine relationale Wissenschaftssoziologie zu übertragen.

Mit anderen Worten: Wir behaupten, dass das Feldkonzept von Bourdieu – wie auch das Sozialraummodell – die soziologische Umsetzung seiner erkenntnis- und wissenschaftstheoretischen Überlegungen darstellt. Haben wir bisher Bourdieus Wissenschaftsphilosophie beschrieben, so widmet sich das dritte Kapitel der Tatsache, dass dieses philosophische Verständnis in der Ausformulierung als Feldtheorie gewissermaßen seine soziologische Erdung erfährt. Bourdieu – so fasst es Hans-Peter Müller zusammen – „bricht mit dem in den Sozialwissenschaften häufig anzutreffenden Substanzdenken und zwingt zum Denken in Relationen" (Müller 1993; siehe auch Abschn. 2.3.5). Indem Bourdieu die Wissenschaft als Feld konzipiert, ergänzt er die Wissenschaftsforschung um eine relationale, konflikttheoretische Perspektive, die geeignet ist den Zusammenhang zwischen den sozialen Positionen von Wissenschaftler*innen und deren inhaltlichen Positionierungen in der Wissensproduktion zu analysieren.

Felder stellen dabei das zentrale Konzept einer relationalen Wissenschaftssoziologie dar: „In Feldbegriffen denken heißt *relational denken*" schreibt Bourdieu (Bourdieu und Wacquant 2006 [1992], S. 126; Hervorhebungen im Original) und führt hierzu aus:

> Analytisch gesprochen wäre ein Feld als ein Netz oder eine Konfiguration von objektiven Relationen zwischen Positionen zu definieren. Diese Positionen sind in ihrer Existenz und auch in den Determinierungen, denen die auf ihnen befindlichen Akteure oder Institutionen unterliegen, objektiv definiert, und zwar durch ihre aktuelle und potentielle Situation (*situs*) in der Struktur der Distribution der verschiedenen Arten von Macht (oder Kapital), deren Besitz über den Zugang zu den in diesem Feld auf dem Spiel stehenden spezifischen Profiten entscheidet, und damit auch durch ihre objektiven Relationen zu anderen Positionen (herrschend, abhängig, homolog usw.). In hochdifferenzierten Gesellschaften besteht der soziale Kosmos aus der Gesamtheit dieser relativ autonomen sozialen Mikrokosmen, dieser Räume der objektiven Relationen, dieser Orte einer jeweils spezifischen Logik und Notwendigkeit, die sich nicht auf die für andere Felder geltenden reduzieren lassen (Bourdieu und Wacquant 2006 [1992], S. 127).

Das wissenschaftliche Feld bezeichnet bei Bourdieu die Gesamtheit der Wissenschaft, also alle Bereiche und Akteure, die zur Wissensgenese bzw. zur Produktion von Erkenntnis beitragen. Wählte er in früheren Werken noch den Begriff der „scientific community" (Bourdieu et al. 1991 [1968]), so sprach er ab Mitte der 1970er Jahre vom wissenschaftlichen Feld (Bourdieu 1975). Dieses Feld umfasst gleichermaßen die Hochschulen wie außeruniversitären Forschungsinstitute sowie

3 Das wissenschaftliche Feld

die dort tätigen Personen. Zur besseren theoretischen Verortung sei bereits an dieser Stelle darauf hingewiesen, dass Bourdieu, während er in *Vom Gebrauch der Wissenschaft* (1998 [1997]) seinen Blick auf die Forschungspraxis und auf außeruniversitäre Forschung richtete, sich insbesondere in *Homo academicus* (1988 [1984]) auf die Analyse der Universitäten und der dort stattfindenden Statuskämpfe als den zentralen Institutionen des wissenschaftlichen Feldes konzentrierte. Im Zentrum dieses Kapitels steht die Darstellung des universitären Feldes und der Situation von Professor*innen, da Bourdieu mit *Homo academicus* eine ausgearbeitete empirische Analyse des akademischen Feldes und der feldspezifischen Kämpfe vorgelegt hat. Damit soll aber keineswegs suggeriert werden, dass die außeruniversitäre Forschung nicht Teil des wissenschaftlichen Feldes sei. Vielmehr sind die Bezüge der Wissenschaft zu anderen gesellschaftlichen Bereichen konstitutiv für das Feldkonzept von Bourdieu (siehe Abschn. 3.3 und 4.4). Gemeint ist die gesellschaftliche Einbettung der Wissenschaft (Bourdieu 1991 [1975], S. 15–20), also die relative Autonomie dieses Feldes in Bezug auf externe Einflüsse durch Politik und Wirtschaft, welche für Bourdieu das Ergebnis eines Prozesses der Ausdifferenzierung ist (Bourdieu 2004 [1997], S. 125; siehe Abschn. 2.1.1). Um der Unterscheidung zwischen universitärer und außeruniversitärer Forschung in der Darstellung von Bourdieus Wissenschaftssoziologie angemessen Rechnung tragen zu können, wird im Folgenden auf die Begriffe des *wissenschaftlichen Feldes* (Bereich der Universitäten und außeruniversitären Forschungseinrichtungen) und des *akademischen Feldes* (Bereich der Universitäten) zurückgegriffen.

Um diese Argumentation zu entfalten, gliedert sich das dritte Kapitel wie folgt: Nach einer kurzen Verortung von Bourdieus Wissenschaftssoziologie wird die theoretische Grundlage für Bourdieus Feldkonzept dargelegt. Es wird gezeigt, dass das Habitus-Feld-Konzept eine Theorie konflikthafter Differenzierung darstellt und daher geeignet ist, als Basis für eine empirische Analyse der Wissenschaft zu dienen. Getragen wird das wissenschaftliche Feld durch die sogenannte *illusio*, die Bourdieu als den geteilten Glauben an den Sinn des wissenschaftlichen Spiels definiert. Daran anschließend werden die theoretischen Grundlagen anhand Bourdieus empirischer Befunde zum akademischen Feld – und hier insbesondere zu den Professor*innen – rekonstruiert. Abschließend wird die Frage nach der gesellschaftlichen Einbettung der Wissenschaft vor dem Hintergrund der konflikttheoretischen Diagnose Bourdieus behandelt, wobei insbesondere die feldinternen Hierarchisierungsprinzipien dargestellt werden.

3.1 Wissenschaftssoziologie und das wissenschaftliche Feld

Mit seiner Feldtheorie hat Bourdieu ein konflikttheoretisches Forschungsprogramm entworfen, welches speziell den Zusammenhang zwischen Gesellschaft, Macht und Wissen zu fassen vermag (Lenger et al. 2013a; Hamann et al. 2017a). Hierbei bedient sich Bourdieu der Position eines „strukturgeleiteten Utilitarismus" (Janning 1991, S. 132), der das *bewusste,* grundsätzlich nutzenmaximierende Kalkül als alleiniges Entscheidungsmerkmal in der Gesellschaft ausschließt und alle Motivationen zur Verbesserung oder Stabilisierung der sozialen Position aus einer dispositionellen Konditionierung ableitet. Damit ist gemeint, dass Bourdieu eine Ansicht vertritt, der zufolge Individuen und somit auch Wissenschaftler*innen prinzipiell strategisch handeln (zum Strategiebegriff bei Bourdieu siehe Abschn. 2.1.3, 2.2.2 und 2.2.4). Er betont mehrfach, dass den *Strategien* beim Errichten und Fortleben dauerhafter Herrschaftsbeziehungen eine zentrale Bedeutung zukommt (etwa Bourdieu 1987 [1980], S. 197–204, 1992 [1987], 1998 [1997], S. 167, 2005 [2000], S. 126–147, 2009 [1972], S. 352). Bourdieus Beschreibung der Ökonomie der Praxis legt die beständige Verteilung und Akkumulation von Kapital sowie die daraus resultierenden Macht- und Statusunterschiede der beteiligten Akteure offen (Fley 2008, S. 165). Mit anderen Worten: Individuen streben zwar danach, ihren Nutzen zu maximieren bzw. gemäß ihrer Präferenzen zu leben, sind aufgrund der kulturellen bzw. kontextuellen Gebundenheit der sozialen Praxis hierzu aber nur eingeschränkt in der Lage – eine Einsicht, die insbesondere angesichts zunehmender wettbewerblicher Strukturen auch innerhalb der Wissenschaft an Bedeutung gewinnt. So richtet eine Analyse des wissenschaftlichen Feldes im Anschluss an Bourdieu ihr Interesse auf die zugrunde liegenden Machtstrukturen, die individuellen Strategien sowie die korrespondierenden sozialen Arrangements, mit denen Wissenschaftler*innen ihren beruflichen und privaten Alltag bewältigen.

Es ist Bourdieu zu verdanken, einen theoretischen Rahmen entwickelt zu haben, dem es gleichermaßen gelingt, die spezifischen Strukturen des wissenschaftlichen Betriebes zu erfassen, wie auch die individuellen Rationalitäten und inkorporierten habituellen Dispositionen der beteiligten Akteure mit Blick auf ihre sinnstiftenden Lebensentwürfe und die inhaltliche Wissensproduktion zu rekonstruieren. Ein solches wissens- und wissenschaftssoziologisches

3.1 Wissenschaftssoziologie und das wissenschaftliche Feld

Forschungsprogramm hat seinen Ursprung in Bourdieus Habitus-Feld-Konzeption.[1] Früh schon in seinem Werk greift er die Frage nach dem Feld der Wissenschaft auf (Bourdieu et al. 1991 [1968]) und führt die Konzepte des wissenschaftlichen Feldes und des wissenschaftlichen Kapitals ein (Bourdieu 1975). Zugleich bricht er mit der herrschenden Tradition der Wissenschaftssoziologie und ihrer Vorstellung einer „friedlichen Wissenschaftsgemeinschaft" (Bourdieu 1991 [1975], S. 8; vgl. Champagne 1998 [1997], S. 11). So weist Bourdieu auf folgenden Punkt hin: „The ‚pure' universe of even the ‚purest' science is a field like any other, with its distribution of power and its monopolies, its struggles and strategies, interests and profits, but it is a field in which all these invariants take on specific forms" (Bourdieu 1975, S. 19). Während also für die betroffenen Wissenschaftler*innen ihr wissenschaftliches Handeln bzw. ihre Entscheidungen, die im Rahmen wissenschaftlicher Tätigkeiten getroffen werden, wie beispielsweise die Wahl des Forschungsgegenstands, der Fragestellung, der Methode oder der Publikationsform, als ‚rein' im Sinne der Sache erscheinen, sich also auf eine vermeintliche wissenschaftliche Rationalität gründen, so täuscht dieser Glauben bzw. dieses „interessenlose Interesse" (Bourdieu 1998 [1997], S. 27) darüber hinweg, dass das wissenschaftliche Feld ein Kräftefeld und damit ein durch Machtverhältnisse strukturierter Handlungszusammenhang ist.

Ziel dieses Kapitels ist eine Rekonstruktion dieses konflikttheoretischen Forschungsprogrammes. Im Mittelpunkt steht dabei die epistemologische und theoretische Bedeutung des Feldkonzepts. Im Hinblick auf Wissenschaft erweitert Bourdieus Feldtheorie seine Wissenschaftstheorie um drei weiterführende Argumente: So gilt es erstens darzulegen, dass Bourdieu mit der Feldkonzeption eine Theorie konflikthafter Differenzierung vorlegt. Daran anknüpfend rückt zweitens die Frage nach der Habitusgenese bzw. der Feldsozialisation in den Mittelpunkt des Forschungsinteresses. Schließlich gilt es drittens die Frage nach den Trägern dieser Strukturen im wissenschaftlichen Feld zu spezifizieren.

Ein solches Unterfangen ist umfassender, als es auf den ersten Blick erscheinen mag. So steht hinter der Frage nach dem Verhältnis von Bourdieus Soziologie und der Differenzierungsthese (Abschn. 2.1) die fundamentale Frage, wie strukturell gleichmäßig („homolog") Felder sind. Bourdieu selbst behauptet, dass alle Felder homologe Strukturen aufweisen, sich also auf dieselben Grundprinzipien reduzieren lassen, da in kapitalistischen Gesellschaften auf allen Feldern

---

[1]Für eine umfassende Einführung in die Soziologie Pierre Bourdieus siehe Schwingel (1995); Rehbein (2006b); Müller (2014a). Speziell zum Habitus-Feld-Konzept siehe zudem Krais und Gebauer (2002) sowie Lenger et al. (2013b). Für die hier vorgetragene Argumentation vgl. Lenger et al. (2013a).

um eine möglichst hohe soziale Position gekämpft wird. Boike Rehbein und Hermann Schwengel (2008, S. 218–219) sind der Auffassung, dass diese Behauptung weder durch seine empirischen Arbeiten bestätigt werden konnte noch theoretisch plausibel sei: „Wenn unterschiedliche Felder, wie beispielsweise die internationale Finanzwelt oder die Kunstszene, unterschiedliche Ziele verfolgen, erfordern sie auch unterschiedliche Handlungsressourcen. […] Nimmt man Bourdieu beim Wort, können Felder nicht homolog sein, weil sie unterschiedliche Spielregeln, Ziele und Einsätze umfassen" (Rehbein und Schwengel 2008, S. 218–219; vgl. auch Rehbein 2003, S. 84–87). Eine solche Kritik läuft indes ins Leere, liegt ihr doch eine falsche Auffassung des Homologie-Begriffs zugrunde. Homologie meint bei Bourdieu eine Strukturähnlichkeit der Felder und keineswegs eine eigenständige Identität (vgl. auch Barlösius 2006, S. 182; Gengnagel et al. 2017).[2] Diese Ähnlichkeit der Operationsweise von Feldern, also deren strukturierender Effekt im Hinblick auf Praxis, ist der konflikthaft-kapitalistischen Verfasstheit der Gesellschaft geschuldet. Immerhin sind strategische soziale Kämpfe um Ressourcen und Positionen eben nicht nur in der Wirtschaft, sondern beispielsweise auch in der Wissenschaft beobachtbar. Damit ist gemeint, dass alle Felder strukturähnlich sind, da sie alle relationale Positionen hervorbringen, die von einer *illusio* und einem spezifischen Interesse getragen sind und die nach der Logik von Machtkämpfen und dem Ausschluss und der Teilhabe am Feld operieren (Swartz 1997, S. 117–142). Die Legitimität der unterschiedlichen gesellschaftlichen Ressourcen und Positionen ist selbst wiederum Gegenstand der Kämpfe im Feld der Macht. Für die Beschreibung von Strategien, die sich der Mechanismen von Kapital-Konversion bedienen, um in anderen Feldern als ihren jeweiligen Herkunftsfeldern Einfluss zu nehmen, führt Bourdieu den Begriff der „Intrusion" ein (Bourdieu 2004). Im Gegensatz zu Luhmann versteht er Intrusion

---

[2]Insofern kann nicht von einer einfachen, determinierenden Beziehung zwischen der sozialen Position und etwa dem Lebensstil ausgegangen werden. Die Homologie-Annahme besagt, dass ähnliche Positionen mit hoher Wahrscheinlichkeit auch mit ähnlichen Lebensstilen einhergehen. Als weiteres Beispiel kann die Homologie zwischen der in einem sozialen Feld eingenommenen Position und der Position im sozialen Raum angeführt werden. Vor diesem Hintergrund muss das von Bourdieu bevorzugt verwendete multivariate statistische Verfahren der Korrespondenzanalyse eingeordnet werden: „Statistisch betrachtet zeichnet sich das Konzept [der Homologie; Anmerkung der Verfasser] durch einen engen Bezug zu explorativen Analyseverfahren wie etwa der Korrespondenzanalyse aus; demgegenüber wird die vorherrschende Praxis einer kausal orientierten Zusammenhangsanalyse kritisiert. Man kann Homologie als ein Explanandum auffassen, wenn Homologie auf die Vermittlung der Habitus zurückgeführt wird" (Weischer und Diaz-Bone 2015, S. 181).

aber keineswegs als temporäres Phänomen, sondern vielmehr als konstitutives Charakteristikum der modernen Gesellschaft (Schimank und Volkmann 2008, S. 383). Sie beschreibt das erfolgreiche Vordringen der Logik eines Feldes in die Praxis eines anderen, wie zum Beispiel die Ökonomisierung der Wissenschaft. Damit ist schon gesagt, dass in jedem Feld etwas anderes auf dem Spiel steht, andere Regeln gelten und unterschiedliche Akteure sich gegenüberstehen (Rehbein 2006a, S. 108). In diesem dritten Kapitel gilt es darzulegen, welche spezifischen Logiken das wissenschaftliche Feld und den Kampf darin strukturieren.

3.2 Habitus und Feld: Eine Theorie konflikthafter Differenzierung

Aufbauend auf seine wissenschaftstheoretischen Überlegungen (siehe Kap. 2) entwickelt Pierre Bourdieu eine Sozialtheorie, die die Ausleuchtung von Wissenschaft als Praxis in die Konzeptualisierung als soziales Feld überführt. Damit trägt er auf theoretischer Ebene seiner eigenen erkenntnistheoretischen Einsicht Rechnung, dass gesellschaftlichen Tatsachen nur als etwas Relationales zu begreifen sind.

3.2.1 Gesellschaftliche Differenzierung und soziale Konflikte

Bourdieu nennt die in differenzierten Gesellschaften spezialisierten und relativ autonomen Bereiche „soziale Felder". So wie das Konzept des Sozialraums dem Primat der Relationen folgt und ein relationales Denkens des Sozialen theoretisch anleitet (siehe Abschn. 2.3.5), so sind auch Felder eine Antwort auf die Frage nach der soziologischen Konzeptualisierbarkeit von Relationen. Damit geht die Vorstellung einher, dass sich Gesellschaften aus einer Vielzahl sozialer Felder zusammensetzen. „Felder sind in Bourdieus Theorie voneinander abgrenzbare Bereiche spezifischer gesellschaftlicher Praxis, die jeweils bestimmten Regeln, Gesetzmäßigkeiten und symbolischen Codes folgen" (Peter 2007, S. 18). Ergänzt wird diese differenztheoretische Perspektive um ungleichheits- und konflikttheoretische Überlegungen. So vertritt Bourdieu im Gegensatz zu Vertreter*innen funktionalistischer oder systemtheoretischer Differenztheorien wie Parsons (1971) oder Luhmann (1984) die Auffassung, dass die Konflikte und Kämpfe um die symbolischen Güter und Ressourcen, die die Felder historisch hervorgebracht haben, strukturbildende Elemente moderner, differenzierter Gesellschaften sind:

> Als ein Feld von aktuellen und potentiellen Kräften ist das Feld auch ein *Feld von Kämpfen* um den Erhalt oder die Veränderung der Konfiguration dieser Kräfte. Darüber hinaus ist das Feld als eine Struktur von objektiven Relationen zwischen Machtpositionen die Grundlage und Richtschnur der Strategien, mit denen die Inhaber dieser Positionen individuell oder kollektiv versuchen, ihre Position zu erhalten oder zu verbessern und dem Hierarchisierungsprinzip zum Sieg zu verhelfen, das für ihre eigenen Produkte am günstigsten ist (Bourdieu 2006a, S. 132; Hervorhebungen im Original).

Ein solches System „konflikthafter Differenzierung" (Lenger et al. 2013a, S. 32; vgl. hierzu auch Schneickert 2013b, 2015) zeichnet sich dadurch aus, dass in unterschiedlichen Praxisfeldern der Gesellschaft um Über- und Unterordnungen von sozialen Positionen gerungen wird. Seine zentrale Überlegung, wonach soziale Felder Kampfplätze darstellen, die sich durch feldspezifische Gesetzmäßigkeiten auszeichnen (Bourdieu 1998 [1997], S. 18–21), überträgt Bourdieu gleichermaßen auf das Feld der Wissenschaft:

> As a system of objective relations between positions already won (in previous struggles), the scientific field is the locus of a competitive struggle, in which the *specific* issue at stake is the monopoly of *scientific authority*, defined inseparably as technical capacity and social power (Bourdieu 1975, S. 19; Hervorhebungen im Original).

Menschen konkurrieren also auf verschiedenen Feldern um unterschiedliche materielle und symbolische Ressourcen; im Fall des akademischen Feldes beispielsweise um Reputation, um Drittmittel und Personalstellen, um Mitgliedschaften in Exzellenzclustern, Sonderforschungsbereichen und Centers of Advanced Studies oder um Leitungsfunktionen in Gremien sowie auf Fakultäts- und Hochschulebene. Diese Auffassung deckt sich mit der modernen differenztheoretischen Sichtweise, wonach die Wissenschaft durch spezifische Kommunikationsformen gekennzeichnet ist, die das Verhalten von Wissenschaftler*innen in spezifischer Weise strukturieren (Habermas 1995 [1981]; siehe auch Kap. 4). Mit anderen Worten: Wissenschaftler*innen verfolgen die Anerkennung ihrer Positionen und Theorien mit strategischen Mitteln und dem Ziel, symbolisches Kapital, d. h. Reputation, Ehre, Prestige, Distinktion, Originalität etc., anzusammeln. Sie handeln aber nicht mit beliebigen Mitteln und in Hinblick auf beliebige Gegenstände, sondern folgen dem Konzept des „Wahrheitscodes" des Wissenschaftssystems und unterliegen dessen spezifischen Beschränkungen (Bourdieu 1991 [1975],

S. 15–20; Schimank 1995a, S. 25; Peter 2007, S. 19): „Wissenschaftliche Behauptungen lassen sich letztlich nicht mit den Mitteln der politischen Macht durchsetzen, und Reputation wird in der Wissenschaft nicht über Abstimmungen erlangt." (Weingart 2003, S. 84) Eine solche These der Ausdifferenzierung autonomer sozialer Felder wird von vielen Theoretikern diagnostiziert. Max Weber spricht beispielsweise (1991 [1920]) von „Wertsphären" und Niklas Luhmann (1984) von „Funktionssystemen". Die soziologische Theoriebildung kommt also darin überein, dass Gesellschaften differenzierte Einheiten sind (Nassehi 1999, S. 105). Es ist jedoch Bourdieus spezifische Leistung mittels der Feldtheorie gezeigt zu haben, dass die ausdifferenzierten gesellschaftlichen Teilbereiche Konfliktfelder sind, in denen nicht nur je eigene Rationalitäten am Werk sind, sondern dass hier Kämpfe zwischen Herrschenden und Beherrschten ausgetragen werden, wobei diese Kämpfe selbst die sozialen Status ‚herrschend' oder ‚beherrscht' konstituieren (vgl. hierzu auch Gengnagel et al. 2017; Schmitz et al. 2017).

3.2.2 Konflikttheorie, Habitus und Sozialisation

Diese konflikttheoretische Rekonstruktion gelingt Bourdieu durch den Rückgriff auf sein Habituskonzept.[3] Es ist Bourdieu zu verdanken, aufgezeigt zu haben, dass der *Habitus* einer Person durch die spezifische gesellschaftliche Position geprägt ist, die Angehörige einer sozialen Gruppe innerhalb einer Sozialstruktur einnehmen.[4] Als „Wahrnehmungs-, Denk- und Handlungsschemata" eines Menschen, kommen in ihm sämtliche inkorporierten, früheren sozialen Erfahrungen zum Ausdruck (Bourdieu 1974 [1970], S. 153, 1987 [1980], S. 101). Damit ist der Habitus die theoretisch-konzeptionelle Antwort auf das Problem der Praxistheorie, das, wie in Abschn. 2.2.3 dargestellt, im dialektischen Verhältnis von objektiven Strukturen und strukturierten Dispositionen, von Interiorität und Exteriorität besteht (Bourdieu 2009 [1972], S. 147). Mit anderen Worten: Der Habitus ist der Vermittler zwischen der Subjekt-Ebene (Dispositionen) und der gesellschaftlichen Möglichkeiten (Struktur-Ebene) (Lenger et al. 2013b, S. 14). Er fungiert – so lässt sich Bourdieus Kerngedanke zusammenfassen – als Träger

---

[3]Für eine umfassende Einführung in das Habituskonzept von Bourdieu vgl. stellvertretend Schwingel (1995); Krais und Gebauer (2002); Rehbein (2006b) sowie Lenger et al. (2013b).
[4]Zu Ähnlichkeiten sowie der Abgrenzung des soziologischen Habitusbegriffs gegenüber der Persönlichkeitspsychologie siehe Kaiser und Schneickert (2016).

gesellschaftlicher Strukturen (Bourdieu 1974 [1970], 1982 [1979], 1987 [1980]). Das Habituskonzept erlaubt es Bourdieu damit auch die Frage zu beantworten, wie es möglich sein kann, dass Menschen in der alltäglichen Handlungspraxis, also auch in der Wissenschaft, konstant und regelmäßig handeln, auch wenn sie keiner formalen Regel folgen und nicht über vollständige Informationen verfügen (Bourdieu 1992 [1987], S. 86).

Wichtig ist, dass Bourdieu dem Habitus dabei eine prägende Kraft für zukünftige soziale Handlungen zuschreibt. Es ist diese leiblich-körperliche Existenz, der Habitus, dem eine strukturelle Dominanz für das soziale Leben zukommt. Der Habitus prägt die relevanten Eigenschaften des*der Handelnden: „Über den Habitus regiert die Struktur, die ihn erzeugt hat, die Praxis, und zwar nicht in den Gleisen eines mechanischen Determinismus, sondern über die Einschränkungen und Grenzen, die seinen Erfindungen von vornherein gesetzt sind" (Bourdieu 1987 [1980], S. 102). Menschen sind also in ihrem Handeln durch den Habitus strukturiert und die Annahme persönlicher Handlungsfreiheit lässt sich unter dieser Maßgabe soziologisch zurückweisen. Manfred Russo verdichtet diese Perspektive Bourdieus folgendermaßen:

> Diese körperliche Existenz ist zugleich eine sozial-körperliche Existenz, in der Gewohnheiten verkörpert werden, die sich in den Handlungen praktisch erneut realisieren. In diesem Sinne erzeugt der Habitus auch eine gewisse Prädetermination, die Autonomie und Selbstbestimmung eher ausschließt (Russo 2009, S. 65).

Dieser ‚Mangel' an persönlicher Autonomie bedingt die soziale Bestimmtheit des Akteurs und seiner Handlungen und bildet die Grundlage des praktischen Sinns, der vermittelt über die *illusio* (Glauben) und den *nomos* (Regeln) der Felder die zukünftigen Handlungen von auf sozialen Feldern handelnden Akteuren strukturiert. Die Folge ist, dass Bourdieu die Idee autonomer Subjekte theoretisch-konzeptionell durch die Vorstellung der Autonomie der Felder ersetzt (siehe Abschn. 3.5). Entsprechend wichtig ist für Bourdieus Wissenschaftssoziologie auch der Feldsozialisations- bzw. Professionalisierungsprozess zukünftiger Wissenschaftler*innen (Lenger 2015; Schneickert und Lenger 2016; Lenger et al. 2016). Indem er die Zeit als „Einprägekraft" und „Wirkungsfaktor" auffasst, wird der Habitus als eigenständige soziale Einheit konzipiert (Barlösius 2006, S. 185). Bourdieu verwendet für diesen Prägungsvorgang jedoch nicht den Begriff der Sozialisation, sondern bevorzugt den Begriff der „Habitusformierung" (Bourdieu 1987 [1980], S. 122; Lenger und Schneickert 2009, S. 285). So wie er betont, dass die Entwicklung einer Neigung sich mit geistigen Dingen zu befassen – die scholastische Muße –, soziale Voraussetzungen hat (siehe Abschn. 2.1.1), so geht

3.2 Habitus und Feld: Eine Theorie konflikthafter Differenzierung

er auch davon aus, dass die für ein Feld relevanten kulturellen Praktiken Resultat einer Sozialisation und nicht natürlich-biologisch gegeben sind. Gefragt wird also danach, wie und wann die Mitglieder des wissenschaftlichen Feldes einen „wissenschaftlichen Habitus" (Barlösius 2008, S. 255) ausbilden. Individuelle Präferenzen, wie die Neigung zu mußevollen Tätigkeiten, zu Bildung und dem Konsum von Bildungsgütern, die besonders für den Eintritt in das Wissenschaftsfeld von Bedeutung sind, sind für Bourdieu das Resultat von familiärer und schulischer Erziehung (Bourdieu 1982 [1979], S. 16–17). Dem Habitus liegen auf diese Weise die grundlegenden und einverleibten Erfahrungen der Existenzbedingungen im Kindheitsalter zugrunde (Bourdieu 1987 [1980], S. 101). Auf dieser Annahme beruhen bereits Bourdieus bildungssoziologische und ungleichheitstheoretische Arbeiten zur Reproduktion von Ungleichheit durch das Bildungssystem (Bourdieu und Passeron 1971 [1964]; Bourdieu et al. 1981; zum Überblick Heim et al. 2009). Erst in Bezug auf das Konzept der sozialen Felder betont er auch die Möglichkeit einer späteren Feldsozialisation (Bourdieu 1999 [1992], 2001b sowie als Beispiel für eine empirische Untersuchung dieser Fragestellung Schneickert 2013b). So geht Bourdieu davon aus, dass die Verinnerlichung der *illusio* eines Feldes (siehe Abschn. 3.3) eine Form der späten Sozialisation im Lebenslauf darstellt und gewissermaßen als Entstehung eines feldspezifischen Habitus verstanden werden kann. „Der soziale Akteur tritt also mit einem verkörperten Habitus in ein bestehendes Feld mit dessen Regeln und Kräften ein und entwickelt dort im Laufe der Zeit eine feldspezifische Ausprägung. Dieser feldspezifische Habitus bildet wiederum den Handlungsrahmen im Feld. Über ihn ist festgelegt, inwiefern die Regeln beherrscht werden und inwiefern mit den Regeln selbst gespielt werden kann" (Graf 2015, S. 30). Insbesondere anhand der bildungssoziologischen Befunde lässt sich unseres Erachtens bei Bourdieu eine theoretische Dominanz der Primärsozialisation für die Konzeption des Habitus ableiten. Wenn Bourdieu für das Bildungswesen die habituell determinierten Unterschiede beim Zugang (Bourdieu und Passeron 1971 [1964]), bei der Bewertung (Bourdieu 1982 [1979]) und bei der Nutzung (Bourdieu et al. 1981) von der schulischen bzw. universitären Ausbildung betont, dann muss er implizit die stärker strukturierende Wirkung der Primärsozialisation gegenüber der Feldsozialisation anerkennen (Lenger et al. 2013a; Lenger 2016).

3.2.3 Habitus, Sozialraum und Felder

Für die Theorie konflikthafter Differenzierung bedeutet dies, dass sich die sozialen Prägungen der primären Sozialisation in der Internalisierung der Feldregeln während der sekundären Sozialisation niederschlagen. Dies veranschaulicht Bourdieu, indem er die Spielmetapher zur Beschreibung sozialer Felder verwendet (Bourdieu 1998 [1997], S. 24–26; Bourdieu und Wacquant 2006 [1992], S. 127, 135). Er argumentiert, dass Menschen eben nicht in jeder Situation anders, sondern prinzipiell immer ähnlich handeln, und zwar in einer bestimmten *Art und Weise,* die im Sozialisationsprozess erlernt und durch stetige Wiederholung eingeübt und inkorporiert wurde. Diese eingeprägte Dialektik von „*opus operatum* und *modus operandi,* von objektivierten und einverleibten Ergebnissen der historischen Praxis, von Strukturen und Habitusformen" (Bourdieu 1987 [1980], S. 98–99) entscheidet folglich auch über die Erfolgs- und Gewinnchancen eines jeden Akteurs auf den unterschiedlichen Feldern. Ähnlich einem guten Stürmer im Fußball, dem es gelingt, immer an der richtigen Stelle zu stehen, kann der Habitus als einverleibtes Gespür bzw. als „praktischer Sinn" für das (soziale) Spiel verstanden werden (Bourdieu 1993 [1980], S. 122).

Wenn Bourdieu dem Habitus theoretisch die grundlegenden und einverleibten Erfahrungen der Existenzbedingungen, wie sie bereits im Kindheitsalter eingeprägt werden, zugrunde legt (Bourdieu 1987 [1980], S. 101), dann bedeutet das in der Folge, dass dem Sozialraum eine zentrale Rolle im Hinblick auf die Habitusgenese zukommt. Mit diesem sozialstrukturanalytischen Modell fängt Bourdieu konzeptuell sozial-relationale Ungleichheiten zunächst auf der vertikalen Ebene ein. Damit kommt zum Ausdruck, dass sich gesamtgesellschaftliche Ungleichheitsstrukturen in die individuellen Dispositionen einschreiben. Entscheidend ist nun jedoch, dass Bourdieu das Verhältnis von Feld und Sozialraum niemals abschließend geklärt hat (Lipuma 1993; Rehbein 2006b, S. 110–117; Bohn und Hahn 2007, S. 257–266; Schumacher 2011, S. 136; Lenger et al. 2013a, S. 21). Grundlegend geht er davon aus, dass soziale Felder über die Habitus der Feldteilnehmer*innen mit der Sozialstruktur der Gesellschaft verbunden sind: „Gegenstand seiner Soziologie war die Strukturierung des Habitus durch das Feld und seine Rückwirkung auf das Feld aus einer bestimmten Position heraus. Anders gesagt, Strukturen und Kräfte des Feldes stehen der Trägheit und den Eigenschaften des Habitus gegenüber" (Rehbein 2006a, S. 111).

Bourdieu versucht mit dem Feldkonzept die Ausdifferenzierung moderner Gesellschaften in sein ungleichheitstheoretisches Modell des Sozialraums einzubauen, obgleich ihm dies nie systematisch und stringent gelungen ist. Er betont, dass die Theorie der Felder auf der Feststellung beruht, „dass in der sozialen Welt ein fortschreitender Differenzierungsprozess stattfindet" (Bourdieu 1998 [1997], S. 148). Demnach verfügt jedes soziale Feld, d. h. jeder gesellschaftliche Bereich wie Wirtschaft, Politik, Wissenschaft, aber auch Religion oder Kunst, über eine spezifische Praxislogik (Bourdieu 1998 [1994], S. 19), bestimmte

3.2 Habitus und Feld: Eine Theorie konflikthafter Differenzierung 83

handlungsleitende Interessen und Einsätze (Bourdieu 1993 [1980], S. 107) sowie eigene Regeln (Bourdieu 1975, S. 28), die von den teilnehmenden Akteuren anerkannt werden müssen. Je besser die Spielregeln, die auf einem Feld von Bedeutung sind, von den Akteuren verinnerlicht wurden, desto geschickter können diese sich darin platzieren. Mit Bourdieu muss nun angenommen werden, dass diese Verinnerlichung von den habituellen Strukturen abhängt, die die Akteure in der primären Sozialisation erworben haben. Bourdieu hat aber weder Felder und Subfelder systematisch unterschieden und voneinander abgegrenzt, noch das Verhältnis von Habitus zum Feld systematisch erarbeitet. Dementsprechend blieb auch das Verhältnis von sozialem Raum, Feldern und Habitus theoretisch und empirisch unscharf (Lenger et al. 2013b, S. 32; Müller 2014a, S. 74; Schneickert und Schumacher 2014, S. 44).

Dennoch ist der Versuch, die Ausdifferenzierung moderner Gesellschaften mit sozialer Ungleichheit zu verbinden, vielversprechend und aktuell (vgl. exemplarisch Schwinn 2007, 2008; Bühlmann et al. 2012; Schneickert 2015a; Hamann et al. 2017a). Gerade die Rückbindung an das Habituskonzept bietet die Möglichkeit, soziale Strukturen zu analysieren, ohne das Handeln von Akteuren in der Praxis aus dem Auge zu verlieren. Die Feldkonzeption von Bourdieu ist somit gleichermaßen kompatibel mit Theorien akteurszentrierter Differenzierung im Anschluss an Parsons und an Akteur-Netzwerk-Theorien (Latour 2014 [2005]; Schimank 1995b; Schimank und Volkmann 2008, S. 384; Krause 2017, S. 3) sowie mit der Differenzierungsthese von Luhmann (Krais und Gebauer 2002, S. 55; Kneer 2004; Bohn 2005; Rehbein 2006a, S. 108; Bohn und Hahn 2007, S. 261; Schumacher 2011, S. 127, 169). Indem Felder die Gesellschaft nicht repräsentieren, sondern stets in einer Verbindung mit dem Sozialraum stehen, ziehen sie Gesellschaft immer insofern mit ein, als die vertikalen Ungleichheiten und Statuskämpfe in ihnen eine zentrale Rolle spielen. In diesem Sinne ist nicht die kommunikative Inklusion innerhalb einer funktional differenzierten Gesellschaft, sondern die Einbettung von Akteuren in relationale, sozialstrukturelle und durch Ungleichheit strukturierte Netzwerke für eine solche Theorie konflikthafter Differenzierung entscheidend (Lenger et al. 2013b, S. 32).

Der Zusammenhang von Habitus und Feld wird der Idee der Ausdifferenzierung von Gesellschaften gerecht, ohne die Strukturierungskraft sozialer Kämpfe und Ungleichheiten zu vernachlässigen oder gar zu negieren. In diesem Sinne stellt die Habitus-Feld-Theorie eine allgemeine Theorie sozialer Ungleichheit dar, die in sehr unterschiedlichen Disziplinen, analytischen Ebenen und in der Untersuchung sozialer Phänomene Anwendung finden kann und Erklärungskraft besitzt. Durch seine praxeologische Ausrichtung liefert sie gleichermaßen theoretische Begründungszusammenhänge sowie eine überprüfbare empirische

Methodik (Lenger et al. 2013b, S. 33), die von Bourdieu in mehreren Arbeiten erfolgreich auf das wissenschaftliche Feld übertragen wurde (Bourdieu 1975, 1988 [1984], 1998 [1997]).

3.3 *Illusio* und der Glauben an das Spiel der Wissenschaft

Das wissenschaftliche Feld stellt einen sozialen Praxisbereich dar, dessen feldspezifische Logik in der Suche nach „Wahrheit" und „Erkenntnis" liegt (Bourdieu 1991 [1975], S. 8, 1988 [1984], S. 11; Krais 2008, S. 182; siehe auch Kap. 2 und 4). Die Suche nach Wahrheit findet aber nicht außerhalb der Gesellschaft statt, sondern konstituiert vielmehr ein gesellschaftliches Kräftefeld, in dem Akteure permanent um die Wahrheitsansprüche kämpfen (siehe Abschn. 2.5.2). Gleichzeitig manifestieren sich diese Kämpfe im Wissenschaftsfeld als Kämpfe um Positionen in diesem Feld. Der Logik des wissenschaftlichen Praxismodus folgend ist die Anerkennung einer wissenschaftlichen Position bzw. einer wissenschaftlichen Leistung untrennbar rückgebunden an die Anerkennung der Person, die diese Leistung erbracht hat. „Wissenschaftliche Positionen, methodische Standards und Forschungsergebnisse setzen sich also nicht ‚von selbst' durch, sondern nur insoweit, als die jeweiligen Protagonisten im wissenschaftlichen Feld Anerkennung finden" (Krais 2008, S. 183).

Zur Etablierung einer wissenschaftlichen Aussage sind jedoch weder Fachwissen noch Methodenkenntnisse ausreichend, sondern es bedarf zusätzlich der Fähigkeit, sich in der sozialen Konkurrenz im Feld durchsetzen zu können (Hochschild 1975, S. 60). Zentrale Bedeutung für das Funktionieren des wissenschaftlichen Feldes kommt dabei der *illusio* zu. Damit bezeichnet Bourdieu den kollektiven Glauben an die Regeln, Einsätze und Ziele eines Feldes (Bourdieu 1991 [1975], S. 8, 1998 [1994], S. 152–153; Bourdieu und Wacquant 2006 [1992], S. 128). Sie ist das spezifische Interesse, das den hohen individuellen Einsatz im Feld trägt und stabilisiert.[5] Die *illusio* korrespondiert demnach mit der Vorstellung von „Wissenschaft als Lebensform", womit insbesondere die Verkörperung eines spezifischen Berufsethos bzw. die Inkorporation eines wissenschaftlichen Habitus gemeint ist. In diesem Sinne weist Beate Krais zu Recht darauf hin, dass die Vorstellung, der zufolge die wissenschaftliche Arbeit das ganze

---

[5]Der Begriff *illusio* leitet sich vom lateinischen Wort *ludus* (Spiel) ab (Bourdieu und Wacquant 2006 [1992], S. 128).

3.3 Illusio und der Glauben an das Spiel der Wissenschaft

Leben von Wissenschaftler*innen prägt und strukturiert, konstitutiv für das wissenschaftliche Feld ist (Krais 2008). Bourdieu betont, dass die *illusio* für Feldakteure im Hinblick auf ihre Praxis vorbewusst und nicht explizierbar (Bourdieu und Wacquant 2006 [1992], S. 128) und somit einem reflexiven Bewusstsein nicht zugänglich ist. Damit ist gemeint, dass für Wissenschaftler*innen die sozialen Kämpfe bei der Suche nach Wahrheit und Wissen als solche nicht erkennbar sind und dass sie wirklich daran glauben, dass sich das beste Argument und die leistungsfähigsten Personen durchsetzen werden (siehe Kap. 4). Das betrifft die Erzeugung gesellschaftlicher Wirklichkeiten, deren Grundlage den Akteuren notwendigerweise verborgen bleibt:

> Der Erzeugungsprozess der sozialen Wirklichkeiten geht dem Bewusstsein verloren; was bleibt, ist die *illusio*, ein Wirklichkeitsglaube, der feldspezifische Geltung und Verbindlichkeit beansprucht. Die *illusio*, so könnte man sagen, ist eine Beobachterkategorie. Sie bezeichnet im Feld verhandelte Wirklichkeitsannahmen und Bedeutungsinvestitionen, die dem Spielgeschehen zugrunde liegen, aber als solche nicht bewusst sind, während *croyance* auf der Teilnehmerseite situiert ist und den leibgebundenen automatenhaften Glauben derer bezeichnet, die im Feld engagiert sind (Bohn und Hahn 2007, S. 261).

Es wurde bereits darauf hingewiesen, dass die Felder der symbolischen Produktion nicht den Regeln des Utilitarismus, des ökonomischen und materiellgewinnorientierten Marktes unterliegen, sondern auf die Aneignung vermeintlich uneigennütziger symbolischer Profite ausgerichtet sind (Abschn. 2.1.1). Ohne die historische Genese des wissenschaftlichen Feldes im Einzelnen nachzuzeichnen (vgl. hierzu Bourdieu 1988 [1984]; Stichweh 2013 [1994]), ist für die Praxis der Wissenschaft festzuhalten, dass diese nur als legitim gelten kann, wenn die beteiligten Akteure an der Produktion wahrer, intersubjektiv überprüfbarer und von persönlichen Emotionen und Werthaltungen freien Erkenntnis interessiert sind:

> Wer als Wissenschaftler oder Wissenschaftlerin bestehen will, verpflichtet sich also einer Handlungslogik, die der Produktion wahrer Erkenntnisse und damit allgemein verfügbarer geistiger Güter – und nicht egoistischen Zwecken oder dem persönlichen Prestige – dient. Wer dennoch anfängt, in der wissenschaftlichen Arbeit solchen Zwecken und eigensüchtigen Motiven zu huldigen, hört eben in diesem Moment schon auf, wirklich Wissenschaftler zu sein. Wenn auf dem wissenschaftlichen Feld gekämpft wird – und es wird dort erbittert gekämpft –, dann darf es nur um den Gewinn symbolischer Profite gehen, deren Wert auf ihrem Universalismus und potentiellen Nutzen für die gesamte Gesellschaft beruht (Peter 2007, S. 19).

Diese Vorstellung, die Merton noch als „Ethos der Wissenschaft" gekennzeichnet hat, wird von Bourdieu als die *illusio* des wissenschaftlichen Feldes reformuliert.

Bourdieu sieht etwa in der Norm der Uneigennützigkeit (Merton 1985c [1973], S. 90–99) einen Teilaspekt der *illusio* im wissenschaftlichen Feld:

> Eine Sublimation, die stillschweigend von jedem Neuzugang gefordert wird, und in jener besonderen Form der *illusio* beschlossen liegt, die zur Teilhabe am Feld notwendig gehört, also im Wissenschaftsglauben, einer Art interesselosem Interesse und Interesse an der Interesselosigkeit, das zur Anerkennung des Spiels bewegt, zum Glauben, dass es das wissenschaftliche Spiel, wie man sagt, wert ist, gespielt zu werden, dass es sich lohnt, und gleichzeitig die Gegenstände bestimmt, die des Interesses würdig, bemerkenswert, bedeutend sind, jene also, die den Einsatz lohnen (Bourdieu 1998 [1997], S. 27).

Damit sich Felder durch Konkurrenz strukturieren können, benötigen die konkurrierenden Akteure einen gemeinsamen Wertehorizont. Soziale Felder weisen nun insofern homologe Strukturen auf, als dass sie prinzipiell alle einer eigenständigen *illusio* unterliegen (Rehbein 2006a, S. 108). Eine Analyse des wissenschaftlichen Feldes muss somit die Frage nach wissenschaftlichen Normen und der zugrunde liegenden *illusio* in den Mittelpunkt des Forschungsinteresses rücken. Hierbei stellt der Glaube an die Universalität der Wahrheitssuche, an die Bedeutungslosigkeit sozialer Einflüsse sowie der meritokratische Glaube an die individuelle Zuschreibung wissenschaftlicher Leistung den zentralen Bestandteil der *illusio* des wissenschaftlichen Feldes dar (Bourdieu und Boltanski 1971 [1964]; Bourdieu 1988 [1984]).[6] Dass im wissenschaftlichen Feld auch weiterhin die Vorstellung von der Abwesenheit sozialer Einflüsse dominiert, belegen besonders eindrucksvoll die Professor*innenbefragungen von Zimmermann (2000) und Engler (2001), die Untersuchung von Postdocs von Beaufaÿs (2003) sowie die Befragung von studentischen Mitarbeiter*innen von Schneickert (2013b). Wissenschaftliche Erkenntnis ist den Studien zufolge keine Frage askriptiver Faktoren, wie Geschlecht, soziale Herkunft oder Ethnie, sondern einzig das Ergebnis „harter Arbeit" (Weber 1988 [1919]) in „Einsamkeit und Freiheit" (Schelsky 1971 [1963]). Die Wirkmächtigkeit der wissenschaftlichen *illusio* einer Auswahl ‚der Besten' hat insbesondere Stefanie Engler herausgearbeitet.[7] Es

---

[6]Für Untersuchungen zur *illusio* im wissenschaftlichen Feld vgl. insbesondere die Analysen von Engler (2001), Beaufays (2003) und Lenger (2015, 2016). Erhellend sind darüber hinaus verschiedene Karriereratgeber für Studierende (Wagner 1977) und Nachwuchswissenschaftler*innen (Färber und Riedler 2011; Müller 2014b).

[7]Zur Persistenz homosozial-männlicher Rekrutierungsmuster im wissenschaftlichen Feld vgl. exemplarisch die Arbeiten von Krais (2000b); Zimmermann (2000); Engler (2001); Beaufays (2003); Stegmann (2005); Beaufays et al. (2012). Allgemein zur Reproduktion geschlechtshierarchischer Strukturen sowie zu geschlechtsspezifischen Segregations- und Marginalisierungsprozessen in hoch qualifizierten Professionen vgl. Wetterer (1992, 1995).

gelang ihr darüber hinaus aber auch zu zeigen, dass die Feld*illusio* einer gewissen Modifikation unterliegt (vgl. hierzu auch Lenger 2015; Lenger et al. 2016). So sind sich Professor*innen durchaus darüber bewusst, dass nicht einzig die wissenschaftliche Leistung dafür ausschlaggebend ist, ob eine Person Karriere im akademischen Feld machen bzw. Professor*in werden kann. Gleichermaßen sind beispielsweise die Verankerungen in der wissenschaftlichen Fachgemeinde in Form von Netzwerken und Seilschaften von immenser Bedeutung. Hierbei aber handelt es sich – laut den befragten Professor*innen – ebenfalls um strategische Ressourcen, die jeder Akteur im wissenschaftlichen Feld nach eigener Planung aufbauen und akkumulieren könnte. Da diese Möglichkeit prinzipiell allen Mitgliedern des Feldes offensteht, Netzwerke also im wissenschaftlichen Feld selbst erzeugt werden, gelten sie als ein legitimer Faktor in der Beförderung einer Karriere im wissenschaftlichen Feld (Engler 2001, S. 453).[8]

3.4 Professor*innen im wissenschaftlichen Feld

3.4.1 Disposition, Position, Positionierung: Eine Heuristik sozialer Kämpfe

Um die Kämpfe im wissenschaftlichen Feld analysieren zu können, muss der Zusammenhang zwischen dem Feld als genuin relational-sozialer Struktur zwischen Positionen und der im Feld wirkenden Akteure definiert werden (Schumacher 2011, S. 148). Hierzu unterscheidet Bourdieu drei Elemente:
Felder bestehen demnach aus einem komplexen Abhängigkeitsverhältnis zwischen Dispositionen, Positionen und Positionierungen (vgl. beispielsweise Bourdieu 1988 [1984], S. 90; siehe Abb. 3.1). Die von Professor*innen dispositiv erworbenen expliziten und impliziten Wissensbestände stehen in Abhängigkeit zu ihrer sozialen Position und drücken sich in entsprechenden inhaltlichen Positionierungen aus. Die *Disposition* bezeichnet die habituellen Voraussetzungen, die die Feldakteure mitbringen. Sie sind entscheidend beim Kampf um soziale Positionen im Feld, da sie den Grad der Vertrautheit mit den im Feld geltenden Spielregeln widerspiegeln. Wie bereits im Kontext der Herausbildung einer Neigung

---

[8] Verschiedene Studien belegen, dass bei Berufungen nicht nur meritokratische Prinzipien, sondern auch Faktoren wie soziale Netzwerke, vorangegangene Kooperationsbeziehungen, Alter usw. eine wichtige Rolle spielen (Lang und Neyer 2004; Gross und Jungbauer-Gans 2007; Plümper und Schimmelfennig 2007; Gross et al. 2008; Lutter und Schröder 2016).

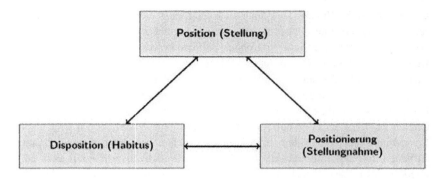

Abb. 3.1 Disposition, Position, Positionierung. (Quelle: Schumacher 2011, S. 148)

zur Muße betont wurde, so sind in diesem Kontext Sozialisation und soziale Herkunft von entscheidender Bedeutung. Wer in einem materiell wohlhabenden sozialen Umfeld aufgewachsen ist, hat eine größere Chance, eine positive Einstellung zur akademischen Welt und wissenschaftlichen Werken zu entwickeln als jemand, der oder die in materiell aufstiegsorientierten sozialen Umwelten aufgewachsen ist. Die Disposition einer Person hängt somit ganz entscheidend von der Stellung im sozialen Raum ab (siehe Abschn. 3.2.3). Ein dem Feld kompatibler Habitus garantiert bessere Chancen im Konkurrenzkampf. Das erfolgreiche Agieren im Wissenschaftsfeld, respektive im akademischen Feld, erfordert daher einen ‚akademischen Habitus' bzw. Habitusdispositionen, die im Einklang zum akademischen Feld stehen. Mit anderen Worten: Um auf einem Feld erfolgreich sein zu können, muss der zugrunde liegende Habitus eine prinzipielle Passung zu den feldspezifischen Strukturen, Regeln und Anforderungen aufweisen. Darüber hinaus bedarf es für das wissenschaftliche Feld eines hohen Maßes an finanzieller Sicherheit, damit die unsicheren Statuspassagen bis zur endgültigen Berufung in den Professor*innenstand bewältigt werden können.[9]

Mit *Positionierung* bezeichnet Bourdieu den wissenschaftlichen Output von Wissenschaftler*innen. Das wissenschaftliche Feld stellt demnach einen Produktionsraum dar, in welchem die wissenschaftlichen Beiträge hierarchisch angeordnet sind. Die Ordnung ergibt sich der Bourdieu'schen Konzeption zufolge aus der Relation bzw. Konkurrenz zu anderen wissenschaftlichen Beiträgen.

---

[9]Das sich am prekären Status von Nachwuchswissenschaftler*innen bis heute nichts geändert hat zeigen eine ganze Reihe jüngerer Untersuchungen (vgl. exemplarisch Lenger 2008; Kreckel 2016; Reuter et al. 2016).

3.4 Professor*innen im wissenschaftlichen Feld

Wissenschaftliche Werke können nur eine Referenz erhalten, wenn sie in relativen Bezug zu anderen wissenschaftlichen Beiträgen und Diskursen gesetzt werden können und an bereits bestehende Arbeiten anschließen. Entscheidend ist, dass den wissenschaftlichen Arbeiten, insbesondere Promotions- und Habilitationsschriften, ein distinktiver Wert zukommen muss, der als Alleinstellungsmerkmal fungiert und entsprechend als spezifische Positionierung wahrgenommen werden kann.[10] Die Zitation bereits etablierter Werke ist sowohl eine Strategie der Abgrenzung wie auch der Einschreibung in den wissenschaftlichen Diskurs. Allgemein lässt sich dieser Sachverhalt mit Bourdieu folgendermaßen zusammenfassen:

> Es gibt kein anderes Kriterium für die Existenz eines Intellektuellen, eines Künstlers, als seine Fähigkeit, sich als Vertreter einer Position im Feld anerkennen zu lassen, einer Position, der gegenüber sich die anderen zu positionieren, zu definieren haben [...]. Konkret heißt das, dass das Auftreten eines Künstlers, einer Schule, einer Partei oder einer Bewegung im Sinne einer für das – künstlerische, politische oder sonstige – Feld konstitutiven Position sozusagen daran erweist, dass eine Existenz für die Inhaber der anderen Positionen sozusagen ‚Probleme aufwirft', dass die von ihm vertretenen Thesen zu einem Objekt von Auseinandersetzungen werden, dass sie ein Glied der großen Gegensätze liefern, um die jene Auseinandersetzung organisiert ist und die herangezogen werden, um die Auseinandersetzung zu denken (Bourdieu 1993 [1980], S. 205–206).

Die wissenschaftliche Positionierung steht insofern in einem unmittelbaren Zusammenhang zur Disposition des*der Wissenschaftler*in, als dass sein*ihr Habitus die Grundlage der Gegenstands-, Theorie- und Methodenwahl wie der ästhetischen Wahrnehmung überhaupt bildet (Schumacher 2011, S. 154; siehe Kap. 2).[11] Dabei rekonstruiert Bourdieu eine Homologie zwischen den Dispositionen und den wissenschaftlichen Positionierungen. Die sozialen Möglichkeiten zur Produktion von wissenschaftlichen Werken und die inhaltliche Produktion stellen für Bourdieu die beiden Elemente dar, die die Position auf dem wissenschaftlichen Feld bestimmen (Bourdieu 1999 [1992], S. 365). Die wissenschaftliche Positionierung stellt somit den Einsatz im Konkurrenzkampf um Reputation im Wissenschaftsbetrieb dar. Positionierungen sind dann aber nicht mehr einfach

---

[10]Dies gilt umso mehr, je häufiger Wissenschaftler*innen kumulativ promovieren und habilitieren, und gleichzeitig kein Zwang mehr zur Einzel-Autorenschaft besteht.

[11]Die Zugehörigkeit und habituelle Passung zur Zunft der Professor*innen wird darüber hinaus im Erscheinungsbild und Dresscode ausgedrückt, was an dieser Stelle jedoch nicht weiter untersucht werden kann (vgl. hierfür Stegmann 2005; Färber und Rieder 2011, S. 166–175).

„spontane Eingebungen künstlerischer [oder wissenschaftlicher; Anmerkung der Verfasser] Genies, sondern strategische und reflektierte Elemente eines Schlachtplanes gegen die künstlerische [oder wissenschaftliche; Anmerkung der Verfasser] Konkurrenz" (Schumacher 2011, S. 154). Der Rückgriff auf bestimmte Themen, Forschungsgebiete oder Methoden entspringt demnach einem Reflexions- bzw. Kategorisierungsprozess über die jeweilige Wertigkeit bestimmter Maßnahmen auf dem wissenschaftlichen Feld.

Bourdieus Wissenschaftssoziologie berücksichtigt durch den Rückgriff auf die Habitus-Feld-Theorie die drei beschriebenen Ebenen gleichermaßen und ist damit bis heute einzigartig in der Wissenschaftsforschung: Die Ebene der habituellen Disposition ist geprägt durch das soziale Umfeld in der Primär- und Sekundärsozialisation, die Ebene der Positionierung im wissenschaftlichen Feld ist geprägt durch die Initiationsriten und Sozialisation ins Feld und die Ebene der gegenwärtigen Position im Feld durch den biografischen Werdegang und die zur Verfügung stehende feldspezifische Kapitalmenge. Damit wendet sich eine Feldanalyse im Anschluss an Bourdieu sowohl gegen eine rein wissenstheoretische Betrachtungsweise wissenschaftlicher Inhalte wie auch gegen eine rein soziale Betrachtungsweise wissenschaftlicher Organisationsformen als unmittelbares Resultat sozialer Lebensbedingungen. Es entbehrt Bourdieu zufolge jedweder Plausibilität entweder die wissenschaftlichen Werke oder die Wissenschaftler*innen selbst als alleinige Ausgangspunkte für eine Feldanalyse der Wissenschaft zu setzten. Vielmehr geben allein die relationalen Verhältnisse, die sich zwischen Position, Disposition und Positionierung ergeben, Aufschluss über die Funktionsmechanismen der Praxis im Wissenschaftsfeld. Auf diese Weise wird die Struktur des Feldes nicht nur als Relationengefüge zwischen Positionen im Feld sichtbar. Die Art und Weise, wie die Habitus der Wissenschaftler*innen, die feldspezifischen Kapitalsorten und die Stellungnahmen und Kämpfe zusammengehen, verraten Wesentliches darüber, wie die Wissenschaft strukturiert ist und wie sie operiert.

3.4.2 Feldspezifisches Kapital: Ämter und Prestige

Bourdieu sieht in der historischen Ausdifferenzierung feldspezifischer Kapitalsorten ein zentrales Strukturierungsprinzip der Praxis im wissenschaftlichen Feld (Bourdieu 1988 [1984], S. 88–89, 106, 1991 [1975], S. 7, 9). Das bedeutet, dass die konflikthafte wissenschaftliche Praxis durch das Bestreben nach Akkumulation derjenigen Dinge strukturiert ist, die im wissenschaftlichen Feld – und nur dort – eine Wertigkeit besitzen (Beaufaÿs 2003, S. 53). Die Frage, welches die feldspezifischen Kapitalien sind, ist somit für die Analyse des wissenschaftlichen Feldes von immenser Bedeutung. An diesem Punkt verbindet Bourdieu die

3.4 Professor*innen im wissenschaftlichen Feld

zentralen Befunde der Wissenschaftssoziologie, die gezeigt hat, dass für eine akademische Karriere Mitglieder der Universität auf zwei Ebenen agieren müssen: der Ebene spezialisierten Wissens, auf welcher sie Anerkennung bei ihren Wissenschaftsgemeinschaften gewinnen müssen (Hagström 1965; Kuhn 2007 [1962]) sowie auf der Ebene institutioneller Macht, in der sie um Macht und Einfluss in der universitären Organisationen konkurrieren (Clark 1986, 1998; Meier 2009).

Diese zwei Ebenen operationalisiert Bourdieu in seiner Feldtheorie indem er zwei Formen wissenschaftlichen Kapitals unterscheidet (Bourdieu 1975, 1988 [1984], 1991 [1975], 1998 [1997]). Zum einen das „institutionelle wissenschaftliche Kapital" *(capital of social authority)*, das seinen Inhaber*innen „Macht über Produktionsmittel (Verträge, Gelder, Posten usw.) und Reproduktionsmittel (die Macht, über Karrieren zu entscheiden oder Karrieren zu ‚machen')" (Bourdieu 1998 [1997], S. 31) verleiht und an hohe Positionen bzw. Ämter in wissenschaftlichen Institutionen geknüpft ist. Zum anderen das so genannte „reine wissenschaftliche Kapital" *(capital of strictly scientific authority)* (Bourdieu 1991 [1975], S. 7, 1998 [1997], S. 31), das „auf dem wissenschaftlichen Renommee beruht" (Bourdieu und Wacquant 2006 [1992], S. 107) und das aufgrund wichtiger persönlicher Beiträge im Feld der Wissenschaft an das persönliche wissenschaftliche Prestige einer Person gebunden ist sowie dieser Person eine Deutungsmacht hinsichtlich wissenschaftlicher Inhalte verleiht. Als Indikator für das reine wissenschaftliche Kapital schlägt Bourdieu verschiedene „Zeichen der Anerkennung und Weihe" (Bourdieu 1998 [1997], S. 23) wie Nobelpreise oder Mitgliedschaften in wissenschaftlichen Vereinigungen etc. vor (Bourdieu 1988 [1984], S. 132–158).

Das wissenschaftliche Feld strukturiert sich Bourdieu zufolge durch institutionelle Macht und persönliches Prestige auf der Basis von Leistung (Bourdieu 1988 [1984], S. 142, 1998 [1997], S. 31). Ganz allgemein stellen beide Formen wissenschaftlichen Kapitals eine besondere Art „symbolischen Kapitals" dar, das immer „aus Akten des Erkennens und Anerkennens entsteht" und „auf der Anerkennung (oder dem Kredit) beruht, den die Gesamtheit der gleichgesinnten Wettbewerber innerhalb des wissenschaftlichen Feldes gewährt" (Bourdieu 1998 [1997], S. 23). Aufgrund der Werterzeugung durch die Zuschreibung durch andere Wissenschaftler*innen gestaltet es sich im akademischen Feld schwierig, etwas von seinem persönlichen Prestige an andere Personen, wie beispielsweise Mitarbeiter*innen, weiterzugeben. Selbst für wissenschaftliche Koryphäen gestaltet sich dieser Übertragungseffekt schwierig und ist allenfalls durch eine langsame und zeitintensive Förderung eines potenziellen Nachfolgers in Form einer dauerhaften Zusammenarbeit möglich (Bourdieu 1998 [1997], S. 33). Das institutionelle Kapital ist hingegen in Form von Ämtern oder Stellen in wissenschaftlichen Organisationen institutionalisiert, basiert also auf der Delegation durch eine Institution und unterliegt damit „den gleichen Übertragungsregeln wie jede andere Sorte bürokratischen Kapitals" (Bourdieu 1998 [1997], S. 33). So kann diese Kapitalsorte beispielsweise durch eine spezifisch zugeschnittene Stellenausschreibung oder durch Festlegung bestimmter Auswahlkriterien in andere Kapitalien umgewandelt werden (Graf 2015).

Bourdieu hat stets darauf hingewiesen, dass beide Kapitalsorten bis zu einem gewissen Grad konvertierbar sind (Bourdieu 1991 [1975], S. 7). So wird aus dem rein wissenschaftlichen Prestige über die Zeit quasi automatisch institutionelles wissenschaftliches Kapital, indem es in soziale Autorität umgewandelt wird, während das institutionelle wissenschaftliche Kapital genuin eine gewisse Menge an wissenschaftlicher Autorität beinhaltet, da ein hoher Positionsstatus im wissenschaftlichen Feld von den Feldmitgliedern immer als Zeichen des wissenschaftlichen Prestiges gedeutet wird. Mit anderen Worten: Wissenschaftler*innen mit qualitativ hochwertigen Publikationen besetzen in der Regel später wichtige Funktionsstellen, während umgekehrt Rektoren, Dekanen etc. Kraft ihres Amtes zugleich eine gewisse intellektuelle Brillanz zugeschrieben wird.

Die herrschende Fraktion im wissenschaftlichen Feld verfügt hierbei über mehr institutionelles Kapital (Positionselite), die Beherrschten über mehr rein wissenschaftliches Kapital. Rein wissenschaftliches Kapital wird durch Reputation infolge von wissenschaftlichen Leistungen (Publikationen etc.) erworben, institutionelles Kapital durch hochschulpolitische Aktivitäten (Mitgliedschaft in Kommissionen etc.), für die vor allem Zeit zur Verfügung gestellt werden muss (Bourdieu 1998 [1997], S. 32). Laut Bourdieu stehen somit den forschenden Professor*innen die politischen bzw. administrativen Professor*innen diametral gegenüber (Bourdieu 1988 [1984], S. 180). Die prinzipielle Unvereinbarkeit des institutionellen und des reinen Wissenschaftskapitals leitet Bourdieu aus der Knappheit der zur Verfügung stehenden Zeit ab, die eine parallele Akkumulation beider Kapitalformen erschwert. Zugleich erkennt Bourdieu aber auch an, dass die Strategien jedes und jeder Wissenschaftler*in im Feld stets beide Seiten umfassen, da neben Erkenntnis auch eine Verbesserung der eigenen Position angestrebt wird (Bourdieu 1998 [1997], S. 36–37).

Insofern muss mit Bourdieu die zur Verfügung stehende Zeit als strukturelle Komponente im Wettbewerb um Feldpositionen verstanden werden (Bourdieu 1988 [1984], S. 158–180). So steht im universitären Feld grundsätzlich die wissenschaftliche Macht (Prestige in Forschung und Lehre) als dominante Form des hochschulspezifischen kulturellen Kapitals in einem konflikthaften Verhältnis zur universitären Macht im Sinne institutioneller Verwaltungsmacht (z. B. in universitären Kommissionen der Personalrekrutierung oder in wissenschaftlichen Gutachter*innen- und Expert*innengremien). Bourdieu argumentiert, dass Zeit für den Erwerb wissenschaftlichen Prestiges oder universitärer und wissenschaftlicher

3.4 Professor*innen im wissenschaftlichen Feld

Macht notwendig sei, dass die Besetzung des Machtpols jedoch weitere, über Forschung und Lehre hinausgehende Zeitopfer verlange (Zimmermann 2000, S. 29–30). Aufgrund der Besonderheit des wissenschaftlichen Feldes, wonach wissenschaftliches Prestige ausschließlich durch die Anerkennung anderer Wissenschaftler*innen generiert wird, gewinnt soziales Kapital im universitären Feld immer mehr an Bedeutung. So müssen beispielsweise Forschungsgelder und Drittmittelprojekte über die Mitgliedschaften in Beiräten und Ausschüssen akquiriert werden (Zimmermann 2000, S. 33). „Der damit steigende Zeitaufwand für die notwendigen Sozialkapitalbeziehungen tritt damit insgesamt stärker in Konkurrenz zur wissenschaftlichen Arbeit, so dass das soziale Kapital zur unabdingbaren Voraussetzung für die Akkumulation und Pflege des eigentlichen wissenschaftlichen Kapitals wird" (Zimmermann 2000, S. 33).

Der Zeitlichkeit kommt somit ein entscheidender Aspekt zu, wenn es um die Möglichkeit geht, Kapitalerträge aus einem Feld in andere Felder zu konvertieren (Müller 1993, S. 267; siehe hierzu auch die korrespondierenden Ausführungen von Bourdieu zur *scholé* in Kap. 2). Denn jegliche Kapitaltransformation setzt einen bestimmten Aufwand voraus, der sich in vielen Fällen im Einsatz von Zeit (z. B. in Form von Ausbildungszeit oder auch von Kontaktzeit zum Aufbau sozialer Beziehungen) äußert. Ganz allgemein gilt für Bourdieus Feldtheorie, dass er davon ausgeht, dass Kapitalbildung und -akkumulation Zeit voraussetzen (Bourdieu 1982 [1979], S. 440). Im wissenschaftlichen Feld ist Zeitlichkeit daher auf mehreren Ebenen von zentraler Bedeutung. Bourdieu hat darauf hingewiesen, dass der akademische Betrieb mit seinen ritualisierten Semesterzeiten und biografischen Alterszwängen der Karriereverläufe einer feldspezifischen Zeitlogik folgt, wie sie in keinem anderen Feld zu finden sind. Man muss in der Regel erst ein bestimmtes Alter erreicht haben, um als Wissenschaftler*in die positive Zuschreibung von Reputation zu erhalten.

Bourdieus Ausführungen liegt die Annahme zugrunde, dass beim Eintritt in das wissenschaftliche Feld die künftigen Professor*innen die Zeitstrukturen und Zeitökonomie des wissenschaftlichen Feldes in einem mimetischen Prozess inkorporieren. Der praktische Glaube an die wissenschaftlichen Zeitnormen ist den Professor*innen in den Leib eingeschrieben. So hat Beate Krais darauf hingewiesen, dass Doktorand*innen, Postdocs und Habilitand*innen sich im Sozialisationsprozess einen Habitus als Wissenschaftler*in aneignen, um glaubhaft vermitteln zu können, dass Wissenschaft als zentraler Lebensinhalt gelebt wird (Lenger et al. 2016; Lenger 2017). „Das heißt nichts anderes, als eine Entwicklung zu durchlaufen, in deren Verlauf sichtbar wird, dass die eigene Person durch und durch von der Wissenschaft geprägt ist" (Krais 2008, S. 197). Sandra Beaufaÿs (2003, S. 127–166) hat diesbezüglich am Beispiel der Fächer Biochemie und Geschichtswissenschaften herausgearbeitet, dass der Umgang mit der Zeit ein zentraler Aspekt ist, an dem Kolleg*innen, Mentor*innen und die scientific community erkennen, mit welcher Ernsthaftigkeit eine Person Wissenschaft betreibt. Ihr zentraler Befund lautet, dass alle Personen unter Druck geraten, die aus privaten Gründen nicht über eine freie Zeiteinteilung verfügen. Beaufaÿs bezieht ihre Überlegungen speziell auf Frauen mit Kinderwunsch, also auf die Brüche zwischen Beruf und Privatleben. Die Überlegungen gelten aber analog in Bezug auf die hierarchischen Positionierungen im wissenschaftlichen Feld. So weist Krais darauf hin, dass die extensive Zeitverwendung im wissenschaftlichen Feld eben nur zum Teil mit sachlichen Zwängen der wissenschaftlichen Arbeit zu begründen ist:

> Festzuhalten ist daher, dass die zeitliche Verfügbarkeit für wissenschaftliche Arbeit letztlich durch Praktiken der Zeitverwendung demonstriert und dargestellt werden muss, die den distinktiven und distinguierenden Eigen-Sinn des Feldes zu bekräftigen vermögen: Sich am Wochenende oder bis zehn Uhr abends im Labor zu zeigen, sich am Freitagabend zu *meetings* zu verabreden und danach noch Geselligkeit und damit wichtige Netzwerke in der Kneipe zu pflegen, dies alles sind in erster Linie symbolische Praktiken, denen sich zu unterwerfen hat, wer dazu gehören möchte (Krais 2008, S. 198).

3.5 Die Konzeption des wissenschaftlichen Feldes

Zur Darstellung der Theorie des wissenschaftlichen Feldes ist es unerlässlich, die Entstehungsgeschichte von Bourdieus Feldtheorie zu berücksichtigen. Dabei ist es unseres Erachtens von eminenter Bedeutung, dass Bourdieu sein Feldkonzept in den 1970er Jahren aus der gleichzeitigen Lektüre von Max Webers Religionssoziologie und der empirischen Analyse des Feldes der Kunst entwickelt und dieses Konzept dann auf andere gesellschaftliche Felder übertragen hat (Bourdieu 1992 [1987], S. 36; vgl. hierzu auch Rehbein 2006a, S. 105; Müller 2014a, S. 183–228).[12] Vor diesem Hintergrund gilt es festzuhalten, dass zwar in allen

---

[12]Wie auch schon beim Habitusbegriff (vgl. Lenger et al. 2013a, S. 15–17) ist der Ursprung des Feldkonzepts weiterhin nicht abschließend geklärt und kann auch an dieser Stelle nicht genauer untersucht werden. Wichtig für unsere Überlegungen ist an dieser Stelle lediglich die Tatsache, dass der Feldbegriff spätestens Anfang der 1980er Jahre einen systematischen Bestandteil der Soziologie Pierre Bourdieus ausmachte. Treffend fasst Rehbein die systematische Verwendung des Feldbegriffs zusammen: „Auch wenn der Begriff in der Folge wiederholt und stets in einer ähnlichen Bedeutung auftauchte, hat ihn Bourdieu erst spät systematisch verwendet und zum unerlässlichen Grundbegriff gemacht. In der ‚Theorie der Praxis' spielt er noch keine wesentliche Rolle, nicht einmal im ‚Sozialen Sinn', auch wenn er dazwischen, in den ‚Feinen Unterschieden', bereits unverzichtbar geworden ist" (Rehbein 2006a, S. 105).

3.5 Die Konzeption des wissenschaftlichen Feldes

Feldern in differenzierten und kapitalistischen Gesellschaften dieselbe Struktur der Wettbewerbslogik wirkt, dass darüber hinaus jedoch die Frage nach den Feldgrenzen sowie der gesellschaftlichen Einbettung der Felder, also ihrem Bezug zu einem Gesellschaftssystem, von Bedeutung ist. Den Gesellschaftsbezug konzipiert Bourdieu durch das Konzept des Feldes der Macht, sodass die Frage nach dem Verhältnis zum Feld der Macht substantiell ist für ein Verständnis der Funktionslogik des jeweiligen Feldes (Müller 2014a, S. 214–218; Gengnagel et al. 2017; Krause 2017).

3.5.1 Die Logik sozialer Felder

Soziale Felder – dies ist der Kerngedanke einer Theorie konflikthafter Differenzierung – zeichnen sich einerseits durch feldinterne, d. h. feldspezifische Gegensätze und Kämpfe sowie andererseits durch ihr Verhältnis zum Feld der Macht aus (Schneickert 2013b, 2015; Lenger und Rhein 2014; Krause 2017; siehe weiterführend auch Kap. 4).[13] In modernen Wissensgesellschaften ist das wissenschaftliche Feld zum Kernbereich der Macht zu zählen, weil in diesem Feld gesellschaftlich relevantes Expert*innenwissen und Legitimationsdiskurse produziert werden. Prototypisch für Feldgegensätze beschreibt Bourdieu den Gegensatz von Orthodoxie und Häresie auf dem religiösen Feld (Bourdieu 1988 [1984], S. 120; Schneickert 2013b, S. 37) sowie den Gegensatz vom autonomen und heteronomen Pol auf dem künstlerischen Feld (Bourdieu 1999 [1992], S. 344; Schumacher 2011, S. 139–144; Schneickert 2013b, S. 38). Diese chiastischen Strukturen repräsentieren die inhärenten Konfliktdynamiken der Felder, die sich laut Bourdieu in allen Feldern und Subfeldern wiederfinden (Schneickert 2013b, S. 38; vgl. auch Müller 1993, S. 245).

---

[13]Für eine umfassende Darstellung von Bourdieus Feldtheorie vgl. dessen Untersuchungen zum wissenschaftlichen Feld (Bourdieu 1988 [1984]), zum künstlerischen Feld (Bourdieu 1999 [1992]), zum religiösen Feld (Bourdieu 2000a) sowie zum Staatsadel (Bourdieu 2004 [1989]). Kompakte Darstellungen liefern der Aufsatz „Über einige Eigenschaften von Feldern" (Bourdieu 1993 [1980], S. 107–114) sowie der Abschnitt „Die Logik der Felder" aus dem Band „Reflexive Anthropologie" (Bourdieu und Wacquant 2006 [1992], S. 124–147). Für sekundäre Quellen zu Bourdieus Feldtheorie vgl. insbesondere die Darstellungen von Schumacher (2011, S. 119–194) zum Feld der Kunst und Schneickert (2015) zum Feld der Macht. Kurze, allgemeinere Überblicke bieten Müller (1993, 2014a); Rehbein (2006b); Bohn und Hahn (2007).

> Diejenigen, die bei gegebenen Kräfteverhältnissen das spezifische Kapital – Grundlage der Macht oder der für ein Feld charakteristischen spezifischen Autorität – (mehr oder weniger vollständig) monopolisieren, neigen eher zu Erhaltungsstrategien – Strategien, die im Feld der Produktion kultureller Güter tendenziell die *Orthodoxie* vertreten –, die weniger Kapitalkräftigen dagegen (die oft auch die Neuen und damit meist Jüngeren sind) eher zu Umsturzstrategien – Strategien der *Häresie*. Erst die Häresie, die Heterodoxie als kritischer, oft im Zusammenhang mit der Krise auftretender Bruch mit der Doxa bringt die Herrschenden dazu, ihr Schweigen zu brechen und jenen Diskurs zur Verteidigung der Orthodoxie, des rechten Denkens im doppelten Sinne, zu produzieren, mit dem ein neues Äquivalent zur schweigenden Zustimmung der Doxa geschaffen werden soll (Bourdieu 1993 [1980], S. 109; Hervorhebungen im Original).

Felder lassen sich somit als Handlungsarenen begreifen, die ihre Struktur durch die konkurrierenden Positionen der beteiligten Individuen erhalten (Bourdieu 1993 [1980], S. 107, 1992, S. 93). „Der Fokus des Feldkonzepts liegt aber eben damit nicht auf den Individuen, sondern auf den objektiven Relationen selbst, also dem Kräfteverhältnis im Feld. Individuen treten nur als wissenschaftlich konstruierte, im Feld handelnde Akteure in den Blick." (Graf 2015, S. 29) Felder sind also deshalb die theoretische Umsetzung des Diktums relationalen Denkens, weil sie die konflikthaften Strukturen der beteiligten Akteure in differenzierten Gesellschaften abbilden und nicht einfach nur individuelle oder Klassen-Positionen abbilden. Individuen stellen dabei vor dem Hintergrund der Feldtheorie handelnde Akteure dar, „die Eigenschaften besitzen, die erforderlich sind, um im Feld Wirkungen zu entfalten, Effekte zu produzieren" (Bourdieu und Wacquant 2006 [1992], S. 139; Bourdieu 1991 [1975], S. 13). Die Position auf einem Feld ergibt sich somit ausschließlich aus der Relation beziehungsweise Abgrenzung zu anderen Positionen:

> Jede Position ist durch ihre objektive Beziehung zu anderen Positionen oder, anders gesagt, durch das System relevanter, das heißt effizienter Eigenschaften objektiv festgelegt: jener Eigenschaften, die die Situierung im Verhältnis zu allen anderen Positionen innerhalb der Struktur der globalen Verteilung der Eigenschaften ermöglichen (Bourdieu 1999 [1992], S. 365).

Eine solches Konzept ermöglicht es, „Analogien nicht nur zu postulieren, sondern Homologien zwischen verschiedenen Strukturen im Einzelnen konkret nachzuweisen" (Müller 1993, S. 245). Bourdieus Feldkonzept stellt somit ein theoretisches Instrument zur Analyse von gesellschaftlichen Macht- und Positionskämpfen in verschiedenen gesellschaftlichen Teilbereichen dar. Aus der Struktur des Feldes – so das Argument von Bourdieu – lassen sich die gegenwärtigen

3.5 Die Konzeption des wissenschaftlichen Feldes

Machtverhältnisse herauslesen. Der analytische Mehrwert liegt darin begründet, dass auch die Feldstrukturen als dynamisch und somit veränderbar gefasst werden.

> Die Struktur des Feldes gibt den Stand der Machtverhältnisse zwischen den am Kampf beteiligten Akteuren oder Institutionen wieder bzw., wenn man so will, den Stand der Verteilung des spezifischen Kapitals, das im Verlauf früherer Kämpfe akkumuliert wurde und den Verlauf späterer Kämpfe bestimmt. Diese Struktur, die der Ursprung der auf ihre Veränderung abzielenden Strategien ist, steht selber ständig auf dem Spiel: Das Objekt der Kämpfe, die im Feld stattfinden, ist das Monopol auf die für das betreffende Feld charakteristische legitime Gewalt (oder spezifische Autorität), das heißt letzten Endes der Erhalt bzw. die Umwälzung der Verteilungsstruktur des spezifischen Kapitals (Bourdieu 1993 [1980], S. 108).

In diesem Sinne ist Bourdieu explizit als Konflikttheoretiker zu verstehen, da er betont, dass die konflikthafte Praxis der Feldakteure aus der jeweiligen Feld*struktur* resultiert und auf ihre Gestaltung abstellt. Strukturen sind hier also nicht nur das Ergebnis von Positionen und Machtverhältnissen – und repräsentieren insofern mehr oder weniger funktional-stabile soziale Zustände – sondern sie sind selbst das Objekt und das Resultat von sozialen Kämpfen. Denn nur innerhalb von Strukturen ist die stabile Reproduktion von Machtpositionen möglich. Aus diesem Grund stehen sie selbst immer auf dem Spiel. Insofern lässt sich das Feld, in Analogie zum Sportspiel, als Spielfeld mit eigenen Spielregeln beschreiben (Bourdieu und Wacquant 2006 [1992], S. 127–129, 135; vgl. auch Rehbein 2006a, S. 105–110; Schumacher 2011, S. 120–123). Gespielt wird dabei nicht nur um feldinterne Positionen auf der Handlungsebene, sondern gleichermaßen um das Monopol auf die legitime Gewalt auf der Strukturebene. Das bedeutet, dass die Regeln des Spiels ihrerseits zur Disposition stehen (Bourdieu 2006a [1992], S. 129). Entsprechend versuchen Akteure ihre Position zu sichern, indem sie potentielle Konkurrent*innen durch Beeinflussung der Spielregeln bzw. Neudefinition der Feldgrenzen vom Feld ausschließen (Bourdieu 1991 [1975], S. 14, 1993 [1980], S. 107; Bourdieu und Wacquant 2006 [1992], S. 53, 130, 132). Die Regeln eines Feldes sind somit nicht starr, sondern werden selbst zum Gegenstand strategischer Kämpfe (Bourdieu 1988 [1984], S. 191, 2006a [1992], S. 127–135). Zentrale Bedeutung in diesem Ausschließungsprozess kommt dabei dem kollektiven Glauben an das Spiel bzw. die kollektive Anerkennung der Spielregeln zu (siehe Abschn. 3.3). So existiert trotz aller Konflikte auf einem Feld ein gemeinsames Interesse der Feldmitglieder an der Existenz des Feldes: „Wer sich am Kampf beteiligt, trägt zur Reproduktion des Spiels bei, indem er dazu beiträgt, den Glauben an den Wert dessen, was in diesem Feld auf dem Spiel steht, je nach Feld mehr oder weniger vollständig zu reproduzieren" (Bourdieu 1993 [1980], S. 109). Insgesamt bleibt festzuhalten, dass die Praxis in einem Feld Bourdieu zufolge in drei miteinander zusammenhängenden Bereichen analysiert werden muss:

> Erstens muss man die Position des Feldes im Verhältnis zum Feld der Macht analysieren. [...] Zweitens muss man die objektive Struktur der Relationen zwischen den Positionen der in diesem Feld miteinander konkurrierenden Akteure oder Institutionen ermitteln. Drittens muss man die Habitus der Akteure analysieren, die Dispositionssysteme, die sie jeweils durch Verinnerlichung eines bestimmten Typs von sozialen und ökonomischen Verhältnissen erworben haben und für deren Aktualisierung ein bestimmter Lebenslauf in dem betreffenden Feld mehr oder weniger günstige Gelegenheiten bietet (Bourdieu und Wacquant 2006 [1992], S. 136; vgl. nahezu identisch auch Bourdieu 1999 [1992], S. 340).

3.5.2 Relative Autonomie und das Feld der Macht

Die oben skizzierte Differenzierungsthese moderner Gesellschaften begründet für Bourdieu die Spezifität und relative Autonomie der einzelnen Felder: Jedes Feld – das ist Bourdieus zentraler Punkt – grenzt sich von anderen Feldern durch seine spezifische Praxisordnung und spezifische symbolische Güter ab, um die in gemeinsamer Anerkennung (*illusio*) jeweils im Feld gekämpft wird (vgl. auch Krause 2017). Jedes Feld hat darüber hinaus seine eigenen Regeln oder zugrunde liegende Gesetze (*nomos*), die die Praxis und die Konflikte anleiten. Diese Grundgesetze sind Ausdruck der „Auto-Nomie", also der „Selbstgesetzgebung" des Feldes (Müller 2014a, S. 78). Bourdieu findet prägnante Tautologien für Beschreibung diese *nomoi*, wie beispielsweise „Geschäft ist Geschäft" im wirtschaftlichen Feld oder *l'art pour l'art* im künstlerischen Feld. Für das wissenschaftliche Feld ist das Streben nach wissenschaftlicher Erkenntnis als Regel zugrunde gelegt. Leider hat Bourdieu hierfür keine ähnlich prägnante Formulierung gefunden. Der *nomos* des wissenschaftlichen Feldes kommt am ehesten in seiner tautologischen Beschreibung der wissenschaftlichen Wahrheitsproduktion zum Ausdruck: „[...] truth is the set of representations regarded as true because they are produced according to the rules defining the production of truth" (Bourdieu 2004 [2001], S. 72). Jedoch existiert kein Feld vollkommen autark in der Gesellschaft. So spielt beispielsweise immer auch Geld in der Wissenschaft eine Rolle, wenn es um Gehälter oder Drittmittel geht. Der Grad der Autonomie eines Feldes bemisst sich an der „Brechung" oder dem „Brechungswinkel" der allgemeinen Kräfte des sozialen Raums.

3.5 Die Konzeption des wissenschaftlichen Feldes

Indem Bourdieu die Feldstrukturen an die Verteilung von spezifischen Kapitalien in den Feldern rückbindet, entwirft er ein theoretisches Instrument zur Analyse von gesellschaftlichen Macht- und Positionskämpfen in unterschiedlichen gesellschaftlichen Teilbereichen (vgl. hierzu und zum Folgenden auch Lenger und Rhein 2014). Am Beispiel der Felder kultureller Produktion spezifiziert er:

> Das Ausmaß an Autonomie, das in einem Feld kultureller Produktion jeweils herrscht, zeigt sich an dem Ausmaß, in dem das Prinzip der externen Hierarchisierung hier dem Prinzip interner Hierarchisierung untergeordnet ist: Je größer die Autonomie und je günstiger das symbolische Kräfteverhältnis für den von der Nachfrage unabhängigsten Produzenten ist, desto deutlicher der Schnitt zwischen den beiden Polen des Feldes [...] (Bourdieu 1993 [1980], S. 108).

Diese beiden Pole sind dabei Effekte einer Praxis von jeweils mit autonomen oder heteronomen Interessen agierenden Akteuren im Feld und sie werden entsprechend von Bourdieu als autonomer und weltlicher Pol bezeichnet. Der theoretische Gewinn dieses Konzepts liegt darin begründet, dass das Denken in Feldern automatisch die Beziehungen zwischen den relativen Positionen in den Vordergrund treten lässt, womit eine essentialistische Perspektive der absoluten sozialen Positionen von Subjekten überwunden wird. Neben dem erwähnten Gegensatz zwischen dem autonomen und dem heteronomen Pol auf dem künstlerischen Feld, beschreibt Bourdieu analog dazu den Gegensatz von Orthodoxie und Häresie auf dem religiösen Feld (Bourdieu 1988 [1984], S. 120; Schneickert 2013b, S. 37). Diese Hierarchisierungsprinzipien können nun entweder autonomer/orthodoxer oder heteronomer/häretischer Natur sein – Verlagerungen zur einen oder anderen Seite finden aber aufgrund des Kampfes um die je gültige und vorteilverschaffende Struktur notwendigerweise statt.

Die Feldtheorie als Theorie konflikthafter Differenzierung beschreibt, wie die sozialen Kämpfe in den differenzierten Strukturen der Gesellschaft über gesamtgesellschaftlich relevante Machtpositionen entscheiden. Dies gelingt ihr jedoch nur vollumfänglich, weil sie zugleich auch das Verhältnis der Felder zueinander und zum Gesellschaftssystem in den Blick nimmt. Wie erwähnt geschieht das bei Bourdieu, indem er die Verhältnisse von unterschiedlichen Feldern zum Feld der Macht in den Mittelpunkt rückt. Bourdieu geht von einer Homologiebeziehung der im Machtfeld situierten Felder aus. Diese reproduzieren vermittels ihrer Funktionsweisen als Räume von Unterschieden zwischen Positionen „die Reproduktion des Raums der verschiedenen für das Macht-Feld konstitutiven Positionen" (Bourdieu 1988 [1984], S. 90). Aus dieser Homologiebeziehung erwachsen strukturelle Übereinstimmungen, die für das Verständnis der an den Machtkämpfen beteiligten Akteure von großer Bedeutung sind:

> Dieses strukturelle Verständnis des Feldes der Macht erlaubt die Entdeckung, dass sich jedes der darin befindlichen Felder nach einer Struktur organisiert, die der Struktur des Machtfeldes homolog ist: Die ökonomisch oder weltlich herrschenden und die kulturell beherrschten Positionen befinden sich an einem Pol und die kulturell herrschenden und ökonomisch beherrschten Positionen an dem anderen. Dies gilt etwa für das universitäre Feld, wo die über weltliche Macht Verfügenden (genauer gesagt heißt das, dass sie die Reproduktionsinstrumente kontrollieren), die häufig eine geringere intellektuelle Reputation genießen, den Haltern eines anerkannten symbolischen Kapitals entgegenstehen, die oft überhaupt keinen institutionellen Einfluss haben (Bourdieu 2004 [1989], S. 326–327).

Das bedeutet, dass beispielsweise Professor*innen, als Personen mit der ranghöchsten Position im wissenschaftlichen Feld, gesamtgesellschaftlich in Konkurrenz etwa zu Unternehmer*innen stehen (Bourdieu 1988 [1984], S. 48) und gleichzeitig auch in Konkurrenz zu Schriftsteller*innen und Künstler*innen treten (Bourdieu 1988 [1984], S. 82).

Damit macht Bourdieu aber zugleich darauf aufmerksam, dass über die gesellschaftlichen Wertigkeiten feldspezifischer Kapitalien – beispielsweise Reputation im wissenschaftlichen Feld, und somit auch über soziale Statuspositionen, in einem übergeordneten Raum, dem Feld der Macht, entschieden wird. Mit anderen Worten: „Bourdieu führt das ‚Feld der Macht' als ein Schlüsselkonzept ein, um Feldeffekte und -strukturen erfassen zu können, die sich nicht auf je feldinterne Mechanismen zurückführen lassen." (Gengnagel et al. 2017, S. 394) Das Feld der Macht ist ein Feld von Kräften, dessen Form das Resultat der Kämpfe um die Wertigkeit verschiedener Kapitalformen ist (Bourdieu 2004 [1989], S. 321): „Im Gegensatz zur Eigenlogik anderer Felder (z. B. Politik, Wirtschaft, Religion oder Kunst) geht es auf dem Machtfeld darum, das relative Gewicht von Macht zu bewerten." (Schneickert 2015a, S. 54) Macht ist bei Bourdieu prinzipiell als eine *symbolische Macht* konzipiert (Bittlingmayer und Bauer 2009). Er knüpft damit gleichermaßen an Max Webers Herrschaftssoziologie an wie auch an Karl Marx' Vorstellung, wonach soziale Herrschaft und Machtbeziehungen stets eine „Komplizenschaft der Beherrschten gegenüber den Herrschenden" (Bittlingmayer und Bauer 2009, S. 118–119) beinhalten. Es ist wiederum Bourdieus einzigartige Leistung, dass er Macht an die Handlungen sozialer Akteure zurückbindet, zeitgleich aber ein strukturalistisches Verständnis von Macht als einer die Handlungen von sozialen Akteuren prägende Struktur formuliert. Für das Machtfeld bedeutet das, dass die auf den verschiedenen Feldern akkumulierbaren und umkämpften Kapitalsorten über soziale Konflikte entscheiden, da sie den Kapitalmächtigen gesellschaftlich privilegierte Positionen ermöglichen und die anderen – durch Beeinflussung von Feldstrukturen – davon ausschließen. Bourdieu formuliert diesen Gedanken wie folgt:

3.5 Die Konzeption des wissenschaftlichen Feldes

> Das Feld der Macht ist ein Feld von Kräften, dessen Struktur durch den Zustand des Kräfteverhältnisses zwischen Machtformen oder verschiedenen Kapitalsorten definiert wird. Es ist untrennbar auch ein Feld von Machtkämpfen zwischen den Haltern unterschiedlicher Arten von Macht, ein Spielraum, in dem die Akteure oder die Institutionen, die über ausreichendes spezifisches Kapital verfügen (hauptsächlich ökonomisches oder kulturelles), um herrschende Positionen in ihren jeweiligen Feldern einzunehmen, hinsichtlich der Strategien miteinander konkurrieren, dieses Machtverhältnis zu erhalten oder zu verändern [...]. Die verschiedenen Kapitalsorten sind spezifische Machtformen, die sich in den unterschiedlichen Feldern (von Kräften und Kämpfen) auswirken, die aus dem Prozess der Differenzierung und Autonomisierung hervorgegangen sind. Innerhalb dieser verschiedenen Spielräume entstehen und realisieren sich verschiedene Kapitalsorten, die als jeweils charakteristische Trümpfe und zugleich Einsätze fungieren. Diese unterschiedlichen Währungen sind ihrerseits Einsätze in den Kämpfen, in denen es nicht mehr um die Akkumulierung oder selbst die Monopolisierung einer besonderen Form von Kapital (oder von Macht) geht, ökonomischem, religiösem, künstlerischem etc. Kapital, wie bei den Kämpfen innerhalb der einzelnen Felder, sondern darum, den Wert und die relative Stärke unterschiedlicher Formen von Macht festzulegen, die sich in den verschiedenen Felder auswirken kann oder, wenn man will, um die Macht über die unterschiedlichen Formen der Macht oder um das Kapital, das eine Macht über das Kapital verleiht (Bourdieu 2004 [1989], S. 321–322).

Das Feld der Macht darf dabei keinesfalls mit dem politischen Feld oder dem Staat verwechselt werden (Bourdieu 1998 [1989], S. 51; vgl. auch Schneickert 2015b), sondern stellt vielmehr einen „den differenzierungstheoretisch konstruierten Feldern übergeordneten Integrationsrahmen" (Schneickert 2015a, S. 54) bzw. „eine Art Metastatus" (Müller 2014a, S. 81) in Bourdieus Feldtheorie dar. Treffend fassen diesen Gedanken Gengnagel et al. zusammen: „Das Feld der Macht wird dann als derjenige Ort gedacht, an dem um diese Kräfteverhältnisse, um den Anspruch auf symbolische Macht verschiedener Feldlogiken sowie um die Festsetzung bzw. Erhaltung oder Verschiebung geltender Tauschverhältnisse und Wechselkurse zwischen jeweils feldspezifischen Kapitalien gerungen wird." (Gengnagel et al. 2017, S. 394)

3.5.3 Drei Hierarchisierungsprinzipien

Im Folgenden werden die spezifischen Strukturen des wissenschaftlichen Feldes beschrieben. Wir haben weiter oben darauf hingewiesen, dass Bourdieu seine Überlegungen zum Feld der Kunst (Bourdieu 1999 [1992]) auf das wissenschaftliche Feld übertragen hat. Eine unmittelbare Übertragung aber ist schwierig und konnte nur gelingen, so unsere Auffassung, weil Bourdieu die zentrale Differenz des wissenschaftlichen Feldes (Natur- vs. Geisteswissenschaften) in das Schema des künstlerischen Feldes einpasste.[14] Entsprechend unterscheiden sich auch die Strukturen und Hierarchisierungsprinzipien des künstlerischen und des wissenschaftlichen Feldes. Das wissenschaftliche Feld weist drei sich überlagernde Hierarchisierungsprinzipien auf. So verortet Bourdieu das wissenschaftliche Feld als ein Feld der kulturellen Produktion aus gesamtgesellschaftlicher Perspektive zwar im Feld der Macht, dort aber im beherrschten Pol.[15] Das wissenschaftliche Feld unterteilt sich weiter in ein universitäres und ein außeruniversitäres Feld. Die Grundstruktur des universitären oder akademischen Feldes wiederum ergibt sich aus den relationalen Positionen der Fakultäten zueinander. So ist jede Fachdisziplin durch ihre grundlegende Position im „Raum der Fakultäten" (Bourdieu 1988 [1984], S. 114) auf der durch den autonomen und heteronomen Pol definierten Achse geprägt (Bourdieu 1991 [1975], S. 15, Fn. 3). Schließlich ist laut Bourdieu auch innerhalb der Fakultäten eine Konkurrenz zwischen Akteuren mit weltlichem und mit symbolischem Kapital zu beobachten. Das grundlegende Funktionsgesetz in allen gesellschaftlichen Feldern ist die Differenz. „Es gibt Herrschende und Beherrschte, Kapitalbesitzer, Mächte, Herrschaftsverhältnisse und Herrschaftseffekte, Herrschende, die die Beherrschten unterdrücken usw." (Bourdieu und Nouchi 1998 [1997], S. 76–77) Entsprechend rücken die Positions- und Positionierungskämpfe der beteiligten Akteure in den Mittelpunkt von Bourdieus wissenschaftssoziologischem Forschungsprogramm (Bourdieu 1991 [1975]). Der auf dem Machtfeld konstitutive Gegensatz zwischen autonomem und heteronomem Prinzip wiederholt sich somit auf der Ebene der Fakultäten sowie auf der Ebene der einzelnen Disziplinen (Bourdieu 1988 [1984], S. 82, 114, 117). Diesen Effekt formuliert Bourdieu folgendermaßen:

---

[14]So ist bei genauer Betrachtung seiner Schriften (insbesondere Bourdieu 1998 [1997]) zu erkennen, dass er die Differenz der Subfelder der eingeschränkten Produktion und der Massenproduktion wieder aufgreift und implizit mit den Naturwissenschaften bzw. mit der reinen Grundlagenwissenschaft (Subfeld der eingeschränkten Produktion) und den Geisteswissenschaften bzw. der angewandten Forschung (Subfeld der Massenproduktion) gleichsetzt.

[15]Hierbei handelt es sich um eine Verortung, die im Großen und Ganzen auch heute noch ihre Gültigkeit besitzt. Für empirische Befunde zur sozialen Ungleichheit im akademischen Feld auf verschiedenen Qualifikationsstufen vgl. exemplarisch Lenger (2008, 2009); Schneickert und Lenger (2010, 2016); Möller (2013, 2015); Schneickert (2013b); Jakstat (2014); Graf (2015).

3.5 Die Konzeption des wissenschaftlichen Feldes

Das universitäre Feld reproduziert in seiner Struktur das Macht-Feld und trägt zugleich vermittels der ihm eigenen Auslese und Wissensvermittlung zur Reproduktion von dessen Struktur bei (Bourdieu 1988 [1984], S. 90).

Autonomie und Hierarchisierung des wissenschaftlichen Feldes
Felder konstituieren sich wie beschrieben durch eine Symbiose von feldspezifischen Eigenschaften einerseits und Autonomie gegenüber anderen Feldern andererseits (Peter 2007, S. 18). Die Struktur eines Feldes ergibt sich dabei aus der gemeinsamen Befolgung der feldspezifischen Regeln und der Etablierung gemeinsamer Referenzen (siehe Abschn. 3.2.3). Die Autonomie eines Feldes hingegen resultiert aus der Differenz zu anderen Feldern, die ihrerseits über eigene Codes und Regeln und eine eigenständige Funktionslogik verfügen (siehe Abschn. 3.2.1). Folglich unterscheiden sich die Felder der Ökonomie, der Politik, des Rechts, der Religion, der Kunst und eben auch der Wissenschaft entsprechend ihrer Spielregeln und im Hinblick auf die symbolischen Güter, um die gekämpft wird – kurz: im Hinblick auf ihre Geschichte und ihre Praxis.

Diese Unterschiede betreffen die Frage der Autonomie der Felder. Sie ist von zentraler Bedeutung, weil sie keine rein theoretische Frage ist, sondern empirisch beantwortet werden muss. Inwiefern, so ist konkret zu fragen, ist das wissenschaftliche Feld in der Lage, wissenschaftsexterne Anforderungen und Zwänge politischer, ökonomischer oder ethisch-moralischer Art zu „brechen", wie es Bourdieu nennt, d. h. in eine spezifische Form zu transformieren, die mit den Fragestellungen und Methoden des Wissenschaftsfeldes korrespondieren (Bourdieu 1998 [1997], S. 18–19)? Um die Reichweite dieser Frage zu verstehen, bedarf es einer kurzen theoretischen Anmerkung zur Theorie der Feldautonomie.

Wie alle Konzepte Bourdieus ist auch die Autonomie ein relationaler Begriff. Er bezieht sich auf die Differenzierungsdiagnose, der zufolge das Praxisfeld Wissenschaft eine spezifische Form sozialer Konflikte moderiert. Demnach zeichnen sich moderne Gesellschaften durch eine Differenzierung in unterschiedliche gesellschaftliche Bereiche aus. Bourdieu trägt diesem Differenzgedanken durch sein Konzept sozialer Felder Rechnung (vgl. Abschn. 3.2). Mit Differenzierung ist hier im wahrsten Sinne des Wortes ein Sich-voneinander-Unterscheiden gemeint. Autonom sind Felder nun insofern, als sich die in den Feldern eingesetzten Ressourcen, die erwerbbaren symbolischen oder materiellen Profite und Positionen und die Akkumulationslogiken für diese Profite unterscheiden. Ein erfolgreicher Unternehmer kann nicht gleichzeitig mit wissenschaftlichem Prestige rechnen – zumindest können akademische Weihen oder Reputation im wissenschaftlichen Feld nicht von seinen unternehmerischen Leistungen abgeleitet werden. Umgekehrt kann eine begabte und tüchtige Wissenschaftlerin nicht automatisch und folgelogisch aufgrund ihres akademischen Titels mit Investitionserfolgen an der Börse rechnen.

Diese auf Unterscheidungen beruhende Autonomie hängt damit zusammen, dass Felder ihre eigenen institutionellen und organisationalen Zugangsvoraussetzungen und Inklusionsmechanismen aufbauen. Um einen Doktortitel zu erlangen bedarf es mindestens einer Hochschulzugangsberechtigung, eines erfolgreich abgeschlossenen Grund- und Aufbaustudiums und darüber hinaus auch einer guten Vernetzung in der scientific community. Ein geerbtes Familienunternehmen mit hohem Eigenkapital und gute unternehmerische Kontakte in Zulieferernetzwerke oder eine Priesterweihe helfen hier nicht weiter.

Diese naheliegenden Praxiseffekte sind keineswegs trivial. Sie sind das Ergebnis gesellschaftlicher Differenzierung und erscheinen nur deshalb so unmittelbar plausibel, weil sich diese Gesellschaftsstruktur unseren Wahrnehmungsstrukturen eingeprägt hat. In Gesellschaften, in denen sich eine solche Differenzierung durchgesetzt und stabilisiert hat, werden diese Unterschiede in der Regel anerkannt und legitimiert. Damit verweist der Autonomiebegriff seinerseits auf Praxis. Autonomie hängt von der kollektiven und praktischen Anerkenntnis des Unterschieds von ‚Geschäft als Geschäft', ‚*l'art pour l'art*' und ‚Wahrheit als Wahrheit' ab.

In diesem Sinne lässt sich theorievergleichend die Autonomie des Wissenschafts*feldes* mit der selbstreferentiell erzeugten Autonomie des Wissenschafts*systems* nach Luhmann parallelisieren. Von autopoietischen Systemen ist in der Systemtheorie dann die Rede, wenn die Elemente, aus denen ein System besteht und die seine Strukturdetermination erzeugen, aus dem System selbst erzeugt werden (Luhmann 1992, S. 282). Felder und Systeme sind gleichermaßen strukturdeterminiert. Damit ist gemeint, dass sie nur bestimmte Praxis oder Kommunikation möglich machen und andere ausschließen. Die erzeugten Strukturen geben die Spielregeln vor, die nur auf Gefahr des Ausscheidens aus dem Spiel ignoriert werden können. In diesem Sinne operieren selbstreferentiell geschlossene Systeme wie das Wissenschaftssystem autonom, weil es „die Herstellung der eigenen Einheit durch die eigenen Operationen des Systems" sicherstellt (Luhmann 1992, S. 289). Damit ist gemeint, dass alles, worüber im Wissenschaftssystem kommuniziert wird – und alles, was im Wissenschaftsfeld getan oder unterlassen wird –, sich ausschließlich auf Wissenschaft – also auf die Unterscheidung zwischen „wahr" und „unwahr"– beziehen kann. Eine wissenschaftliche Wahrheit (und die damit einhergehende Anerkennung) ist eben nicht dadurch zu gewinnen, dass man die scientific community mit Waffengewalt, religiösen Symbolen oder Kontoständen überzeugt. Daraus folgt, dass die Grenzen des Systems oder Feldes nur durch das System oder das Feld selbst gezogen werden können.

3.5 Die Konzeption des wissenschaftlichen Feldes

Gleichwohl zeichnet sich Bourdieus Theorieanlage dadurch aus, dass sie auf die Veränderungen und Herausforderungen, auf die beständig herzustellende Autonomie verweist. In anderen Worten: Für Bourdieu steht die Autonomie des Feldes auf dem Spiel. Die Autonomie jedes Feldes ist umkämpft und herausgefordert. An diesem Punkt unterscheidet sich die konflikttheoretische Ausrichtung Bourdieus von der Systemtheorie, denn im Gegensatz zu Luhmann, der den Begriff der „relativen Autonomie" der Wissenschaft verwirft (Luhmann 1992, S. 290), ist für Bourdieu Autonomie immer schon deshalb „relativ", weil sie davon abhängt, wie sehr es den Institutionen und Organisationen des Wissenschaftsfeldes gelingt, die Konfliktlogiken der anderen Felder und des Sozialraums zu „brechen" und in wissenschaftliche Konflikte um Wahrheit zu transformieren (vgl. Abschn. 3.5.2). Bourdieu denkt Autonomie also graduell und konzipiert dieses Konzept, wie weiter oben ausgeführt, als eine empirische Frage. Die Stabilität und Dauerhaftigkeit bestimmter differenzierter Autonomieverhältnisse hängt davon ab, ob und wie sich Praktiken verändern und wie sich damit über die Zeit hinweg kollektive Anerkennungsstrukturen der Funktionsweise eines Feldes transformieren. Solche Prozesse laufen nie konfliktfrei und ohne Machtbezüge ab, denn es stehen dabei stets unterschiedliche Interessen auf dem Spiel. Die genuine Leistung Bourdieus besteht also darin, die gesellschaftliche Differenzierungstheorie mit Konflikt- und Machtverhältnissen zu verweben.

Damit können die soziologisch relevanten Fragen für eine Wissenschaftssoziologie etwa so lauten: Wo kommen Forschungsgelder her? Welchen Umfang haben die Forschungsaufträge, bzw. wer bezahlt wie viel und mit welchem Interesse? Wie sehr hängen Anstellungsverhältnisse an Universitäten und Forschungseinrichtungen von einem Zwang zur Drittmittelakquise ab? Welcher Art sind die Vertragsbedingungen, denen die Wissenschaftler*innen unterliegen? Je nachdem wie stark diese Bedingungen als Zwänge zum Tragen kommen, desto geringer ist ein Feld in der Lage, autonome Produktions- und Reproduktionsmechanismen einzusetzen (also nach der ‚reinen' Wahrheit zu suchen). Das plausibilisiert sich beispielsweise vor dem Hintergrund jener Diskussionen, die eine Unterwerfung der Wissenschaft unter ökonomische Handlung- und Planungsrationalitäten konstatieren. Es ist dann die Rede vom „Akademischen Kapitalismus" (Slaughter und Rhoades 2004; Münch 2011), von einem akademischen „Shareholder-Kapitalismus" (Münch 2016) sowie von der „Ökonomisierung der Wissenschaft" (Weingart 2008). Dabei geht es um die Beobachtung, dass eine genuin ökonomische Funktionslogik im Sinne eines Kosten/Nutzen-Kalküls und rationaler Entscheidungsfindung zunehmend im Bereich der Wissenschaft Einzug hält und dass sich ein neuer „kapitalistischer Geist" (Boltanski und Chiapello 2006; Lenger 2015) in der Wissenschaft nicht zuletzt aufgrund einer steigenden Ressourcenknappheit und Ressourcenabhängigkeit der Wissenschaft von der Wirtschaft manifestiert. Richard Münch und Mitarbeiter*innen zeigen beispielhaft, dass der sich verschärfende Wettbewerb um akademische Exzellenz zu einer Asymmetrie hinsichtlich der Ressourcenverteilung von Lehrstühlen führt, bei der wenige über viel verfügen, womit die wissenschaftliche Produktivität insgesamt sinkt (Münch 2011; Münch und Baier 2012; vgl. auch Gengnagel et al. 2017).

Dieser Zusammenhang illustriert auf besondere Weise die Konflikte, die die Autonomie wissenschaftlicher Teildisziplinen stören. Hier geht es darum, dass ein in Teilen nach ökonomischen Handlungsrationalitäten umstrukturierter akademischer Betrieb – etwa durch Exzellenzförderung nach Maßgabe scheinbar bester wissenschaftlicher Leistungspotentiale – sein spezifisches Praxisprinzip einbüßt. In anderen Worten: Ein gesteigerter Exzellenzwettbewerb findet auf Kosten der autonomen Wissenschaft statt. Diese zweifache Entwicklung ist für Bourdieu die spezifische Situation des wissenschaftlichen Feldes – seine Autonomie ist strukturell zwiespältig, wie er es ausdrückt:

> So sind alle diese Universen aufgrund der Tatsache, dass ihre Autonomie gegenüber äußeren Mächten niemals vollständig ist und sie gleichzeitig von zwei Herrschaftsprinzipien, einem weltlichen und einem spezifischen bestimmt werden, durch eine strukturale Zwiespältigkeit gekennzeichnet: intellektuelle Konflikte sind in gewisser Weise immer auch Machtkonflikte (Bourdieu 1998 [1997], S. 36).

Dass Wissenschaft den äußeren Mächten gegenüber niemals vollständige Autonomie erlangen kann, liegt selbstredend auch daran, dass Wissenschaft in modernen Gesellschaften zu einer wesentlichen Produktivkraft (Marcuse 1965; Habermas 1969; Bell 1975) geworden ist, bzw. daran, dass Wissenschaft in modernen Wissensgesellschaften besondere Verhältnisse zu Politik, Wirtschaft und Medien (Weingart 2001) ausgebildet hat. Grundlegend gilt also, dass sich Wissenschaft nicht nur vor sich selbst inszeniert, sondern immer auch auf die Anerkennung durch ein allgemeineres Publikum angewiesen ist (Maeße und Hamann 2016).

Positionskämpfe auf dem wissenschaftlichen Feld: Orthodoxie und Heterodoxie

Was die Autonomie der Wissenschaft betrifft, so wird in der Wissenschaftssoziologie das Verhältnis von Wissenschaft und Gesellschaft häufig vor dem Hintergrund der Unterscheidung zwischen Grundlagenforschung und angewandter Forschung diskutiert (vgl. exemplarisch Gieryn 1999). Dabei wird die Grundlagenforschung mit der selbstbestimmten Forschung in akademischen Kontexten (in Deutschland bezieht sich dies in der Regel auf Universitäten und die Max-Planck-Gesellschaft) gleichgesetzt (Weingart 2003, S. 107).

3.5 Die Konzeption des wissenschaftlichen Feldes

Auch bei Bourdieu ist diese Unterscheidung in einen autonomen Pol des wissenschaftlichen Feldes, der durch die intellektuelle Kommunikation um die ‚reine' Wissenschaft organisiert ist, und des heteronomen Pols, der durch ökonomische und politische Interessen bestimmt wird, anzutreffen (vgl. auch Weingart 2003, S. 48). Diese Differenz kann als „Prestigeelite" und „Positionselite" abgebildet werden (Graf 2015, S. 41). Denn während die Akkumulation von rein wissenschaftlichem Kapital große Investitionen in Forschungsarbeit voraussetzt, ist für die Anhäufung von institutionellem wissenschaftlichem Kapital eine hohe Investition in administrative Tätigkeiten und Networking nötig. Eine hohe institutionelle Positionierung verschafft gemäß dieser Logik noch lange kein gleichermaßen hohes Prestige im wissenschaftlichen Feld. Vielmehr gilt es Strategien zu finden, wie institutionelles wissenschaftliches Kapital (Mitarbeiter, Ausstattung etc.) erfolgreich in Prestigekapital (innovative Forschungsergebnisse, Preise) übersetzt werden kann und vice versa.

Für Bourdieu ist der zentrale Mechanismus im wissenschaftlichen Feld somit die wechselseitige Akkumulation von symbolischem Kapital. Symbolisches Kapital im wissenschaftlichen Feld ist aber für Bourdieu mehr als einfach nur Reputation, wie der Wissenschaftsforscher David J. Hess herausstellt:

> In terms of science, symbolic capital might be operationalized as scientist's CV and rolodex, that is, a set of career achievements and a network. In other words, symbolic capital is similar to the concepts of reputation and recognition in the sociology of science. However, Bourdieus's analysis of symbolic capital in science is somewhat different from reputation or recognition because it allows for analyses of science in terms of owning and nonowning scientific classes (Hess 1997, S. 118).

Zentrale Bedeutung in diesem System kommt den sogenannten Konsekrationsinstanzen zu, den Instanzen, die durch ihr Urteil die Zugänge zu den höchsten Positionen im Feld legitimieren. Unter „Konsekration" versteht Bourdieu den Akt der Anerkennung und Zuweisung feldspezifischen symbolischen Kapitals der gleichzeitig zwei Prozesse beinhaltet (Bourdieu und Wacquant 2006 [1992], S. 245–246). Zum einen werden Positionen im Feld etabliert bzw. stabilisiert, indem ihnen die Fähigkeiten zur Produktion feldspezifischen Kapitals zugeschrieben werden. Zum anderen tragen die Konsekrationsakte zur Reproduktion bzw. Restrukturierung der Feldregeln bei. Im wissenschaftlichen Feld fungieren Professor*innen, Universitäten und außeruniversitäre Forschungsinstitute als Konsekrationsinstanzen. Hinzu treten inzwischen zunehmend externe Organisationen, wie der European Research Council, die Deutsche Forschungsgemeinschaft oder Stiftungen wie die Volkswagenstiftung, die mittels der Vergabe von Drittmitteln, die mit wissenschaftlicher Reputation verbunden sind entsprechend zur Konstruktion wissenschaftlicher Exzellenz beitragen (Gengnagel et al. 2016, S. 64).

Das Feld der künstlerischen Produktion wird nach Bourdieu durch einen zweiten homologen Gegensatz strukturiert. So lassen sich Künstler*innen und ihre Positionen auf der vertikalen Achse bezüglich ihrer Anerkennung im Feld der Kunst differenzieren (Schumacher 2011, S. 139–143). Analog befinden sich auch im wissenschaftlichen Feld die allgemein anerkannten und etablierten Wissenschaftler*innen am herrschenden Pol, während die weniger etablierten Wissenschaftler*innen im Feld am beherrschten Pol positioniert sind (Bourdieu 1988 [1984], S. 105). Die Feldkonzeption spezifiziert somit die Überlegungen von Michael Polanyi, wonach in der scientific community nur Wissenschaftler*innen und Ergebnisse wahrgenommen werden, die den anerkannten wissenschaftlichen Traditionen entsprechen (Polanyi 1985 [1966]). Wissenschaftliche Traditionen sind demzufolge durch so genanntes „implizites Wissen" *(tacit knowledge)* organisiert, womit ein Kanon an interessanten Themenfeldern, wissenschaftlichen Fragestellungen, sinnvollen Modellannahmen und möglichen Untersuchungsmethoden gemeint ist, der von Forscher*innengeneration zu Forscher*innengeneration weitergegeben wird. Etablierte Professor*innen stehen aufgrund ihrer Funktion als Gate-Keeper bezüglich des Zugangs zu Reputation, Publikationen und Stellen im Zentrum des Feldes (vgl. auch Merton 1985b [1973]; Zuckerman 1996 [1977], 2010). Sie bestimmen über die Spielregeln des Feldes, indem sie das implizite Wissen bzw. den wissenschaftlichen Wert im Wissenschaftssystem definieren, an ihre Schüler*innen weitergeben und auf diese Weise zur Marginalisierung bestimmter Personengruppen und ihrer Forschungsergebnisse beitragen (Krais 2000a; Färber und Riedler 2011, S. 16–18).[16] Was sind wichtige und legitime Forschungsfragen? Was gilt als gutes Argument? Wann ist ein Forschungsergebnis oder ein*e Forscher*in exzellent? Treffend fassen Matthieu Albert und Daniel Lee Kleinman diese Kämpfe zusammen:

> The scientists who win (i.e. who gain scientific authority) are those who succeed in having their views on science and their research practices perceived by other scientists as the legitimate way of defining and conducting science. [...] Doing quality work is doing work like theirs (Albert und Kleinman 2011, S. 266).

---

[16]Beate Krais hat in diesem Zusammenhang herausgearbeitet, wie sich die Definition von Spielregeln und das Fortschreiben impliziter Traditionen im männlich dominierten Wissenschaftsbetrieb auf die Karrieremöglichkeiten von Frauen auswirken (Krais 2000a). Die Entstehung von impliziten Wissen und Verhaltenskodizes durch Gate-Keeper in verschiedenen Fachkulturen haben Becher und Trowler (2001) ausführlich untersucht.

3.5 Die Konzeption des wissenschaftlichen Feldes

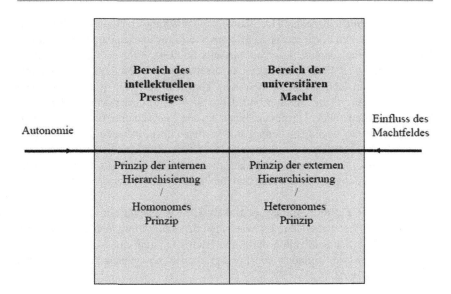

Abb. 3.2 Feld der philosophischen und humanwissenschaftlichen Fakultäten. (Eigene Darstellung nach Bourdieu 1988 [1984], S. 140–141)

Analog zu Bourdieus Analysen des künstlerischen Feldes ist die Position des Professors somit durch einen Akt der „symbolischen Anerkennung" definiert, die sich als Resultat eines „spezifischen symbolischen Kapitals" ergibt (Schumacher 2011, S. 139). Diesen Zusammenhang verdeutlicht Bourdieu durch den Gegensatz von Orthodoxie/Heterodoxie, womit er das Konkurrenzverhältnis um den Aufstieg und die Anerkennung im Feld bezeichnet (vgl. Abb. 3.2). Während die Etablierten an einer Erhaltung der bestehenden Strukturen interessiert sind, da diese ihnen ihre privilegierte Stellung im Feld sichern, sind die weniger etablierten Vertreter*innen daran interessiert, ihre eigene Position zu verbessern. D. h. die Etablierten sind einem ständigen Kampf gegen heterodoxe Positionen ausgesetzt. Dieser Kampf aber muss innerhalb einer wissenschaftlichen Gemeinschaft auf rein symbolischer Ebene geführt werden, d. h. auf der Ebene der wissenschaftlichen Anerkennung der Argumente und Reputation. Alle anderen ‚Kampfmittel', die nicht wissenschaftlicher Art sind, bezeichnet Bourdieu als „Kategorienfehler": Ein Mathematiker lässt sich legitim nur durch mathematische Beweise ausstechen und nicht etwa dadurch, dass andere Gewaltmittel eingesetzt werden (Bourdieu 1998 [1997], S. 28) (siehe auch Abschn. 4.1).

Professor*innen stellen an Hochschulen und außeruniversitären Forschungseinrichtungen die zentralen Macht- und Konsekrationsinstanzen dar. Diese zentrale Stellung resultiert daraus, dass sie einerseits als Rektor*innen, Präsident*innen, Dekan*innen oder Fachbereichsleiter*innen die anderen Hochschulwissenschaftler*innen beaufsichtigen und andererseits Forschungsprojekte in der Regel von Professor*innen geleitet werden und diese die Nachwuchswissenschaftler*innen betreuen. Zudem bilden Professor*innen in den hochschulpolitischen Entscheidungsgremien die wichtigste Gruppe und verfügen über eine außerordentlich hohe organisatorische Autonomie (Schimank 1995b, S. 20–23). So haben beispielsweise Professor*innen einen Rechtsanspruch auf eine angemessene individuelle Mindestausstattung mit Ressourcen und die Präsenzpflicht ist ausgesetzt.

Der Raum der Fakultäten: Natur- und Geisteswissenschaften
Die Struktur des universitären Feldes und der strukturierenden Machtkämpfe wird laut Bourdieu schließlich durch die Fächertrennung und – innerhalb jedes Faches – durch die Trennung von Spezialgebieten verschleiert (Bourdieu 1988 [1984], S. 58, Fn. 22):

> Das wissenschaftliche Protokoll hat die Unschärfe-Effekte in Rechnung zu stellen, die durch die in der objektiven Wirklichkeit selbst gegebene objektive Unbestimmtheit der Hierarchisierungsprinzipien und Kriterien hervorgerufen werden. Die Unzuverlässigkeit von Kriterien wie »Publikationsort« oder »Tagungen im Ausland« rührt daher, dass zum einen jede vielschichtige und umstrittene Wissenschaft ihre eigene vielschichtige und umstrittene Rangfolge von Fachzeitschriften, Verlagshäusern, in- und ausländischen Tagungsorten usw. aufweist; dass zum anderen diejenigen, die bewusst auf ihre Teilnahme oder Mitarbeit verzichten, sich potentiell in derselben Rubrik wie die Nichteingeladenen wiederfinden (Bourdieu 1988 [1984], S. 58).

Um diesen Effekt aufzudecken, projiziert Bourdieu mithilfe der Methode der multiplen Korrespondenzanalyse (MCA) die Fachbereiche in einen Raum der Fakultäten. Dabei geht er analog zu den vorherigen Ausführungen davon aus, dass innerhalb des universitären Feldes verschiedene Fächer über verschiedene Autonomiegrade verfügen:

> Eine der großen Fragen, die sich in Bezug auf wissenschaftliche Felder (oder Unterfelder) stellen wird, betrifft eben den Grad der Autonomie, über die sie verfügen können. Zu den wohl entscheidendsten Unterschieden zwischen jenen wissenschaftlichen Feldern, von denen man als Disziplinen spricht, gehört tatsächlich der Grad ihrer Unabhängigkeit, selbst wenn hier die Abstufungen nicht immer leicht zu messen sind (Bourdieu 1998 [1997], S. 18).

3.5 Die Konzeption des wissenschaftlichen Feldes

Für Bourdieu ergibt sich aus seiner empirischen Analyse des akademischen Feldes im Frankreich der 1960er Jahre „unzweideutig, dass die Unterschiede zwischen den Fakultäten und Fächern [...] eine dem Macht-Feld homologe Struktur aufweisen: die ‚weltlich' dominierten Fakultäten – die naturwissenschaftliche und in geringerem Umfang die philosophische – stehen im Gegensatz zu den sozial dominanten, den unter diesem Aspekt praktisch miteinander verschmelzenden medizinischen und juristischen Fakultäten" (Bourdieu 1988 [1984], S. 90–91).[17] Bourdieu versteht die Grundstruktur des wissenschaftlichen Feldes folglich in Analogie zum Feld der Macht durch einen autonomen (wissenschaftlich herrschend, weltlich beherrscht) und heteronomen Pol (weltlich herrschend, wissenschaftlich beherrscht) definiert. Entsprechend dieser Funktionslogik unterscheidet er Fakultäten danach, inwieweit sie stärker dem autonomen, d. h. wissenschaftlichen Pol oder dem heteronomen, d. h. gesellschaftlichen Pol des akademischen Feldes zuzurechnen sind (Bourdieu 1988 [1984], S. 100–101).[18]

> Wenn man weiß, dass die Verteilungsstruktur der verschiedenen Fakultäten eine chiastische Gestalt aufweist und der Struktur des Macht-Feldes homolog ist, und zwar mit dem wissenschaftlich dominanten, aber gesellschaftlich dominierten Fakultäten an dem einen, den wissenschaftlich dominierten, aber gesellschaftlich dominanten Fakultäten an dem anderen Pol, dann wird verständlich, dass der Hauptgegensatz sich um den Stellenwert und die Bedeutung dreht, welche die verschiedenen Kategorien von Professoren praktisch (und zunächst einmal in ihrem Zeitbudget) wissenschaftlicher Tätigkeit zumessen, im weiteren auch, welche Vorstellung von Wissenschaft sie überhaupt besitzen (Bourdieu 1988 [1984], S. 107).

---

[17]Bourdieus Überlegungen basieren in diesem Punkt zu einem Großteil auf Immanuel Kants Spätschrift von 1798 über den „Streit der Fakultäten" (vgl. Bourdieu 1988 [1984], S. 82, 105, 121). Kant argumentierte, dass die Fakultäten der Theologie, Jurisprudenz und Medizin als die höchsten angesehen werden, da sie der Professionsbildung und somit der Steigerung der Staatswohlfahrt dienen. Da an den drei berufsorientierten Fakultäten ausschließlich kirchliche und staatliche Normen gelehrt würden, müssten diese – so Kant – notwendigerweise um eine von den staatlichen Befehlen unabhängige philosophische Fakultät ergänzt werden (Kant 2005 [1798]).

[18]Damit widerlegen die Befunde von Bourdieu eindrucksvoll die These von Knorr-Cetina (1984 [1981], S. 245–270), der zufolge eine analytische Trennung zwischen Natur- und Geisteswissenschaften wenig sinnvoll wäre, weil die sozialen Konstruktionsprozesse in beiden Bereichen hinreichend vergleichbar sind. Vielmehr zeigen Bourdieus Befunde, dass eine sozialkonstruktivistische Wissenschaftssoziologie (siehe Abschn. 5.1) ohne Rückbindung an die ungleichen sozialen Positionierungen von Wissenschaftler*innen eine solche Differenz nicht in den Blick nehmen kann (vgl. auch Engler 2001, S. 145, Fn. 137). Wobei nicht unerwähnt bleiben darf, dass auch Knorr-Cetina in späteren, komparativen Arbeiten auf die Differenz wissenschaftlicher Kulturen hingewiesen hat (Knorr-Cetina 2002 [1999]).

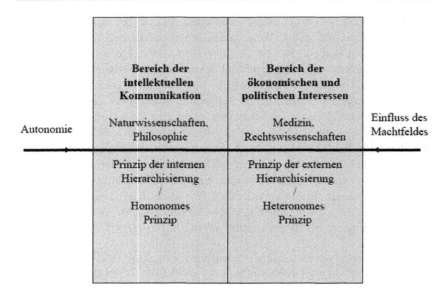

Abb. 3.3 Der Raum der Fakultäten. (Eigene Darstellung nach Bourdieu 1988 [1984], S. 114–115)

Strukturell lässt sich das universitäre Feld nach Bourdieu somit folgendermaßen beschreiben (siehe Abb. 3.3): Auf der horizontalen Achse sind die Fachbereiche zu finden. Auf der vertikalen Achse lassen sich wie auch im Feld der Kulturproduktion die Wissenschaftler*innen und ihre Positionen bezüglich der Anerkennung im Feld differenzieren. Am herrschenden Pol – dem oberen Teil der y-Achse – befinden sich die allgemein anerkannten und etablierten Professor*innen. Ihnen gegenüber – am unteren Teil der y-Achse – stehen am beherrschten Pol die (noch) nicht-etablierten Mitarbeiter*innen, Juniorprofessor*innen und Privatdozent*innen.

Auf der vertikalen Achse wird durch die Projektion der Fachbereiche nun zusätzlich eine Differenz zwischen Natur- und Geisteswissenschaften sichtbar. Es ist zu beachten, dass diese Differenz keine strukturelle Differenz des wissenschaftlichen Feldes sui generis darstellt, sondern vielmehr einen zentralen Unterschied im universitären Feld abbildet und sich aus dem empirischen Vorgehen Bourdieus ergibt. Es ist dem methodischen Instrument der MCA geschuldet, wonach stets diejenigen Kategorien visualisiert werden, die die Unterschiede zwischen den verschiedenen Merkmalsausprägungen am besten erklären, wobei die Menge der Kategorien nicht auf zwei beschränkt ist. Im akademischen Feld ist

3.5 Die Konzeption des wissenschaftlichen Feldes

ein zentraler Unterschied die Differenz zwischen weltlichen und autonomen Wissenschaften, die zum größten Teil mit dem Unterschied von Natur- und Geisteswissenschaften identisch sind.

Diese Tatsache gilt es analytisch in der Rezeption von Bourdieus Wissenschaftssoziologie zu berücksichtigen. Aufgrund dieses Befundes erscheint es uns verkürzt, das wissenschaftliche Feld – im Anschluss an Charles Percy Snow (1987) – lediglich als einen von zwei „Kulturen" bevölkerten Mikrokosmos zu verstehen (so beispielsweise Engler 2001; Beaufaÿs 2003; Hamann 2014, 2015a). Snow hat diese Trennung in zwei diametrale Gruppen als „zwei Kulturen" bezeichnet und darauf hingewiesen, dass es sich um zwei akademische Gruppen handelt, „die von gleicher Rasse und gleicher Intelligenz waren, aus nicht allzu verschiedenen sozialen Schichten kamen und etwa gleich viel verdienten, sich dabei aber so gut wie gar nichts mehr zu sagen hatten, und deren intellektuelle, moralische und psychologische Atmosphäre dermaßen verschieden waren, dass [sie] durch einen Ozean getrennt schienen" (Snow 1987, S. 20).[19] Auch erscheint es zu kurz gegriffen die Differenzierung des wissenschaftlichen Feldes professionssoziologisch zu rekonstruieren und wie Rudolf Stichweh (2013 [1994], S. 245–293) anhand der Systemreferenz zwischen dem Hochschulsystem und der Berufsprofession bzw. Klientenorientierung festzumachen, also eine Differenzierung entlang der Unterscheidung in angewandte Forschung und Grundlagenforschung zu unterstellen.

Vielmehr plädieren wir dafür, das wissenschaftliche Feld als eine Kombination aus einem geisteswissenschaftlichen und einem naturwissenschaftlichen Teilfeld zu verstehen, welche getrennt voneinander koexistieren, aber derselben chiastischen Homologie unterliegen.[20] Mit anderen Worten: Aufgrund der extremen Spaltung des akademischen Feldes in die Natur- und Geisteswissenschaften wäre es sinnvoll, in einer empirischen Analyse beide Bereiche getrennt voneinander

---

[19]Snow argumentiert, dass es scheinbar keinen Ort gibt, an dem die beiden Kulturen einander begegnen und dass ihnen eine gemeinsame Sprache fehlt, obgleich doch in der interdisziplinären Zusammenarbeit großes Innovationspotenzial läge: „Das Aufeinandertreffen zweier Fächer, zweier Disziplinen, zweier Kulturen – und schließlich doch auch zweier Gruppen von bedeutenden Geistern – sollte doch schöpferische Impulse auslösen. In der Geschichte geistiger Bemühungen waren das die Momente, in denen so mancher Durchbruch sich ereignete. Jetzt ist diese Chance wieder gegeben, aber gewissermaßen in einem Vakuum, weil die Angehörigen der zwei Kulturen nicht miteinander reden können" (Snow 1987, S. 31).

[20]Nina Tessa Zahner identifiziert für das Kunstfeld einen vergleichbaren Effekt, wenn sie in Folge der Ökonomisierung der Kunst eine Erweiterung von Bourdieus Kunstfeld in „zwei antagonistische Subfelder" beschreibt (Zahner 2006, S. 290).

zu analysieren. Zwar unterliegen beide Bereiche derselben *illusio* und demselben *nomos*, womit sie zum wissenschaftlichen Feld gehören. Da jedoch die Grenzen des Feldes für die dort wirkenden Wissenschaftler*innen in ihrer jeweiligen Fachkultur begründet sind, Geistes- und Naturwissenschaftler*innen also in keinem unmittelbaren Reputations- und Prestigewettbewerb miteinander stehen, erscheint es sinnvoll, eine autonome Koexistenz zweier Teilbereiche des wissenschaftlichen Feldes zu unterstellen. Eine Trennung in Einzeldisziplinen hingegen wäre unsinnig, stehen doch die Geistes- und Naturwissenschaften untereinander in einem regen Wettbewerb miteinander. Als Beleg für diese These können beispielhaft die unterschiedlichen Sozialisationswege ins wissenschaftliche Feld herangezogen werden. So hat Christian Schneickert in seiner Analyse von studentischen Hilfskräften exemplarisch herausgearbeitet, dass die zentrale Differenz im wissenschaftlichen Sozialisationsprozess die Unterschiede zwischen natur- und geisteswissenschaftlichen Fachbereichen betrifft (Schneickert 2013b). Zu Recht stellt sich nunmehr die Frage, ob eine solche Zweiteilung nicht eine anmaßende analytische Vereinfachung darstellt, und ob man nicht ebenso gut drei Kulturen identifizieren könnte (Lepenies 2006 [1985]) oder ob man jede Disziplin als ein eigenständiges Subfeld bzw. „relativ selbstgenügsames Sozialsystem" begreifen müsste, welche „primär mit internen Operationen befasst sind" (Stichweh 2013 [1994], S. 271) und entsprechend eine spezifische Analyse des soziologischen Feldes, des wirtschaftswissenschaftlichen Feldes, des chemischen Feldes etc. durchführen müsste (vgl. exemplarisch die Befunde der Fachkulturforschung von Bucher und Strauss 1961; Light 1974; Krais 1996; Becher und Trowler 2001; Mendoza et al. 2012; Baier und Münch 2013; Lenger 2016; Wieczorek et al. 2017). Becher und Trowler (2001) beispielsweise weisen darauf hin, dass sich die wissenschaftliche Identität von Wissenschaftler*innen in disziplinären und subdisziplinären Forschungsfeldern und -kontexten formt. Folge einer solchen intradisziplinären Differenzierung und Segmentierung wäre – so schreibt bereits Donald Light –, dass

> [...] the ‚academic profession' does not exist. In the world of scholarship, the activities [...] center on each discipline. Thus, theoretically at least, we have the academic professions, one for each discipline. Each discipline has its own history, its own intellectual style, a distinct sense of timing, different preferences for articles and books, and different career lines (Light 1974, S. 12).

Eine solche Lesart würde dann multiple fachspezifische Habitus suggerieren. So hat zum Beispiel Beate Krais festgehalten: „Each professor's habitus may be seen as an impersonation of social structures as well as mental representations, classifications, and thinking habits characteristic of an academic discipline. As there are different positions in every social field constituted by a discipline, there is also room for a variety of discipline-specific habitus" (Krais 1996, S. 97). Insofern schließen wir uns in diesem Punkt der Auffassung von Gerhard Fröhlich an, der im Anschluss an den Befund einer zunehmenden Fragmentierung der Wissenschaft (Galison und Stump 1996; Knorr-Cetina 2002 [1999]; Becher und Trowler 2001) feststellt, dass Bourdieus Konzept des akademischen Feldes „heuristisch wertvoll" ist, „aber wohl in den Plural gesetzt, differenziert, systematisiert und modifiziert" werden müsste (Fröhlich 2003, S. 127).

3.6 Homo academicus: Von der Theorie zur Empirie

Wie auch schon in die *Feinen Unterschiede* hat Bourdieu seine theoretischen Ausführungen anhand empirischen Materials entwickelt. Im Falle der Wissenschaftssoziologie hat er mit seinem Hauptwerk *Homo academicus* (1988 [1984]) eine empirische Untersuchung des akademischen Feldes im Frankreich der 1960er Jahre durchgeführt.[21] Ziel war es, „den *Homo academicus*, diesen Klassifizierer unter Klassifizierenden, den eigenen Wertungen zu unterwerfen" (Bourdieu 1988 [1984], S. 9) bzw. „in den sozialen Strukturen der akademischen Welt [...] die Grundlagen der Kategorien des professoralen Verstehens auszumachen" (Bourdieu 1988 [1984], S. 10). Mit anderen Worten: Bourdieu hat versucht mittels empirischer Daten die soziale Gebundenheit von Wissenschaftler*innen zu belegen. Hierzu untersuchte er das Zusammenspiel zwischen der Position, der Positionierung und den Habitus von Professor*innen (siehe Abschn. 3.2). Er setzt also die wissenschaftlichen Inhalte in Bezug zur Stellung von Wissenschaftler*innen im akademischen Feld. Sein Bestreben ist es, „die Struktur des universitären Feldes und die Position der verschiedenen Fakultäten in ihm sowie die Struktur der einzelnen Fakultäten und die jeweilige Position der verschiedenen Disziplinen in ihr zu analysieren" (Bourdieu 1988 [1984], S. 76–77). Diese empirische Untersuchung – so exemplarisch ihr Erklärungsgehalt eigentlich sein sollte – ist bis heute prägend und hat die Bourdieu'sche Forschungstradition in der Wissenschaftssoziologie maßgeblich beeinflusst (siehe Kap. 5).

---

[21]Der Vollständigkeit halber muss darauf hingewiesen werden, dass die empirische Analyse zur Veränderung der Fakultäten und Disziplinen aber bereits vorher von Bourdieu und Mitarbeiter*innen erhoben und an anderer Stelle publiziert wurde (Bourdieu et al. 1981).

Als empirisches Material diente Bourdieu eine statistische Analyse („Prosographie") von 405 ordentlichen Professor*innen der Pariser Fakultäten – eine aus heutiger Sicht sehr geringe Fallzahl.[22] Zur Bestimmung der professoralen Werdegänge und Positionen griff Bourdieu auf verschiedene Quellen zurück, die Aufschluss zu Lebenslaufdaten, Positionen und Positionierungen im akademischen Feld erlaubten – unter anderem handelt es sich um die vom französischen Erziehungsministerium veröffentlichten Daten im *Annuiere de l'Education Nationale* 1968, die *Annales de l'université de Paris,* die Ausgaben des *Who's who in France* sowie verschiedene biografische Wörterbücher, darunter das *International Who's who* 1971–1973, *Nouveau dictionnaire national des contemporains* 1962, *Dictionary of International Biography* 1971 und *Africanistes spécialistes des sciences sociales* 1963. Ergänzt wurden diese Informationen um Alumni-Jahrbücher und Nachrufe in verschiedenen Fachzeitschriften (Bourdieu 1988 [1984], S. 308). Komplettiert wurden die zur Verfügung stehenden schriftlichen Informationen laut Bourdieu mit Tiefeninterviews und telefonischen Befragungen der Professor*innen.[23]

Auf diese Weise wurden folgende Indikatoren zusammengetragen (vgl. ausführlicher Bourdieu 1988 [1984], S. 88–89, 307–325): 1) die zentralen sozialen Informationen zu den Zugangschancen, zur Ausbildung des Habitus, zu ökonomischem, kulturellem und sozialem Kapital sowie zur sozialen Herkunft; 2) die bildungsspezifischen Determinanten wie Schulen, Abschlüsse und akademische Werdegänge; 3) das universitäre Machtkapital in Form von administrativen Leitungsfunktionen und Mitgliedschaften; 4) das Kapital an wissenschaftlicher Macht in Form von wissenschaftlichen Leitungsfunktionen; 5) das wissenschaftliche Prestige, wissenschaftliche Auszeichnungen; Übersetzungen, Beteiligung an internationalen Kongressen; 6) das Kapital an intellektueller Prominenz in Form von Mitgliedschaften der Académie francaise, Fernsehauftritte, Zeitungspräsenz etc.; 7) ökonomische und politische Macht mittels Nennungen im *Who's who;* Mitgliedschaften in politischen Kommissionen und Ausschüssen etc. sowie 8) politische Einstellungen durch Teilnahme an spezifischen Tagungen und Petitionsunterschriften.

---

[22]Für eine umfassende Beschreibung des empirischen Vorgehens vgl. Bourdieu (1988 [1984], S. 85–89 sowie ausführlicher die Informationen im Anhang 307–352).

[23]Bourdieu weist selbst auf die Vor- und Nachteile einer solchen Methodik hin (exemplarisch 1988 [1984], S. 308–310). Mit einem ähnlichen Verfahren arbeitet die moderne Elitenforschung im Anschluss an Bourdieu. Vgl. hierzu Hartmann (1995, 2002, 2007, 2016); Graf (2015); Schneickert (2015).

3.6 Homo academicus: Von der Theorie zur Empirie

Methodisch greift Bourdieu zur Analyse des akademischen Feldes – wie auch schon in die *Feinen Unterschiede* – auf die Methode der multiplen Korrespondenzanalyse zurück (Bourdieu 1988 [1984], S. 349–350).[24] Multiple Korrespondenzanalysen gehören zu den so genannten strukturentdeckenden oder explorativen, nicht den strukturprüfenden Verfahren (Schneickert 2015a, S. 156). In diesem Sinne lassen sich damit abbildende, aber keine statistisch schließenden Zielsetzungen verfolgen. Es handelt sich bei der MCA um eine Hauptkomponentenanalyse für kategoriale Daten (Le Roux und Rouanet 2010, S. 2; Baier 2017, S. 79). Praktisch bedeutet das, dass alle zu analysierenden Daten zusammen in die Analyse gegeben werden, und geprüft wird, welche einen engen Zusammenhang bilden und welche gänzlich unabhängig voneinander vorkommen. Das Achsenkreuz als Zentrum des Raumes konzentriert die Variablenausprägungen, die in vielen Fällen vorkommen (Blasius und Schmitz 2013, S. 207). Kategorien, die besonders viel zur Varianz einer Achse beitragen, können dann zur theoretischen Beschreibung der Achsen verwendet werden (Schneickert 2015a, S. 157). Die zentrale Analyseleistung liegt in der Beschreibung und theoretischen Zuordnung der sich aus der Korrespondenzanalyse ergebenden Achsen. Insofern ist die Methode gut geeignet, zur Aufdeckung von Feldstrukturen und theoretischen Weiterentwicklung des Forschungsgegenstandes beizutragen. Im Kern lassen sich Bourdieus empirische Befunde zum akademischen Feld auf zwei Punkte verdichten, die in der Folge auch seine weitere Theorieentwicklung beeinflusst haben. Zum einen hat er empirisch gezeigt, dass sich die wissenschaftliche Praxis aus einem Spannungsverhältnis zwischen Autonomie und weltlicher Abhängigkeit konstituiert. Zum anderen hat er empirisch die vielfältigen Strukturzwänge und Positionen von Wissenschaftler*innen herausgearbeitet, für die die Protagonisten im akademischen Feld wenig sensibel sind, die aber offensichtlich einen bedeutsamen Einfluss auf die wissenschaftlichen Inhalte und Stellungnahmen (Positionierungen) von Wissenschaftler*innen haben. Entscheidend ist, dass die Einsicht und empirische Prüfung der genannten strukturellen Probleme bei der Erzeugung wissenschaftlicher Erkenntnis in der Folge seine theoretische Ausgestaltung zum Gebrauch der Wissenschaft und der Forderung nach einer systematischen Reflexion wissenschaftlicher Produktionsprozesse beeinflusste.

---

[24] Zur Methode der MCA vgl. Blasius (2001) sowie Le Roux und Rouanet (2010). Zur methodischen Erweiterung der Korrespondenzanalyse vgl. Baier (2017, S. 79–85).

# Vom Gebrauch der Wissenschaft

Bis hierher haben wir dargestellt, was es bedeutet, Wissenschaft als Praxis zu begreifen (Kap. 2) und wir haben die feldtheoretische Ausgestaltung der Bourdieu'schen Wissenschaftssoziologie nachgezeichnet (Kap. 3). Hierbei wurde insbesondere die konflikttheoretische Ausgestaltung der Bourdieu'schen Soziologie rekonstruiert und gezeigt, dass das wissenschaftliche Feld – wie alle gesellschaftlichen Felder – seine Struktur durch die im Feld stattfindenden Machtkämpfe erhält. Dazu sind die strukturierenden Effekte der Feldsozialisation und die individuelle Ausstattung mit feldspezifischen Kapitalsorten in den Blick zu nehmen. Vor diesem Hintergrund ist es eine zentrale Leistung von Bourdieu mithilfe der Analyse des akademischen Feldes gezeigt zu haben, dass sich die Mitglieder des Feldes ganz grundlegend entlang von zwei Hierarchisierungsprinzipien im akademischen Feld verorten lassen. So stehen hier einerseits den etablierten Professor*innen der akademische Nachwuchs und die Newcomer gegenüber, die versuchen bessere Positionen im Feld einzunehmen. Andererseits lassen sich Positionen entlang der Verfügbarkeit über verschiedene Sorten wissenschaftlichen Kapitals bestimmen. Hierzu hat Bourdieu im wissenschaftlichen Feld zwei Pole unterschieden1Einen autonomen Pol des wissenschaftlichen Feldes, der selbstreferenziell durch die intellektuelle Kommunikation um die ‚reine' Wissenschaft organisiert ist, sowie einen heteronomen Pol, der durch ökonomische und politische Interessen bestimmt wird. Während die Akkumulation von rein wissenschaftlichem Kapital (Reputation etc.) große Investitionen in Forschungsarbeit voraussetzt, ist für die Anhäufung von institutionellem wissenschaftlichen Kapital (Stellen etc.) eine hohe Investition in administrative Tätigkeiten nötig. Es ist Bourdieus Verdienst, gezeigt zu haben, dass eine hohe institutionelle Positionierung gemäß dieser Logik noch lange kein gleichermaßen hohes Prestige im wissenschaftlichen Feld verleiht. Vielmehr gilt es Strategien zu finden, wie institutionelles wissenschaftliches Kapital (Mitarbeiter, Ausstattung etc.) erfolgreich in Prestigekapital (innovative Forschungsergebnisse, Preise) übersetzt werden kann, vice versa. Die ganze Dynamik funktioniert nur – und das ist die dritte zentrale Einsicht der Bourdieu'schen Feldtheorie – solange ein gemeinsam geteilter Glaube an die Ernsthaftigkeit des Spiels *(illusio)* und die Spielregeln *(nomos)* besteht.

In diesem vierten Kapitel nun wird gezeigt, dass die Feldtheorie nicht nur ein wissenschaftssoziologischer Theoriebeitrag ist, sondern zugleich die theoretisch-konzeptionelle Grundlage zur praktischen Umsetzung der Reflexivitäts-Programmatik darstellt. Dazu wird zunächst Bourdieus Forderung nach einer kollektiven Selbstanalyse der Wissenschaft aufgegriffen, um anschließend seine Wissenschaftstheorie im Geiste der Kritischen Theorie zu beleuchten. Zur besseren Verortung der politischen und erkenntnistheoretischen Implikationen der Bourdieu'schen Theorie erscheint ein Rückgriff auf die Unterschiede und Gemeinsamkeiten zu Jürgen Habermas' *Theorie des kommunikativen Handelns* (1995 [1981]) hilfreich. Bourdieu bezieht sich in seiner Wissenschaftssoziologie wiederholt, aber eher beiläufig auf Habermas. Allerdings leitet er von ihm zentrale Aspekte seiner Forderung nach einer *Realpolitik der Vernunft* ab. Aus diesem Grund sollen die zentralen Parallelen rekonstruiert werden, um Bourdieus Gedankengang und die politischen Konsequenzen seiner Erkenntniskritik nachvollziehbar zu machen.

4.1 Die Feldtheorie – Ein Programm zur kollektiven Selbstanalyse

Indem wir Bourdieus Feldtheorie nicht nur als wissenschaftssoziologischen Theoriebeitrag begreifen, sondern gleichsam als Werkzeug zur Umsetzung einer wissenschaftlichen Reflexivität, schließen wir an die Ausführungen des zweiten Kapitels an, in dem wir gezeigt haben, dass es die Bourdieu'sche Theorieanlage ermöglicht, einer spezifischen wissenschaftlichen Reflexivität Rechnung zu tragen (siehe Abschn. 2.4). Das bedeutet, dass der wissenschaftliche Standpunkt, von dem Wissenschaftler*innen über die Objektivität der Welt sprechen, selbst objektiviert werden muss – dass also die sozialen Faktoren, die die eigene Position in der Welt bestimmen, mitgedacht werden müssen, um wissenschaftliche Objektivitätsansprüche begründen zu können. Wissenschaftler*innen, so Bourdieu, dürfen von der wissenschaftlichen Objektivierungsarbeit nicht ausgenommen bleiben, sondern müssen stets bei der Analyse wissenschaftlicher Praktiken berücksichtigt werden.

4.1 Die Feldtheorie – Ein Programm zur kollektiven Selbstanalyse

Mit dieser wissenschaftstheoretischen Programmatik der Reflexivität reagiert Bourdieu auf die Probleme, die die Begründung soziologischer Erkenntnis vor dem Hintergrund einer spezifischen Konstellation betreffen: Die von der Soziologie vorgenommene allgemeine „Objektivierung des objektivierenden Subjekts" (Bourdieu 1988 [1984], S. 10), die Objektivierung der Wissenschaftler*innen also, wirft das Problem auf, dass soziologische Aussagen über die wissenschaftliche Welt auch für sich selbst geltend gemacht werden müssen. Neben der Antwort auf dieses Problem steuert die Reflexivitäts-Programmatik zudem ganz grundlegend auf allgemeine Fragen des Erkenntnisfortschritts und des Fortschritts einer aufklärerischen Vernunft zu.

„Der Fortschritt der Erkenntnis", so formuliert Bourdieu am Beginn seiner Ausführungen einer allgemeinen Theorie der Praxis, „setzt bei den Sozialwissenschaften einen Fortschritt im Erkennen der Bedingungen der Erkenntnis voraus" (Bourdieu 1987 [1980], S. 7). Letztlich basiert die gesamte Praxistheorie auf dem Prinzip der Reflexivität (siehe Kap. 2). Was Bourdieu aber anfangs noch auf die Sozialwissenschaften beschränkte, wird für ihn im Laufe der Zeit zum Erfordernis für die Wissenschaft per se. Es geht um die Aufdeckung der Bedingungen wissenschaftlicher Erkenntnis. Dabei stellt sich für Bourdieu die Frage, welche Form und Gestalt eine solche reflexive Wendung im wissenschaftlichen Erkennen annehmen kann, will sie nicht im wissenschaftsphilosophischen Nachdenken über ihre eigenen transzendentalen Bedingungen verbleiben. Das wäre für Bourdieu in der Tat ein scholastischer Irrweg. Es geht ihm vielmehr um die Sichtbar- und Bewusstmachung der sozialen Voraussetzungen wissenschaftlicher Erkenntnis.

Wie erwähnt, befindet sich die Soziologie diesbezüglich selbst in einer nicht unproblematischen Situation, muss sie doch aus dem Zwang heraus, ihre eigenen Aussagen zu begründen, das Reflexivitäts-Projekt an allererster Stelle vorantreiben. Damit setzt sie sich aber zugleich der Gefahr aus, sich selbst als relativistische Disziplin zu diskreditieren. Um diesem Dilemma zu entgehen, entwickelte Bourdieu eine spezifische Textform, die er als Auto-Analyse (frz. *auto-analyse*) bezeichnet. Als solche begreift er seine Schrift *Ein soziologischer Selbstversuch* (Bourdieu 2002). Dieses Format ist indes nicht mit einer Autobiografie zu verwechseln. Vielmehr will Bourdieu mit seiner Auto-Analyse die sozialen Bedingungen in den Blick nehmen, die die Genese der Wissenschaftlerfigur Pierre Bourdieu zu erklären versucht (vgl. auch Maton 2003).[1] Nun gilt allerdings, dass

---

[1] Die Idee der Auto-Analyse hat in der Soziologie bereits Anschluss gefunden. Didier Eribons autoanalytische Schrift *Rückkehr nach Reims* (Eribon 2016) greift Bourdieus Idee explizit auf und versucht sie fortzuführen.

Bourdieu seinen soziologischen Selbstversuch nur vor dem Hintergrund eines Objektivierungsinstruments vornehmen konnte, das es ihm erlaubt, die Wirkungen der sozialen Welt auf die Entstehung von Wissenschaft hinreichend zu konzeptualisieren. Die Rede ist von seiner Feldtheorie (siehe Kap. 3).

An dieser Schnittstelle wird deutlich, dass Bourdieus Theorie sozialer Felder nicht nur einen Theoriebeitrag zur Wissenschaftssoziologie darstellt. Sie ist zugleich genau jenes Instrumentarium, mit dem eine wissenschaftliche Reflexion auf wissenschaftliche Erkenntnis betrieben werden kann – genau jenes Instrument also, mit dem letztlich eine „kollektive Selbstanalyse" (Bourdieu 1998 [1997], S. 15) möglich wird. Bourdieu arbeitet diesen Gedanken in der Schrift *Vom Gebrauch der Wissenschaft* aus (Bourdieu 1998 [1997]).[2] Diese geht zurück auf einen Vortrag vor Mitgliedern des französischen landwirtschaftlichen Forschungsinstituts „Institut national de la recherche agronomique" (INRA). Diese Institution besitzt die Eigenschaft, einen besonders breiten Aufgabenbereich abzudecken, der von der Nutzpflanzenbiologie bis hin zur Landwirtschaftsorganisation und sozialwissenschaftlichen Verbraucherforschung reicht – eine Institution also, die aufgrund des Zusammentreffens von theoretischer und angewandter, natur- und sozialwissenschaftlicher Forschung in vielerlei Hinsicht adaptiv ist für die in Bourdieus Vortrag entwickelten Ideen. Insofern verkörpert das INRA für Bourdieu auf besonders illustrative Weise die Logik des wissenschaftlichen Feldes. In dem Vortrag zeigt er exemplarisch die Möglichkeit auf, was es bedeutet und wie es möglich ist, eine „kollektive Reflexion" zu betreiben (Bourdieu 1998 [1997], S. 15), die zugleich eine mobilisierende Kraft haben soll. Es geht ihm darum zu verdeutlichen, inwiefern seine Feldtheorie das geeignete Werkzeug für die „Konstruktion einer tatsächlichen Selbstwahrnehmung" ist, „von der schließlich ein gemeinsames Handeln seinen Ausgang nehmen kann" (Bourdieu 1998 [1997], S. 16).

Wir haben bereits gezeigt, dass es mittels der Beschreibung von Wissenschaft als soziales Feld gelingt, Wissenschaft gleichzeitig als Praxis, in ihrer institutionellen Gestalt, als gesellschaftlich ausdifferenzierter Teilbereich sowie als soziale Konflikte verstehbar zu machen, die durch Ungleichheiten und (strukturelle) Machtasymmetrien verursacht sind (Kap. 3). Die große Stärke Bourdieus liegt darin, diese Komponenten zusammenzudenken und Wissenschaft so einerseits als „soziale Welt wie andere auch" (Bourdieu 1998 [1997], S. 18) zu verstehen, d. h.

---

[2]Lediglich der Untertitel „Für eine klinische Soziologie des wissenschaftlichen Feldes" stammt von Bourdieu. Der Haupttitel *Vom Gebrauch der Wissenschaft* wurde von den Veranstalter*innen dieses Vortrags vorgegeben (Bourdieu 1998 [1997], S. 14).

4.1 Die Feldtheorie – Ein Programm zur kollektiven Selbstanalyse

als gesellschaftlichen Mikrokosmos, der von sozialen Zwängen durchzogen ist; andererseits aber ihre spezifischen sozialen Gesetze nachzuvollziehen, die sie von Kunst, Politik oder Wirtschaft unterscheiden und ihrem Vollzug eine spezifische Gestalt geben, die auf keine andere Praxisform in der Gesellschaft rückführbar ist. Diese Dialektik von Besonderem und Allgemeinem kommt letztlich in dem relationalen Konzept der relativen Autonomie des Feldes zum Ausdruck. Autonomie, so wurde bereits herausgearbeitet (siehe Abschn. 3.5.2), meint in diesem Sinne immer eine Relation, ein Verhältnis zwischen verschiedenen Akteurskonstellationen, die als Pole eines Feldes in Erscheinung treten und danach streben, unterschiedliche, ihnen individuell nützliche Hierarchisierungsprinzipien zu implementieren. Eine entscheidende Frage dabei ist, so wurde herausgearbeitet, inwiefern es den Organisationen und Institutionen des Feldes gelingt, Umweltgrenzen zu stabilisieren und gegen außerwissenschaftliche Interessen zu verteidigen. Für die Beantwortung dieser Frage muss man in der Lage sein zu erkennen, welcher Art diese sogenannten „äußeren Zwänge" sind und welche Gestalt sie für das je untersuchte Feld annehmen. Bourdieu stellt in direkter Weise diese Frage auch an das INRA, das er genauso wie andere wissenschaftliche Institutionen, Fakultäten oder Disziplinen als Feld behandelt. Dabei ist allerdings anzumerken, dass das INRA als Institution selbst kein Feld im eigentlichen Sinne ist.[3] Bourdieu appliziert das Feldkonzept hier jedoch aufgrund der Tatsache, dass das INRA als nationales Forschungsinstitut ein Teil der aus wenigen dieser großen nationalen Institute bestehenden französischen Forschungslandschaft ist.[4] Insofern repräsentiert und strukturiert das INRA in seinem Verständnis das wissenschaftliche Feld Frankreichs.

---

[3]Jede theoretische Übertragung des Feldkonzepts auf Institutionen und Organisationen bleibt daher überaus schwierig. Zum Verhältnis von Feld und Institution vgl. Everett (2002); Florian (2006); Baier und Schmitz (2012).

[4]Daneben sind noch das „Centre national de la recherche scientifique" (CNRS; Nationales Zentrum für wissenschaftliche Forschung), das „Institut national de la santé et de la recherche médicale" (INSERM; Nationales Zentrum für Gesundheit und medizinwissenschaftliche Forschung), das „Institut national de recherche en informatique et en automatique" (INRIA; Nationales Forschungsinstitut für Informatik und Automatisierung), das „Institut national de la statistique et des études économiques" (INSEE; Nationales Institut für Statistik und Wirtschaftsstudien) sowie das „Commissariat à l'énergie atomique et aux énergies alternatives" (CEA; Kommissariat für Atomenergie und alternative Energien) zu nennen.

Weiter oben wurde gezeigt, dass Feldautonomie bei Bourdieu nur als relative Autonomie plausibel ist (Abschn. 3.5.2).[5] Was bedeutet nun aber die Diagnose relativer Autonomie im Lichte der Bourdieu'schen Soziologie für die Wissenschaft und das Programm einer kollektiven Selbstanalyse? Bourdieu selbst ist nicht unkritisch in Bezug auf die Asymmetrien, mit denen oder um die in der Wissenschaft gerungen wird.

> Alles liefe also bestens in der besten aller möglichen Wissenschaftswelten, wenn die rein wissenschaftliche, die der alleinigen Macht von Begründung und Beweis stehende Logik des Wettbewerbs nicht durch externe Kräfte und Zwänge konterkariert, in manchen Fällen sogar annulliert würde [...] (Bourdieu 1998 [1997], S. 30).

Auf den ersten Blick mag es scheinen, als würde Bourdieu den Fortschritt der Wissenschaft und der Erkenntnis in erster Linie durch eine größere Autonomie des wissenschaftlichen Feldes gewährleistet sehen (Rehbein 2006a, S. 71; vgl. auch Wehling 2014, S. 76). Jede Form externer Einwirkung führe demnach zu einer Verzerrung in der wissenschaftlichen Wahrheitsfindung. In dieser Vorstellung würden die Kämpfe auf dem wissenschaftlichen Feld zu beständigem Erkenntnisfortschritt führen, würden alleine die spezifischen, d. h. die rein wissenschaftlichen Hierarchisierungsprinzipien gelten. Bourdieu drückt das so aus:

> Um also in der Wissenschaft einen Fortschritt der Wissenschaftlichkeit voranzubringen, muss man dort für eine größere Autonomie, oder genauer: für die Erfüllung ihrer praktischen Bedingungen sorgen, für eine Anhebung der Eintrittshürden, ein Verbot des Gebrauchs nichtspezifischer Waffen, geregelte Formen des Wettbewerbs, die allein dem Zwang zu gedanklicher Stimmigkeit und erfahrungswissenschaftlicher Bewahrheitung unterworfen sind (Bourdieu 1998 [1997], S. 37–38).

Bourdieu scheint damit zunächst ein positivistisches Wissenschaftsverständnis zu affirmieren. Er zeigt in dieser Hinsicht nicht nur eine gewisse Nähe zum Kritischen Rationalismus Poppers (Fröhlich 2003), sondern er schließt damit auch an wissenschaftstheoretische Grundpositionen des Struktur- oder Systemfunktionalismus an, die an prominenter Stelle bereits Mitte des 20. Jahrhunderts von Robert K. Merton ausgebreitet wurden (Merton 1985a [1973]). Merton stellt die Frage nach den gesellschaftlichen Bedingungen wissenschaftlichen, d. h. objektiven und universell gültigen Wissens. Insbesondere vor dem Hintergrund der

---

[5]Für eine grundlegende Auseinandersetzung mit dem Autonomie-Begriff in der Soziologie vgl. Franzen et al. (2014).

4.1 Die Feldtheorie – Ein Programm zur kollektiven Selbstanalyse

historischen Erfahrung der politisch-ideologischen Vereinnahmung, Irritation und Indienstnahme von Wissenschaft im Nationalsozialismus und im Stalinismus (Ben-David 1991, S. 470) sah sich Merton zu der Frage gezwungen, wie gesichertes Wissen als universelles und objektives Wissen möglich ist. Seine Funktionsbestimmung von Wissenschaft ist eindeutig: „Das institutionelle Ziel von Wissenschaft ist die Erweiterung abgesicherten Wissens" (Merton 1985a [1973], S. 89). Welche gemeinsamen Werte, so fragt Merton nun, sind hinsichtlich dieser Beziehung von Wissenschaft und Gesellschaft also funktional – d. h. bei Merton normativ auch gut und förderlich – im Hinblick auf die Entstehung und den Fortbestand von Wissenschaft und der Ermöglichung wissenschaftlichen Fortschritts? „Sicherlich entwickelt sich die Wissenschaft innerhalb unterschiedlicher Gesellschaftsstrukturen", so Merton, „aber welche von ihnen bietet den institutionellen Kontext, in dem sie sich am besten entfalten kann?" (Merton 1985a [1973], S. 89). Mertons positivistisches Wissenschaftsverständnis verschränkt Wissenschaft und wahres bzw. objektives Wissen eng miteinander. So begreift er Wissenschaft als die Einheit dreier Elemente: erstens der spezifischen Methoden zur Sicherung von Wissen, zweitens der Gesamtheit des durch diese Methoden akkumulierten Wissens sowie drittens des Komplexes der „kulturellen Werte und Verhaltensmaßregeln, denen die als wissenschaftlich bezeichneten Aktivitäten genügen müssen" (Merton 1985a [1973], S. 87). Diesen Komplex beschreibt Merton als *Ethos* der Wissenschaft, die er in Form von institutionellen Imperativen ausbuchstabiert. Diese Imperative (Universalismus, Kommunismus, Uneigennützigkeit und organisierter Skeptizismus) stellen nun die idealtypische Antwort auf die Frage nach den Verhaltensformen dar, die in einer Gesellschaft erforderlich sind, damit Wissenschaft als die Erweiterung gesicherten Wissens möglich ist.

Bourdieus Konzeption der Autonomie der Wissenschaft mag zunächst wie die potentiell-praktische Umsetzung des Merton'schen Ethos erscheinen.[6] Peter Wehling argumentiert, dass die Wissenschaftssoziologie Bourdieus an dieser Stelle in Konflikt zu wesentlichen Annahmen seiner Feldtheorie gerät (Wehling 2014, S. 80). Mitnichten jedoch nimmt Bourdieu eine solche positivistische Perspektive ein, vielmehr betont er stattdessen, dass zur sozialen Wirklichkeit der Wissenschaft gehört, dass sie ein Kampffeld ist. Bourdieu grenzt sich an dieser Stelle dezidiert von systemfunktionalistischen (Merton) oder systemtheoretischen

---

[6]Für eine ausführliche Diskussion der Gemeinsamkeiten und Unterschiede von Merton und Bourdieu vgl. Orozco (1996).

Ansätzen (Luhmann) ab. Was sich in Feldern – auch im Wissenschaftsfeld – vollzieht, bildet stets Strukturen von Unterschieden, Antagonismen und Distinktionen aus, die sich nicht gemäß eigener, interner und selbstreferentieller Systemdynamiken ausbilden, wie Bourdieu betont, „sondern durch interne Konflikte im Feld der Produktion" (Bourdieu und Wacquant 2006 [1992], S. 134). Das zentrale Element der Konflikthaftigkeit unterscheidet Felder also fundamental von Funktionssystemen, wie Bourdieu betont: „Das Feld ist ein Ort von Kräfte- und nicht nur Sinnverhältnissen und von Kämpfen um die Veränderung, und folglich ein Ort des permanenten Wandels" (Bourdieu und Wacquant 2006 [1992], S. 134–135; siehe auch Kap. 3). Was Wissenschaft in der Wirklichkeit der sozialen Welt also auszeichnet, ist die Tatsache, dass sie insbesondere auch Akten der „Tyrannei" ausgesetzt ist, wie Bourdieu es nennt, die im Wesentlichen eben darin bestehen, „in einer Ordnung eine Macht zu benutzen, die einer anderen angehört" (Bourdieu 1998 [1997], S. 28, 36). Diese tritt zwar ausgesprochen selten in der Gestalt jenes „Kategorienfehlers" auf, bei dem physische Gewaltmittel den logischen Beweis erzwingen oder unterwerfen (Bourdieu 1998 [1997], S. 28),[7] durchaus jedoch in der Gestalt einer „tyrannischen" Verfügung und Kontrolle über Forschungsressourcen etwa, die sich im akademischen Kapitalismus wesentlich auf die Themen- und Gegenstandswahl auswirken (Hirsch 1975; Etzkowitz 1989; Etzkowitz et al. 1998; Weingart 2001). Der Druck, der beispielsweise mit Rankings einhergeht, hat unmittelbare Auswirkung auf die Ebene der Erkenntnisproduktion und den Erkenntnisfortschritt, denn wer zum Beispiel über Exzellenzcluster an Ressourcen kommen möchte, schreibt keine Monografien oder Handbuchartikel mehr, sondern beugt sich den inhaltlichen Anforderungen und Schlagrichtungen der Peer-Review Journals oder dem Fetisch der Zitations-Indices (Fleck 2013; Lenger 2015; Rogge 2015a; zum Zusammenhang von Erkenntnisfortschritt und Zitations-Indices vgl. Münch 2015; zur Rolle von Journal Editoren vgl. Corley und Schinoff 2017).

Die von Bourdieu hervorgehobene Autonomie des Felds ist also keine empirische Wendung in der Beschreibung des Ethos, sondern in erster Linie ein relationales Konzept, das die Perspektive einer „kollektiven Selbstanalyse" eröffnen soll. In anderen Worten: Bourdieus Vorstellung von der Autonomie ist nur als relative und beständig zu erkämpfende Ordnung sinnvoll zu verstehen. Es geht

---

[7] „Wenn Sie einen Mathematiker ausstechen wollen, muss es mathematisch gemacht werden, durch einen Beweis oder eine Widerlegung. Natürlich gibt es immer auch die Möglichkeit, dass ein römischer Soldat einen Mathematiker köpft, aber das ist ein ‚Kategorienfehler' […]" (Bourdieu 1998 [1997], S. 28).

4.1 Die Feldtheorie – Ein Programm zur kollektiven Selbstanalyse

dabei nicht um das Ideal einer hermetisch geschlossenen Wissenschaftsgemeinschaft (Gläser 2006) oder einer autopoeitisch operierenden Wissenschaft (Luhmann 1992),[8] sondern es handelt sich um eine praxistheoretische Ausdeutung der Herrschafts- und Durchsetzungsdynamiken in modernen Gesellschaften, in denen um das Universelle gerungen wird (Hamann et al. 2017). Tatsächlich würde eine rein normative Ausdeutung der Feldautonomie zu dem Problem führen, dass die mitunter produktiven und verdienstvollen Verschränkungen von Wissenschaft und Politik, Medien oder Öffentlichkeit übersehen werden (Fröhlich 2003).

Gerade weil diese Dynamiken jedoch eine unmittelbare Auswirkung auf den wissenschaftlichen Fortschritt, auf die Erkenntnisproduktion und die Vernunft haben, bedarf es im Sinne der Soziologie Bourdieus einer „kollektiven Reflexion" der Wissenschaft. Im Mittelpunkt steht dabei die Offenlegung der sozialen Dynamiken, die auf materieller, politischer und ideologischer Ebene auf wissenschaftliche Erkenntnisproduktion Einfluss haben. In diesem Zusammenhang greift sein Programm der feldtheoretischen Selbstanalyse das Problem der Wissenschaftssoziologie wieder auf (Abschn. 2.5.1), denn es ist gerade diese Subdisziplin, die sich in den Dienst der Wissenschaft selbst stellt, in den Dienst des wissenschaftlichen Fortschritts und letztlich auch der Vernunft (Bourdieu 1998 [1997], S. 38). Die Feldtheorie hält nun insofern einen Beitrag zur Auto-Analyse der Wissenschaft bereit, weil es nicht nur darum geht, die polit-ökonomischen Bedingungen zu identifizieren, unter denen Wissenschaft stattfindet, sondern insbesondere auch darum, die Kämpfe, Hierarchien und Antagonismen im Feld angemessen in der wissenschaftlichen Analyse zu berücksichtigen. Wissenschaft als Feld zu begreifen – und sich dessen reflexiv bewusst zu werden – hat zur Folge, dass der eigene Standpunkt, den Wissenschaftler*innen im wissenschaftlichen Feld einnehmen, als partielle Stellungnahme oder Positionierung sichtbar wird. Damit werden den Akteuren einerseits die Bedingungen bewusst, unteren denen sie Wissenschaft betreiben. Andererseits – und dies ist die besondere Leistung Bourdieus – wird deutlich, dass das Feld der Wissenschaft aus „partiellen und interessegeleiteten Objektivierungen der Feldangehörigen" besteht, dem gegenüber die Feldtheorie „eine Objektivierung des Feldes als Ensemble von Blickwinkeln entgegnet" (Bourdieu 1998 [1997], S. 39). Damit meint Bourdieu die reflexive Einsicht in die Konkurrenzstruktur des Feldes selbst, der man als Wissenschaftler*in notwendigerweise ausgesetzt ist und an deren Aufrechterhaltung man

---

[8]Zu Bourdieus Auseinandersetzung mit der Systemtheorie vgl. Bourdieu und Wacquant (2006 [1992], S. 134–135).

beständig und unwissentlich mitarbeitet (Bröckling 2016). Bourdieu spricht in diesem Zusammenhang von der Notwendigkeit, eine Arbeit der „objektivierenden Distanzierung" (Bourdieu 1998 [1997], S. 39) zu leisten, die darin bestehe, „jene Sichtweisen in einem Raum der Stellungnahmen zu verorten und auf die entsprechenden Stellungen zu beziehen, sie gleichzeitig ihres ‚absolutistischen' Anspruchs auf Objektivität zu enteignen [...] und sie zu erklären, verstehbar, einsehbar zu machen" (Bourdieu 1998 [1997], S. 39).

Bourdieu vollzieht eine radikal erkenntniskritische Einsicht in die Bedingungen der Wissenschaft, die darauf abzielt, die objektiv-materiellen, ideologisch-politischen und sozial-konflikthaften Bedingungen offenzulegen, denen sie unterliegt. Trotz der programmatischen Schlagrichtung, die seine Wissenschaftssoziologie durchaus aufweist, affirmiert sie jedoch keineswegs ein positivistisches Vernunftverständnis. Im Gegenteil: Indem er die Partikularität der wissenschaftlichen Erkenntnisse betont, die aus der Tatsache hervorgehen, dass sie immer standpunktgebunden sind, reiht er sich letztlich im Denken der Kritischen Theorie ein. Auch für Adorno stellte die positivistische Vergessenheit der eigenen partikulären Sicht auf die Welt ein Kernproblem dar:

> Der Positivismus, dem Widersprüche anathema sind, hat seinen innersten und seiner selbst unbewussten Kern daran, dass er der Gesinnung nach äußerster, von allen subjektiven Projektionen gereinigter Objektivität anhängt, dabei jedoch nur desto mehr in der Partikularität bloß subjektiver instrumenteller Vernunft sich verfängt (Adorno 1972a [1969], S. 285).

Genau an diese Kritik schließt Bourdieu an, wenn er die partikulären Stellungnahmen im wissenschaftlichen Feld als absolutistische Ansprüche auf Objektivität (Bourdieu 1998 [1997], S. 39) demaskiert. Allerdings ist diese Operation der reflexiven Offenlegung wissenschaftlich-objektiver Partikularität gerade im Fall der Wissenschaft besonders schwierig, da Wissenschaftler*innen, wie Bourdieu sagt, „von Berufs wegen über mächtige Werkzeuge der Universalisierung verfügen" (Bourdieu 1998 [1997], S. 41). Das bedeutet, dass das Betreiben von Wissenschaft als eine Praxis zu begreifen ist, die an anerkannten Kriterien von Objektivität orientiert ist und die objektives Wissen durch methodisch gesicherte und kollektiv anerkannte Regeln der Erzeugung von Objektivität hervorbringt. Stärker noch als in anderen Bereichen der Gesellschaft haben in diesem Feld nur das Universelle und Objektive Gültigkeit. Umgekehrt gilt, dass in modernen Gesellschaften wissenschaftlichen Leistungen in besonderem Maße eine Allgemeingültigkeit zukommt. Weil dem so ist, liegt für Bourdieu nahe, dass diese prinzipiell subjektiven und partiellen Stellungnahmen, „die sich objektiv und universell geben […], in Wirklichkeit als Waffen für die inneren Auseinandersetzungen herhalten müssen" (Bourdieu 1998 [1997], S. 41).

4.2 Im Geiste der Kritischen Theorie

Die Nähe Bourdieus zur Kritischen Theorie tritt an eben diesem Punkt deutlich zutage. Seine kritische Auseinandersetzung mit wissenschaftlichen Objektivierungsoperationen reiht sich in einen Kritikstrang ein, der bereits bei Max Webers Diagnose des okzidentalen Rationalismus seinen Ursprung nimmt. Herbert Marcuse beispielsweise kritisiert den apologetischen Charakter des Weber'schen Handlungstypus der Zweckrationalität als Ausdruck einer falschen und irrationalen kapitalistischen Vernunft (Marcuse 1965, S. 165–166). Die von Weber anvisierte Vernunft, so Marcuse, enthülle sich als eine dem Wesen nach dem Kapitalismus dienliche „technische Vernunft" (Marcuse 1965, S. 164), die sich in der Moderne für Weber jedoch als unausweichlich erweise (Marcuse 1965, S. 166).[9] Zweckrationales Handeln entlarvt sich seiner Struktur nach folglich als die Ausübung von Kontrolle. Demnach ist auch die Rationalisierung von Lebensverhältnissen gleichbedeutend mit der Institutionalisierung von Herrschaft (Habermas 1969, S. 49). Anders als Marcuse buchstabiert Max Horkheimer diesen Punkt als *Kritik an der instrumentellen Vernunft* (Horkheimer 1967) aus, wobei er in einem positivistischen Wissenschaftsverständnis die benannten Elemente von Herrschaft und Apologetik identifiziert. Für Horkheimer findet die „Hypostasierung der Wissenschaft", wie sie für moderne Gesellschaften charakteristisch ist, in erster Linie im positivistischen Denken ihren Ausdruck (Horkheimer 1967, S. 63–92).

Mit Bourdieu müsste man nun festhalten, dass es die Stärke der Objektivierungstechniken, insbesondere der positivistischen und gemäß einer technischen Vernunft organisierten Wissenschaften ist, die einer soziologischen Reflexivierung der Wissenschaft entgegenwirkt (vgl. auch Kim 2009). Dabei geht es nicht darum, das Programm der kollektiven Reflexion seinerseits als antipositivistisches Ideal der Wissenschaft zu platzieren – und auf diese Weise der Gefahr der Ideologisierung auszuliefern. Es wurde bereits betont, dass die Reflexivität

---

[9]Weber entwickelte zwar zunächst, so Marcuse, einen kritischen Begriff der kapitalistischen Vernunft: „Aber dann macht die Kritik halt, akzeptiert das angeblich Unabwendbare und wird zur Apologetik – schlimmer noch: zur Denunziation der möglichen Alternative" (Marcuse 1965, S. 166).

einem gesellschaftskritischen Anspruch gerecht wird, weil sie die erkenntnistheoretischen Bedingungen der Wahrheitsproduktion offenlegt. Der Eingriff der positivistischen Wissenschaften in den Kampf um die Wahrheit ist, so ließe sich Bourdieu mit Horkheimer zunächst verstehen, besonders schwerwiegend, da sie nicht nur mit den mächtigsten Objektivierungsinstrumenten operieren, sondern – und das ist entscheidend – zusätzlich eine gesellschaftlich dominierende instrumentelle Vernunft affirmieren. Nun gilt aber, dass Bourdieu, entgegen der Zuspitzung Horkheimers auf den Positivismus, die Objektivierungsakte der Wissenschaft grundsätzlich – und eben nicht nur der positivistischen und anwendungsorientierten Wissenschaften wie den Naturwissenschaften – problematisiert. Auch die Objektivierungen der Soziologie und der Ethnologie erweisen sich für ihn bekanntlich im Hinblick auf Erkenntnis und Vernunft als problematisch (siehe Kap. 2). Mit anderen Worten: Das Problem besteht für Bourdieu nicht darin, dass die Wissenschaften ihre Objektivierungsoperationen überhaupt vornehmen, sondern dass sie sich durch die Hypostasierung eines Vernunftverständnisses, das in modernen Gesellschaften instrumenteller (oder zweckrationaler) Art ist, besonders gegen eine kritische Befragung durch jene Wissenschaften zu immunisieren in der Lage sind,[10] die sich dem Diktum der Zweckdienlichkeit nicht unterwerfen. Aus diesem Grund gelingt es Bourdieu zu zeigen, dass die Rhetorik vom gesellschaftlichen Nutzen der Wissenschaft ihrerseits eine Strategie im Kampf um das Monopol der legitimen Definition wissenschaftlicher Praxis bedeutet (Bourdieu 1998 [1997], S. 41).

4.2.1 Autonomie – Welche Autonomie?

Ein zentraler Unterschied zwischen Bourdieu und der Kritischen Theorie tut sich indessen dort auf, wo Autonomie im theoretischen Verständnis auf unterschiedliche Dimensionen gerichtet ist. Dem liegt analog ein unterschiedliches Vernunftverständnis zugrunde. Die Kritische Theorie zielt normativ auf die Realisierung des Wertes der subjektiven Autonomie ab (Kögler 2007). Der Vernunftbegriff der Kritischen Theorie verweist in erster Linie entsprechend auf seine subjektive

---

[10]Horkheimer hat diesen Gedanken in allgemeiner Form bereits auf das Verhältnis von Philosophie und Naturwissenschaften hin formuliert: „Die Positivisten passen", so Horkheimer, „die Philosophie an die Wissenschaft an, d. h. an die Erfordernisse der Praxis, anstatt die Praxis an die Philosophie anzupassen […]. Positivismus ist philosophische Technokratie" (Horkheimer 1967, S. 64).

4.2 Im Geiste der Kritischen Theorie

Dimension in Gestalt der instrumentellen (also zweckrationalen) Vernunft, an der sich die Kritik entzündet.[11] Bei Horkheimer hat die fortschreitende Rationalisierung – verstanden als Expansion einer technisch-rationalen und verwissenschaftlichten Vernunft – zur Folge, dass die „Substanz der Vernunft […], in deren Namen für den Fortschritt eingetreten wird" vernichtet wird (Horkheimer 1967, S. 14). Und das bedeutet bei Horkheimer, dass die Vernunft im Sinne ihrer autonom-subjektiven Dimension bedroht ist.[12] So schreibt er: „Deutlich scheint, selbst mit der Erweiterung des Denk- und Handlungshorizonts durch das technische Wissen, die Autonomie des Einzelsubjekts, sein Vermögen, dem anwachsenden Apparat der Massenmanipulation zu widerstehen, die Kraft seiner Phantasie, sein unabhängiges Urteil zurückzugehen" (Horkheimer 1967, S. 13).

Bourdieu verschiebt nun den Schwerpunkt der Bedeutung des Vernunftbegriffs auf die soziale Dimension. Das kommt dort deutlich zum Ausdruck, wo sich Autonomie in seiner Theoriearchitektur auf die sozialen Felder als Bedingung der Möglichkeit von subjektiver und intersubjektiver Vernunft bezieht und eben nicht unmittelbar auf die Subjektebene richtet. Autonomie ist bei ihm folglich nicht entweder auf der Mikroebene – der Akteursebene – oder der Makroebene – den gesellschaftlichen Funktionssystemen – angesiedelt (Franzen et al. 2014, S. 10). Seine Praxistheorie hebt diese Unterscheidung bekanntlich auf. Vielmehr verschränkt Bourdieu beide Ebenen theoretisch-konzeptionell und macht auf ihre gesellschaftlichen Bedingungen aufmerksam, indem er Autonomie als soziohistorische Entwicklung einzig auf Felder bezieht.

Das Konzept autonomer Felder – und insbesondere der Autonomie des Wissenschaftsfeldes – steht damit im Mittelpunkt seiner Diskussion der Vernunftidee. Wir haben bereits erläutert, dass die mit Objektivität ausgestatteten und einer absolutistischen Macht der Universalisierung operierenden, ihrem Wesen nach jedoch partikularen Stellungnahmen im Feld, das zentrale dialektische Moment in der konflikttheoretischen Wissenschaftssoziologie Bourdieus darstellen. Weil Wissenschaftler*innen Feldakteure sind, sind sie stets eingebunden in das partikulare und historische Geschehen. Entsprechend stellt sich vor diesem Hintergrund das Problem des Allgemeinen bzw. Universellen stets als ein Problem des

---

[11]Horkheimer schreibt dazu: „Nachdem sie die Autonomie aufgegeben hat, ist die Vernunft zu einem Instrument geworden" (Horkheimer 1967, S. 30).

[12]Zwar unterscheidet Horkheimer auch zwischen der objektiven und der subjektiven Vernunft. Diese beiden sollen sich wechselseitig kritisch verhalten. Im Mittelpunkt steht dabei aber, dass sich ein Mangel an objektiver Vernunft als Pathologie ausdrückt und somit auf subjektiver Ebene erscheint.

Teleologischen, wie es Bourdieu ausdrückt (Bourdieu und Schwibs 1985, S. 387). Damit meint er nun konkret das Problem des ‚*Telos* der Vernunft':

> In der Tat meine ich, dass nichts uns dazu berechtigt, eine teleologische Perspektive einzunehmen – weder im Hinblick auf die Entwicklung der individuellen Persönlichkeit, des individuellen Habitus, noch die Genesis eines spezifischen Feldes, worin die Rationalität ihren Ort hat (wie im Wissenschaftsfeld). Vernunft darf weder als Anfang noch als Ende eines Prozesses postuliert werden (Bourdieu und Schwibs 1985, S. 387).

Bourdieu postuliert also, dass Vernunft eine historische Errungenschaft ist, ein Prozess, der in gesellschaftlichen Strukturen zu gerinnen vermag. Im Wissenschaftsfeld hat sie den Ort gefunden, an dem sie auch einer reflexiven Explikation zugänglich wird. Die Vernunft realisiert sich bei Bourdieu folglich nicht im Subjekt, da die sozialen Strukturen, d. h. die sozialen Kämpfe, Ungleichheiten und Machtverhältnisse die Annahme einer teleologischen Vernunftentwicklung unwahrscheinlich machen. Dennoch gibt Bourdieu den Vernunftgedanken nicht endgültig auf. Als historische Errungenschaft verkörpert sich Vernunft noch eher in Institutionen bevor sie sich im Subjekt bestimmen lässt: „Für mich ist Vernunft eine historische Errungenschaft, wie die Sozialversicherung; sie ist das Ergebnis individueller […] wie kollektiver Kämpfe" (Bourdieu und Schwibs 1985, S. 389).

Die Verbindung einer in erster Linie nicht subjektbezogenen Kampfrhetorik mit dem Vernunftgedanken bei Bourdieu mag zunächst irritieren, tritt die Idee der Vernunft seit Kant doch klassischerweise als Bedingung für den Prozess der Aufklärung auf (Kant 1998 [1781]).[13] In dieser Tradition wurde Vernunft nach ihren transzendentalen Bedingungen befragt. Bourdieu weist jede transzendentale Begründung für Vernunft zurück und bindet sie in einem genuin historischen Prozess ein, der für ihn das Wesen des Sozialen markiert: Kampf und Konflikt.

> Wenn ich sage, dass eine Situation des offenen Konflikts (selbst wenn er nicht durch und durch wissenschaftlich ist) einer Situation des falschen Konsensus vorzuziehen ist […], dann im Namen der Überzeugungskraft, dass es eine Politik der Vernunft geben kann. Ich bin nicht der Meinung, dass die Vernunft in der Struktur des

---

[13] In drei zentralen Werken nimmt Bourdieu in Untertiteln Bezug auf die Kritiken Kants: „Kritik der gesellschaftlichen Urteilskraft" (Bourdieu 1982 [1979]), „Kritik der theoretischen Vernunft" (Bourdieu 1987 [1980]) sowie in „Kritik der scholastischen Vernunft" (Bourdieu 2004 [1997]).

menschlichen Geistes oder in der Sprache angelegt ist. Eher ist sie in bestimmten Typen von historischen Bedingungen angesiedelt, in bestimmten gesellschaftlichen Strukturen des Dialogs und der gewaltfreien Kommunikation (Bourdieu und Wacquant 2006 [1992], S. 225).

Indem Bourdieu also Vernunft weder in der Sprache ansiedelt noch als Fähigkeit des menschlichen Geistes, sondern als gesellschaftlich-politisches Projekt begreift, erweist sich für ihn lediglich eine *Realpolitik der Vernunft* als aussichtsreiche Verwirklichung von Vernunft (Bourdieu 1991a, S. 51, 1998 [1997], S. 60; Bourdieu und Wacquant 2006 [1992], S. 212–238). Diese *Realpolitik der Vernunft* bringt Bourdieu in deutlicher Abgrenzung zu Jürgen Habermas' Kommunikationstheorie in Stellung (Bourdieu und Wacquant 2006 [1992], S. 224–226; Bourdieu 1998 [1997], S. 58, 1991a, S. 51, 2004 [1997], S. 84–93).[14] Diese Frontstellung ergibt sich unseres Erachtens zwingend aus der Nähe der beiden Positionen. Bei beiden geht es um die Kommunikation innerhalb der Wissenschaft – und deren ähnliche Vorstellungen von einer idealförmigen Wissenschaft kreisen wesentlich um die Verwirklichung von Vernunft (Rehbein 2006b). Aus diesem Grund werden im Folgenden die Theorien von Bourdieu und Habermas nebeneinandergestellt, um daran anschließend den Zusammenhang von Reflexion, Autonomie und Vernunft herauszuarbeiten.[15]

4.2.2 Zur Theorie des kommunikativen Handelns

Habermas vertritt mit seiner *Theorie des kommunikativen Handelns* ein Vernunftverständnis, bei dem Vernunft als Inbegriff von Argumentation bzw. von rationalen Diskursen gilt. Das meint bei Habermas, dass soziales Handeln immer Geltungsansprüche artikuliert – Ansprüche, dass das, was wir sagen und wie wir handeln etwa objektiv wahr oder normativ richtig ist – und dass diese Geltungsansprüche grundlegend anfechtbar und kritisierbar sind. Was als wahr oder richtig gilt oder gelten soll, darüber lässt sich immer auch diskursiv streiten. Die Kritisierbarkeit von sozialem Handeln macht im Verständnis von Habermas dessen

---

[14]Diese explizite Auseinandersetzung ist umso bemerkenswerter, als Bourdieu in vielen anderen Fällen eine direkte Auseinandersetzung mit für ihn bedeutenden Autoren (Norbert Elias, Edmund Husserl, Thorstein Veblen) vermissen lässt (Lenger et al. 2013b).
[15]Für einen Versuch in diese Richtung am Beispiel von Pathologien und kollektiven Lernprozessen in sozialen Feldern siehe Forchtner und Schneickert (2016).

Rationalität aus. Er drückt es so aus, dass die „Rationalität einer Äußerung auf Kritisierbarkeit und Begründungsfähigkeit zurückzuführen" sei (Habermas 1995 [1981], Bd. 1, S. 27). Ähnlich wie Bourdieu glaubt Habermas also, dass Rationalität nicht im individuellen Bewusstsein, in den Strukturen des subjektiven Geistes verankert ist. Während Habermas jedoch Vernunft in der sprachlichen Kommunikation verortet, weist Bourdieu, wie gezeigt, diesen Punkt zurück. Für Habermas steht indessen die Besonderheit der menschlichen Sprache und der menschlichen Kommunikation an zentraler Stelle.

Dass sich nun Bourdieu an dieser Stelle so deutlich von Habermas unterscheidet, liegt in der Implikation der Habermas'schen Theorie begründet. Die Realisierung von Vernunft – oder „Mündigkeit", wie es in der Tradition der Kritischen Theorie auch heißt – ergibt sich für Habermas notwendigerweise aus der menschlichen Sprache selbst. „Das, was uns aus Natur heraushebt, ist nämlich der einzige Sachverhalt, den wir seiner Natur nach kennen können: die Sprache. Mit ihrer Struktur ist Mündigkeit für uns gesetzt" (Habermas 1969, S. 163). In diesem Sinne ist Habermas zufolge der einzelne Mensch zwar nicht von sich aus zur Vernunft begabt, aber als ihre mögliche Quelle sieht er die Kommunikation zwischen Menschen (und in erster Linie diejenige Kommunikation, die sich in der Form der Sprache vollzieht). Ihr *Telos,* ihr Ziel und Endzweck, ist Habermas zufolge also Verständigung (Habermas 1995 [1981], Bd. 1, S. 387). Damit aber leitet er einen Paradigmenwechsel in der soziologischen Handlungstheorie ein: „vom zielgerichteten zum kommunikativen Handeln [...]. Nicht mehr Erkenntnis und Verfügbarmachung einer objektiven Natur sind, für sich genommen, das explikationsbedürftige Phänomen, sondern die Intersubjektivität möglicher Verständigung [...]. Der Fokus der Untersuchung verschiebt sich damit von der kognitiv-instrumentellen zur kommunikativen Rationalität" (Habermas 1995 [1981], Bd. 1, S. 525). Damit macht Habermas deutlich, dass eine soziologische Theorie sozialen Handelns – und damit auch der Wissenschaft – nicht an ein enges Rationalitätsverständnis gebunden ist, dem zufolge nur die optimale Wahl der geeigneten Mittel als soziales Handeln begriffen werden kann. Immerhin ist nicht ohne Kommunikation festzustellen, was rational ist, denn Rationalität verwirklicht sich erst im kommunikativen Handeln. In der Folge gilt auch für die Wissenschaft, dass dort nicht nur Wahrheiten und normative Richtigkeit ausgehandelt werden, sondern dass ohne kommunikative Verständigung auch Wissenschaft nicht denkbar wäre. Habermas' normativer Orientierungspunkt für seine Theoriebildung ist also eine herrschaftsfreie Gesellschaft, in der Verständigung nicht *über* etwas, sondern die Sprache *als* Medium „unverkürzter Verständigung" (Habermas 1995 [1981], Bd. 1, S. 142) im Mittelpunkt steht. Sein kommunikatives Handlungsmodell grenzt er insbesondere gegen die schon von Horkheimer und Marcuse

4.2 Im Geiste der Kritischen Theorie

problematisierten instrumentellen Handlungsrationalitäten ab. Das berührt bei Habermas nun unmittelbar das Verhältnis von Wissenschaft und Gesellschaft, denn gerade die moderne Wissenschaft prägt seiner Meinung nach der Gesellschaft herrschaftsförmig einen Modus der instrumentellen Rationalität auf:

> Nicht die wissenschaftliche Rationalität als solche, wohl aber ihre Hypostasierung scheint zu den idiosynkratrischen Zügen der westlichen Kultur zu gehören und auf ein Muster der kulturellen und der gesellschaftlichen Rationalisierung zu verweisen, das der kognitiv-instrumentellen Rationalität nicht nur im Umgang mit der äußeren Natur, sondern im Weltverständnis und in der kommunikativen Alltagspraxis zu einseitiger Dominanz verhilft (Habermas 1995 [1981], Bd. 1, S. 102).

Mit der einseitigen Dominanz der instrumentellen Rationalität im Weltverhältnis meint Habermas nichts anderes, als dass die genuin menschliche Fähigkeit zur Verständigung qua Sprache hinter einer wissenschaftlich-instrumentellen Rationalität zu verloren gehen droht. Für Habermas ist aber wichtig, dass die instrumentelle Vernunft nicht die gesamte Gesellschaft gleichermaßen bestimmt, sondern nur den Teil, den er als Arbeit bzw. den gesellschaftlichen Bereich des zweckrationalen Handelns identifiziert. Diese Unterscheidung von Kommunikation und Arbeit leitet Habermas von Hegel ab.[16] Er liest Hegel so, dass die Konstitution eines Ich, eines Selbstbewusstseins, und des Geistes nicht das Ergebnis einsamer Reflexionsleistungen sei, sondern erst prozesshaft gebildet werden. Damit rückt Habermas einen Bildungsprozess an zentrale Stelle, für den die Faktoren Sprache, Arbeit und Interaktion von Bedeutung sind. Mit der Unterscheidung von Interaktion und Arbeit führt Habermas zugleich die wichtige Unterscheidung von instrumentellem und kommunikativem Handeln ein.[17]

---

[16]Habermas leitet aus seiner Auseinandersetzung mit der frühen Vorlesung Hegels zur „Philosophie des Geistes" (Habermas 1969, S. 9–47) die Zentralität seines Begriffs des kommunikativen Handelns ab. Habermas arbeitet an dieser Stelle heraus, inwiefern sich Hegel von Kant im Hinblick auf die Bestimmung des Ich unterscheidet. Während Kant das Ich transzendental als ursprünglich-synthetische Einheit der Apperzeption begreift, ist bei Hegel die Subjektivität des Ich als Reflexion bestimmt (Habermas 1969, S. 12). Als solche sind die Bildung des Bewusstseins und des Geistes als Prozesse begreifbar, was für Habermas den Ausgangspunkt darstellt, um Sprache und Arbeit im Hinblick auf den Bildungsprozess des Geistes zu unterscheiden.

[17]„Während das instrumentale Handeln dem Zwang der äußeren Natur korrespondiert und der Stand der Produktivkräfte das Maß der technischen Verfügung über Gewalten der Natur bestimmt, steht das kommunikative Handeln in Korrespondenz zur Unterdrückung der eigenen Natur: der institutionelle Rahmen bestimmt das Maß einer Repression durch die naturwüchsige Gewalt sozialer Abhängigkeit und politischer Herrschaft. Die Emanzipation

Habermas fragt sich nun, in welchem Verhältnis Arbeit und Interaktion stehen und welche Bedeutung dieses Verhältnis für die Bildung des Geistes einnimmt. In groben Zügen geht es zunächst darum, dass sowohl der Prozess der Arbeit als auch der Interaktionsprozesse Medien der prozesshaften Konstitution des Selbst sind. Anders als im Bereich der Arbeit, mit dem die Welt verfügbar gemacht wird, erfahren sich Menschen in Interaktionen als miteinander verbundene Wesen. Beide Prozesse, Arbeit und Interaktion, sind somit gleichermaßen konstitutiv für die Bildung eines Selbstbewusstseins und des Geistes. Habermas kommt vor diesem Hintergrund nun zu dem Schluss, dass Hegel Interaktion und Arbeit letztlich als zwei getrennt voneinander zu behandelnde Medien begreift. Er reduziere weder Interaktion auf Arbeit, noch hebe er Arbeit in der Interaktion auf (Habermas 1969, S. 35). Daraus leitet Habermas ab, dass instrumentelles oder zweckrationales Handeln keinesfalls mit kommunikativem Handeln verwechselt werden darf.

Diese Unterscheidung ist für Habermas in der Folge im Hinblick auf die Rolle von Wissenschaft und Technik von zentraler Bedeutung. Er argumentiert, dass von der Entwicklung der Wissenschaft alleine noch kein Fortschritt der Menschheit zu erwarten sei.[18] Aus diesem Grund betont Habermas die Rolle von Kommunikation und Interaktion in der Gesellschaft als eigenständiger Bereich:

---

von äußerer Naturgewalt verdankt eine Gesellschaft den Arbeitsprozessen, nämlich der Erzeugung technisch verwertbaren Wissens […]; die Emanzipation vom Zwang der inneren Natur gelingt im Maße der Ablösung gewalthabender Institutionen durch eine Organisation des gesellschaftlichen Verkehrs, die einzig an herrschaftsfreie Kommunikation gebunden ist" (Habermas 1973, S. 71).

[18]Habermas wendet sich hier gegen Marx, der seinerseits versuche, „den welthistorischen Bildungsprozess der Menschengattung aus Gesetzen der Reproduktion des gesellschaftlichen Lebens zu rekonstruieren" (Habermas 1969, S. 45). Marx reformuliert den Hegel'schen Bildungsprozess des Geistes als Dialektik von Produktivkräften und Produktionsverhältnissen, worin Habermas eine für unzulässig erachtete Vermengung von Interaktion und Arbeit, von kommunikativem und instrumentellem Handeln identifiziert. Er wirft Marx vor, den Zusammenhang von Interaktion und Arbeit nicht explizit zu haben, „sondern unter dem unspezifischen Titel der gesellschaftlichen Praxis eins auf das andere reduziert, nämlich kommunikatives Handeln auf instrumentelles zurück[ge]führt" zu haben (Habermas 1969, S. 45). An dieser Stelle tritt eine deutliche Divergenz zwischen Habermas und Bourdieu zutage, denn immerhin rückt Bourdieu mit seiner Entwicklung einer „Theorie der Praxis" (siehe Kap. 2) den Praxisbegriff in den Mittelpunkt. Der Praxisbegriff jedoch ist Habermas im Hinblick auf die Vermengung von Interaktion und Arbeit zu unscharf.

4.2 Im Geiste der Kritischen Theorie

> Heute, da der Versuch unternommen wird, die kommunikativen Zusammenhänge wie immer auch naturwüchsig verfestigter Interaktionen nach dem Muster der technisch fortschreitenden Systeme zweckrationalen Handelns zu reorganisieren, haben wir Grund genug, beide Momente strenger auseinanderzuhalten […]. Die Befreiung von Hunger und Mühsal konvergiert nicht notwendig mit der Befreiung von Knechtschaft und Erniedrigung, denn ein entwicklungsautomatischer Zusammenhang zwischen Arbeit und Interaktion besteht nicht (Habermas 1969, S. 46).

Es ist schon angeklungen, dass Habermas die moderne Wissenschaft im Bereich der Arbeit verortet und im Kern als Produktivkraft begreift. Wissenschaft sei eng mit Produktion und Verwaltung im industriegesellschaftlichen System der Arbeit gekoppelt (Habermas 1969, S. 111). Daher ist von der Anwendung der Wissenschaft in Form von Technik alleine keine Befreiung von Hunger und Knechtschaft zu erwarten. Die Verquickung von Wissenschaft und Technik bleibt indes in Habermas' Technikbegriff erhalten, denn unter letzterer versteht er „die wissenschaftlich rationalisierte Verfügung über vergegenständlichte Prozesse" (Habermas 1969, S. 113).

Es wird nun ersichtlich, welche Bedeutung die Unterscheidung von Arbeit und Interaktion für Habermas hat: Sie ist nicht nur auf einer normativen, sondern in erster Linie auch auf einer analytischen Ebene wichtig. Wissenschaft und Technik erscheinen bei Habermas als Arbeit, denn dort verwirklichen sich hauptsächlich zweckrationale Handlungsformen. Genauer müsste man sagen, dass Habermas Technik und Wissenschaft als Formen *instrumentellen Handelns* begreift, denn instrumentelles Handeln „richtet sich nach technischen Regeln, die auf empirischem Wissen beruhen" (Habermas 1969, S. 62). Grundsätzlich gilt aber, dass zweckrationales oder instrumentelles Handeln lediglich darauf abzielt, definierte Ziele unter gegebenen Bedingungen zu verwirklichen (Habermas 1969, S. 62). Nun ist aber klar, dass sich nicht alle in der Gesellschaft vollzogenen Handlungen an Zweckrationalität orientieren (Weber 1976 [1921/1922]). Dort wo Interaktion stattfindet, wo es in der Gesellschaft um Verständigung und Konsens geht, dort vollzieht sich das, was Habermas *kommunikatives Handeln* nennt. Habermas führt dazu den Begriff der „Lebenswelt" als Horizont von und Korrelat zu diesen Verständigungsprozessen ein (Habermas 1995 [1981], Bd. 1, S. 107). Er unterscheidet also auf analytischer Ebene zwischen dem „institutionellen Rahmen einer Gesellschaft oder der soziokulturellen Lebenswelt" einerseits und den „Sub-Systemen zweckrationalen Handelns, die darin ‚eingebettet' sind" andererseits (Habermas 1969, S. 65). Dieses Verhältnis von System und Lebenswelt beschreibt er in der Folge auch als konflikthaftes Verhältnis von Technik und Demokratie und fragt: „Wie kann die Gewalt technischer Verfügung in den Konsens handelnder und verhandelnder Bürger zurückgeholt werden?" (Habermas 1969, S. 114)

Habermas interessiert sich folglich dafür, wie in einer Gesellschaft eine kommunikative Verständigung darüber erfolgen kann, welche (wissenschaftlich-technischen) Zwecksetzungen gewollt sind und gewollt werden können. Dies kann sich nur über kommunikatives Handeln vollziehen denn die Akteure suchen Habermas zufolge, auf dieser Ebene „eine Verständigung über die Handlungssituation, um ihre Handlungspläne und damit ihre Handlungen einvernehmlich zu koordinieren" (Habermas 1995 [1981], Bd. 1, S. 128). Nur im Bereich der Lebenswelt, der die Rahmenbedingung für kommunikatives Handeln bereitstellt, kann es zu einer Realisierung des Vernunftpotentials der menschlichen Sprache kommen, sodass die miteinander Handelnden darin übereinkommen können, wirkliche Verständigung herbeizuführen (Habermas 1995 [1981], Bd. 1, S. 455). Dies beinhaltet eine Verständigung über die gesetzten Zwecke und Ziele im zweckorientierten Handeln. Für die Wissenschaft bedeutet dies, dass sich über den dort beständig erhobenen kommunikativen Geltungsanspruch auf Wahrheit selbst kommunizieren lässt, denn kommunikatives Handeln bedeutet die „Aushandlung konsensfähiger Situationsdefinitionen", wie Habermas (1995 [1981], Bd. 1, S. 128) sagt. Habermas diagnostiziert jedoch ebenfalls, dass Menschen in der spätmodernen Gesellschaft in ihrer Privatsphäre zunehmend ökonomischen Ansprüchen und strategischen Rationalisierungserfordernissen ausgesetzt sind. Er fasst diese gewaltsame Durchdringung der Lebenswelt von ökonomischen Rationalitäten als „Kolonialisierung der Lebenswelt" (Habermas 1984, Bd. 2, S. 470–489). Für die Wissenschaft bedeutet das, dass auch sie von den kolonialisierenden „Imperativen ökonomischer Rentabilität" (Neckel 2001, S. 252) nicht unberührt bleibt, die sämtliche gesellschaftlichen Sphären durchdringen und eine auf Erfolg und Leistung basierende „symbolische Ordnung der Marktgesellschaft" (Neckel 2001) errichten. Bernhard Forchtner und Christian Schneickert argumentieren, dass diese Formen von „Kolonialisierung" dazu führen, dass Felder ihrer eigenen *illusio* nicht mehr folgen und bezeichnen diesen Zustand in einer Verbindung von Habermas und Bourdieu als „Pathologien kollektiven Lernens" (Forchtner und Schneickert 2016). Die Diskussion um die Ökonomisierung der Wissenschaft und den akademischen Kapitalismus haben diese Entwicklungstendenz bereits deutlich werden lassen (siehe Kap. 3 und Abschn. 4.1).

4.2.3 Autonome Kommunikation – Kontrafaktische Ideale der Wissenschaft bei Bourdieu und Habermas

An dieser Stelle muss betont werden, dass Habermas' idealtypische Vorstellung von der Möglichkeit der kommunikativen Aushandlung von Rationalitätsabwägungen deutlich an Bourdieus Programmatik der Reflexivität erinnert. Nicht zuletzt aufgrund dieser Konvergenz grenzt sich Bourdieu explizit gegen Habermas ab, da sich seine Theorieanlage an zentraler Stelle unterscheidet (Bourdieu 1991a, S. 51, 1998 [1997], S. 58, 2004 [1997]; Bourdieu und Wacquant 2006 [1992], S. 224–226). Bourdieu spricht von einer *Realpolitik der Vernunft* und geht damit einen Schritt hinter Habermas' Kommunikationstheorie zurück, denn Bourdieu sieht das Ideal einer kommunikativen Vernunft nicht im Bereich der Sprache oder im Diskurs selbst – im ihr innewohnenden Telos der Verständigung – begründet, sondern in den sozialen Strukturen, die eine kommunikative Verständigung begünstigen oder einschränken:

> Anders als die Philosophie des ‚kommunikativen Handelns' eines Jürgen Habermas […], der den Kommunikationsproblemen und Kommunikationsnormen in sozialen Räumen wie dem politischen Feld einen beachtlichen Platz einräumt, verlangt diese *Realpolitik* […], an die Strukturen selbst Hand anzulegen, in denen sich diese Kommunikation erfüllt. Nur so lässt sich jenes Ideal verwirklichen, das als Wirklichkeit der Kommunikation auftritt, [indem] durch ein politisches Handeln spezifischer Art […] den spezifisch sozialen Widerständen gegen eine vernunftgeleitete Kommunikation, gegen einen aufgeklärten Diskurs entgegenzutreten [ist] (Bourdieu 1998 [1997], S. 59; Hervorhebung im Original).

Der Unterschied zwischen Habermas und Bourdieu lässt sich also so fassen, dass Bourdieu die sozialen Bedingungen der wirklichen Kommunikation kritisch erforscht, während sich Habermas vornehmlich für das Ideal der Kommunikation interessiert (Rehbein 2006a, S. 4, 2006b, S. 72). Das Konzept der Lebenswelt erweist sich für Bourdieu dabei als zu problematisch, da seiner Meinung nach eine bürgerliche Vorstellung von Öffentlichkeit transportiert wird.[19] Anstatt die

---

[19]Habermas gibt selbst den Hinweis, dass er die Lebenswelt als Raum der Aushandlung eines Konsenses unter Bürger*innen sieht (Habermas 1969, S. 114, 1976 [1962]). Die Partizipation an der Lebenswelt qua Bürger*innenstatus bleibt jedoch problematisch, da die bürgerliche Neigung und die Fähigkeit an Fragen der Öffentlichkeit interessiert zu sein und an einer Öffentlichkeit zu partizipieren, soziale Voraussetzungen hat, die es auszuleuchten gilt. Insofern verklärt Habermas eine bürgerliche Ideologie. Bourdieus Kritik an der

Lebenswelt zu postulieren, so ließe sich sagen, fragt Bourdieu nach den Möglichkeiten, sie im politischen Kampf zu realisieren.

Allerdings, so zeigt sich im obigen Zitat, schwebt auch Bourdieu das Ideal einer vernunftgeleiteten Kommunikation vor, das sich für ihn in der Autonomie des Wissenschaftsfeldes und einer autonomen scientific community verwirklicht (Bourdieu und Wacquant 2006 [1992], S. 215). Hier lehnt er sich überraschend eng an Habermas an, denn an diesem Punkt scheint dessen universalpragmatische Vorstellung durch, der zufolge sprachliche Verständigung auf intersubjektiv überprüfbaren Geltungsansprüchen beruht. Demnach wird mit Sprache beständig der Anspruch erhoben, dass etwas als wahr oder normativ richtig gilt in der Welt, und dass diese Geltungsansprüche erst diskursiv, d. h. kommunikativ eingelöst werden können. Im Sinne des ‚Telos der Verständigung' geht die Universalpragmatik von einem internen Zusammenhang zwischen Geltung und Akzeptabilität aus. Die Einlösung von Geltungsansprüchen vollzieht sich folglich im Diskurs, d. h. durch kommunikatives Handeln, sodass nicht Gründe außerhalb des Diskurses darüber entscheiden, ob etwas wahr oder normativ richtig ist, sondern der Diskurs selbst ist geltungsbegründend. Habermas vertritt damit eine konsensuale Wahrheitsauffassung, die sich in der Idee der „idealen Sprechsituation" niederschlägt, aus der heraus Kommunikationsgemeinschaften die kommunikative Verständigung unter vollständiger Abwesenheit externer Zwänge vollziehen können. Die ideale Sprechsituation sieht eine Chancengleichheit im Hinblick auf die Rede, Gegenrede, Frage und Antwort vor (Habermas 1984, S. 177–178).

Auf den ersten Blick scheint es also, als ob Bourdieu in einer hinreichend erkämpften Autonomie des Wissenschaftsfeldes die Bedingung identifiziert habe, unter der eine scientific community auf Grundlage idealer Sprechsituationen wissenschaftliche Wahrheitsfindung zu betreiben in der Lage ist. Wir haben aber zuvor schon darauf hingewiesen, dass Bourdieu methodisch und erkenntnistheoretisch vielmehr die Auseinandersetzung um den Konsens in Stellung bringt. Denn was er im Wissenschaftsfeld als strukturierendes Prinzip beobachtet ist nicht etwa konsensuale Verständigung, sondern vielmehr Konflikte und Machtasymmetrien. In drastischen Worten formuliert er: „Das ist die Grundlage meines Widerstandes gegen den schwammigen Konsens, der in meinen Augen die schlimmste aller möglichen wissenschaftlichen Lagen ist: Wenigstens

---

scholastischen Vernunft kann in diesem Lichte gesehen werden (Bourdieu 2004 [1997], S. 84; siehe auch Kap. 2).

4.2 Im Geiste der Kritischen Theorie

Konflikte solle man, in Ermangelung eines Besseren, noch haben!" (Bourdieu und Wacquant 2006 [1992], S. 216) Darin kommt letztlich zum Ausdruck, welche erkenntnistheoretische Bedeutung Bourdieu einer konflikttheoretischen Ausdeutung von Wissenschaft beimisst: Es eröffnet ihm den Raum, eine „Realpolitik der wissenschaftlichen Vernunft" (Bourdieu und Wacquant 2006 [1992], S. 224) zu explizieren. Bourdieus Vorstellung von Autonomie existiert also in der Gestalt eines zu verwirklichenden Projekts, als realpolitischer Kampfgegenstand. Bourdieu und Habermas operieren hier gleichermaßen mit kontrafaktischen Unterstellungen, d. h. sie unterstellen beide Bedingungen im Sinne eines Ideals auch dann, wenn diese faktisch nicht erfüllt sind. Bei Habermas ist dies die ideale Sprechsituation,[20] bei Bourdieu die Autonomie des Feldes. Die Vorstellung von Autonomie und Abwesenheit von Konkurrenzbedingungen im Wissenschaftsfeld kann somit maximal als „regulative Idee" verstanden werden, denn in der Praxistheorie ist diese Konflikthaftigkeit bereits inhärent angelegt (Bongaerts 2014, S. 283). Solange die Auseinandersetzungen im wissenschaftlichen Feld über soziale Stellungen von Wissenschaftler*innen entscheiden, bleibt die Abwesenheit von Konkurrenz eine regulative Fiktion. Es scheint also kaum vorstellbar, wie unter der Bedingung der Autonomie des Feldes, die Praxislogik als Konfliktlogik ausgehebelt sein sollte. Damit wäre sie als allgemeine Sozialtheorie unbrauchbar (Bongaerts 2014, S. 283). Bourdieu ist sich dessen bewusst und genau aus diesem Grund rückt er den Zusammenhang von Konflikt und Vernunft in den Mittelpunkt des Forschungsinteresses. Für die Wissenschaft hat er dabei konkrete Maßnahmen im Blick:

> Nur wenn wir in die Kämpfe für die Vernunft eingreifen und die Vernunft in die Geschichte hineintragen, nur wenn wir eine *Realpolitik* der Vernunft betreiben, zum Beispiel durch das Eintreten für eine Reform des Hochschulwesens oder durch Aktionen zur Verteidigung der Möglichkeit, Bücher mit geringer Auflage zu veröffentlichen, […] können wir die Vernunft voranbringen (Bourdieu und Wacquant 2006 [1992], S. 227).

In diesem Sinne ist Bourdieus Programmatik einer *Realpolitik der (wissenschaftlichen) Vernunft* im Hinblick auf die veränderte wissenschaftspolitische Steuerung

---

[20] „Es gehört zu den Argumentationsvoraussetzungen, dass wir im Vollzug der Sprechakte kontrafaktisch so tun, als sei die ideale Sprechsituation nicht bloß fiktiv, sondern wirklich – eben das nennen wir eine Unterstellung" (Habermas 1984, S. 181).

auch in Deutschland hochgradig aktuell. In der Folge der Implementierung einer marktorientierten Management-Rationalität im Hochschulwesen unter dem Schlagwort der „unternehmerischen Universität" (Maasen und Weingart 2008; Weingart 2010b; Weber 2017), kommt es zunehmend zu einer „Herrschaft der Zahlen" (Münch 2011; Geißler 2016), die die Autonomie des wissenschaftlichen Feldes und die wissenschaftliche Vernunft bedroht. So hält die nach privatwirtschaftlicher Logik operierende Managementtechnik des New Public Management auch in den Universitäten und Hochschulen mit dem Versprechen Einzug, durch die Intensivierung von Wettbewerb und Konkurrenz eine Optimierung der Ressourcenallokation im öffentlichen Bereich zu erwirken (Münch 2011, S. 275–287). Realisiert wird diese Intensivierung von wettbewerblichen Konkurrenzstrukturen durch die Etablierung von so genannten „Quasi-Märkten" (Le Grand und Bartlett 1993; Cutler und Wayne 1997; Bartlett et al. 1998; Rogge 2015b), auf denen nicht um die Gunst von Kund*innen konkurriert wird, sondern anhand von Evaluationen Leistungsunterschiede verglichen werden (Schimank und Volkmann 2008, S. 387). Entgegen der Vorstellung, dass eine Steigerung der wissenschaftlichen Produktivität besonders dann sichergestellt wird, wenn leistungssteigernde Marktmechanismen im Wissenschaftsfeld implementiert werden, lässt sich feststellen, dass hier im Sinne einer wissenschaftspolitischen Steuerungslogik durchaus eine „visible hand of research performance assessment" (Hamann 2016b) am Werk ist, die weitreichende ungleichheitsproduzierende Effekte hat. Eine sich verfestigende Ungleichheit in der Ressourcenallokation im akademischen Feld ruft zum einen eine erkenntnistheoretische Kritik auf den Plan, weil ein an der Erreichung von Kennzahlen und der Fetischisierung von Zitations-Indices (Fleck 2013) orientierter Wissenschaftsbetrieb zu einer „Zerstörung der wissenschaftlichen Rationalität" (Demirović 2015) führt. So werden beispielsweise uniforme Kriterien von „Exzellenz" stabilisiert, die zu einem „akademischen Shareholder-Kapitalismus" führen (Münch 2016) – zu einer Monopolisierung und Ressourcenkonzentration –, die einer freien Entwicklung von Wissen und einer wissenschaftlichen Vernunft entgegenstehen. Zum anderen haben sich in den vergangenen Jahren hochgradig prekäre Beschäftigungsverhältnisse im Wissenschaftsfeld etabliert, die die Konkurrenzverhältnisse verstärken und zu einer Ausweitung der benannten Effekte führen (Lenger et al. 2016; Hamann et al. 2017a; Reitz 2017).

Diese Entwicklungen – Bourdieu (2004) bezeichnet die Übernahme einer ökonomischer Logik in andere soziale Felder als „Intrusion" – erfordern letztlich im Sinne Bourdieus ein Eingreifen „in die Kämpfe für die Vernunft" (Bourdieu und Wacquant 2006 [1992], S. 227). Gerade hier zeichnen sich beispielhaft Entwicklungen ab, die die Frage nach der Stärkung der Handlungsfähigkeit insbesondere des akademischen Mittelbaus aufwerfen. Einer kollektiven Erfahrung von Prekarität soll durch Vernetzung und gemeinsame Interessensartikulation begegnet werden. Es geht um Formen der Politisierung und Mobilisierung des akademischen Mittelbaus (Amelung et al. 2015; Ullrich 2016), die im Sinne einer Realpolitik deshalb wichtig ist, weil damit wesentlich auch Fragen nach der Möglichkeit von Kritik aufgeworfen werden, nach Widerstand und Subversion, die im akademischen Kapitalismus verlorenzugehen drohen. Zur Verteidigung der wissenschaftlichen Vernunft sind die Organisierung gruppenübergreifender Solidarität, die Politisierung neuer Arenen für diese Auseinandersetzungen sowie die Erhöhung des Organisationsgrades und damit der Konfliktfähigkeit der Beschäftigen im akademischen Mittelbau zunehmend von Bedeutung (Ullrich 2016, S. 408).

4.3 Wissenschaft und (Real-)Politik

Damit sollte deutlich geworden sein, dass eine *Realpolitik der Vernunft* nicht im Bereich der theoretischen Reflexion verbleibt, sondern dass Bourdieu eine politisierende Praxis der Feldakteure vorschwebte. Es handelt sich seiner Vorstellung zufolge um ein politisches Handeln, „ohne dabei zum Politiker zu werden" (Bourdieu 1998 [1997], S. 64). Diese realpolitischen Kämpfe um die wissenschaftliche Vernunft sind notwendigerweise Teil der wissenschaftlichen Praxis. Die Einsicht, dass das, was Wissenschaftler*innen tun, immer auch politische Akte sind, gehört zu Bourdieus zentraler wissenschaftssoziologischer Leistung. Er drückt diesen Gedanken folgendermaßen aus: „Jede Strategie eines Wissenschaftlers hat gleichzeitig eine (spezifisch) politische und eine wissenschaftliche Seite, und Erklärungsversuche müssen immer beide im Auge behalten" (Bourdieu 1998 [1997], S. 36–37). Eine Soziologie im Anschluss an Bourdieu weiß also darum, dass die politische Seite der wissenschaftlichen Praxis auf die Spielregeln des wissenschaftlichen Feldes abzielt, dass also die Akteure über die Reproduktionsbedingungen verfügen, die über die geltenden Spielregeln der Wissenschaft entscheiden (siehe dazu die Ausführungen zur Reproduktion im wissenschaftlichen Feld in Kap. 3).

Hier kommt der zentrale Unterschied zwischen Bourdieu und Habermas wieder zum Tragen. Laut Bourdieu lassen sich für die Wissenschaft die Zweck- und Zielsetzungen des instrumentellen Handelns keineswegs kommunikativ aushandeln – und sei es auch nur kontrafaktisch unterstellt. Was bei Habermas kommunikative Verständigung ist, ist bei Bourdieu die Gleichzeitigkeit unterschiedlicher Geltungsansprüche, die das Ergebnis von Praxis sind, und die nicht auf Verständigung oder Konsens, sondern auf Wahrheit und Objektivität einerseits und auf die Erhaltung oder Revolution der Reproduktionsstrukturen andererseits abstellen. Diese Tatsache erklärt auch, weshalb Bourdieu Konflikte als Beweggrund des Sozialen begreift. Die Wissenschaftssoziologie Bourdieus macht sichtbar, dass der beständige Widerstreit von wissenschaftlichen Ideen, Wahrheitsansprüchen und Programmen der Wissenschaftsorganisation machtvolle Durchsetzungskämpfe hervorbringt, die nicht notwendigerweise einem vernünftigen Konsens entwachsen. Eben auf dieser Grundlage entwickelt Bourdieu eine Vorstellung, wie eine scientific community dennoch in den idealen Zustand einer „konfliktreichen Kooperation" (Bourdieu 2004 [1997], S. 156) einzutreten vermag.

4.3.1 Kritik und Selbstreflexion

Jenseits dieser Unterschiede eint beide Theoretiker jedoch, dass bei ihnen die Kontrafaktizität ihrer Ideale – Autonomie und kommunikative Vernunft – den zentralen Maßstab von Kritik bilden (Rehbein 2006a, S. 75). Bei beiden Autoren beinhaltet ihre Wissenschaftstheorie konsequenterweise die Forderung nach Selbstreflexion – eine institutionalisierte Form der Selbstreflexion, die gegen die der Verständigung bzw. die der Autonomie entgegenstehenden Bedingungen gerichtet ist. Sowohl Habermas als auch Bourdieu treten an, um das Projekt der Aufklärung voranzutreiben. Für Habermas ist es das Bild einer emanzipierten Gesellschaft im Sinne einer universellen Kommunikationsgemeinschaft, die ihm als Ideal der Aufklärung vorschwebt, das – perspektivisch auf die Zukunft gerichtet – in die Gegenwart zurückverweist, um dort gerade *als* uneingelöstes Versprechen seinen normativen Gehalt im Sinne eines Appellcharakters zu entfalten (Bonacker 2001). Bourdieus Selbstverständnis als *Aufklärer* speist sich in ähnlicher Weise „aus einer ungeschminkten, aber nicht enttäuschten Sicht" auf die Wissenschaft, wie sie als Kampffeld erscheint, um weiterhin am Ideal der „Gewährleistung eines freien Austauschs von Gedanken und Erkenntnissen" festzuhalten (Bourdieu 1998 [1997], S. 58). Ganz im Sinne Habermas' schwebt ihm ein Ideal rationaler Kommunikation vor, von dem wesentlich ein Fortschritt der Vernunft und der Aufklärung abhängt:

> [...] es gibt gesellschaftliche Widerstände gegen die Durchsetzung einer rationalen Kommunikation, ohne die der Fortschritt der Vernunft und des Universellen nicht vorankommen kann. Es gilt also, einen praktischen, das heißt (spezifisch) politischen Kampf zu führen, um der Vernunft Macht und Vernunftgründen ihr Recht zu verleihen, einen Kampf, der sich auf alle Errungenschaften einer bereits verwirklichten Vernunft stützen muss, welche die Geschichte des Feldes hervorgebracht hat (Bourdieu 1998 [1997], S. 59).

4.3 Wissenschaft und (Real-)Politik

Bourdieus konflikttheoretisches Verständnis von Wissenschaft erlaubt es ihm im Gegensatz zu Habermas aber nicht, das Ideal der Aufklärung lediglich als uneingelöstes Versprechen normativ sichtbar werden zu lassen. Gerade weil er den wissenschaftlichen Erkenntnisfortschritt an die Autonomie des Feldes koppelt, gibt es für ihn keinen alternativen Weg, als wissenschaftliche Vernunft realpolitisch erkämpfen zu müssen. Die spezifisch politischen Kämpfe, von denen er in diesem Zusammenhang spricht, sind Kämpfe um die Autonomie des Feldes gegenüber ökonomischer und politischer Einflussnahme (Bourdieu 1998 [1997], S. 59).

Damit aber sind wir wieder bei Bourdieus Feldtheorie als Theoriekonstruktion zur Ermöglichung einer „kollektiven Reflexion" (Bourdieu 1998 [1997], S. 15) angelangt (siehe Abschn. 4.1). An dieser Stelle kann nun auch, wie angekündigt, der Zusammenhang von Reflexion, Autonomie und Vernunft bei Bourdieu expliziert werden. Eine wissenschaftliche oder aufklärerische Vernunft – bzw. die Möglichkeit zur „rationalen Kommunikation" (Bourdieu 1998 [1997], S. 58) – ergibt sich für Bourdieu wesentlich aus dem Autonomiegrad des Wissenschaftsfelds. Diese Vorstellung von Autonomie kann, wie gezeigt, als ein kontrafaktisches Ideal gelten. Da sich die Autonomie immer auf ein Verhältnis zwischen Feldakteuren bezieht, kann es gemäß Bourdieus Theorie Autonomie nur in einem relationalen und nicht in einem absoluten Sinne geben. Aus dieser kontrafaktischen Relationalität leitet Bourdieu die Forderung ab, dass es der geeigneten Mittel und Wege bedarf, um nach Autonomie als realsozialer und historischer Manifestation von Vernunft zu streben (Bourdieu und Schwibs 1985). Damit löst er Autonomie in der politischen Praxis bzw. im politischen Kampf auf. Dieser politische Kampf bildet den Kern seiner Programmatik einer Realpolitik der Vernunft:

> Und um die *Realpolitik* der Vernunft, für die ich plädiere, philosophisch zu begründen, muss ich – gegen die transzendentale Illusion, die dazu verleitet, die universellen Strukturen der Vernunft im Bewusstsein oder in der Sprache anzusiedeln – daran erinnern, dass die Vernunft ein Produkt der Geschichte ist, das ohne Unterlass mittels einer historischen Aktion reproduziert werden muss, die auf die Sicherstellung der gesellschaftlichen Bedingungen der Möglichkeit des vernünftigen Denkens gerichtet ist (Bourdieu 1991a, S. 51; Hervorhebung im Original).

Seine Feldtheorie stellt das zentrale Instrument dar, die gesellschaftlichen Bedingungen der Möglichkeit für Vernunft zu analysieren. Die in sie eingelagerte Möglichkeit zur Selbstreflexion – die notwendigerweise eine kritische Selbstreflexion ist – steht im Zeichen der Vernunft als Produkt der Geschichte. Sie will insofern zum Erkenntnisfortschritt beitragen, als der Kampf um die Aufrechterhaltung einer möglichst autonomen scientific community im Mittelpunkt des

Forschungsinteresses steht. Denn nur eine solche autonome Gemeinschaft würde die Bedingungen in Form einer idealen Sprechsituation bereithalten und einen ‚zwanglosen' wissenschaftlichen Diskurs ermöglichen. Mit anderen Worten: Die konsequente Historisierung der Bedingungen der wissenschaftlichen Vernunft zwingt zur Abkehr von der Annahme einer transzendentalen Begründung von Vernunft. Auf dieser Grundlage entfaltet sich in der Vorstellung Bourdieus dann die Potentialität einer kritischen Reflexivität zur Konstitution einer kooperativen und sich selbst kontrollierenden scientific community:

> Ist die illusorische Suche nach einem ontologischen Fundament […] einmal abgewiesen, sollte die kollektive Arbeit der kritischen Reflexivität der wissenschaftlichen Vernunft erlauben, in konfliktreicher Kooperation und gegenseitiger Kritik, sich selbst immer besser zu kontrollieren und so nach und nach der vollständigen Unabhängigkeit von Zwängen und Kontingenzen immer näher zu kommen […] (Bourdieu 2004 [1997], S. 156).

Diese theoretische Konstruktion – Reflexion ermöglicht Autonomie, die ihrerseits die Grundlage für Vernunft und kommunikatives Handeln bietet – scheint auf den ersten Blick mit der Annahme zu operieren, dass eine objektive und von sozialen Zwängen bereinigte Wissenschaft die einzige Möglichkeit bereithält, kritisch in die Gesellschaft einzugreifen und objektiv vernünftige Lösungen zu verwirklichen. Allerdings konstruiert Bourdieu mitnichten einen solchen festen normativen und rationalen Standpunkt, denn Reflexivität beinhaltet stets auch eine kritische Distanznahme zur eigenen Position und Positionierung im Feld. Eben diese Distanzierung soll vor dem scholastischen Fehler bewahren, die eigene soziale Standortgebundenheit zu übersehen (Kap. 2). Bourdieu behandelt in diesem Sinne die Wissenschaft zwar als ein bedeutendes gesellschaftliches Korrektiv, keineswegs jedoch als den einzig relevanten Bereich gesellschaftlicher Kritik. Analog zum wissenschaftlichen, misst er auch dem künstlerischen oder dem journalistischen Feld die Bedeutung zu, kritisch in die Gesellschaft eingreifen zu können (Bourdieu 1999 [1992]; Schumacher 2011). Das wirft die grundlegende Frage auf, wie Bourdieu den Eingriff in die Gesellschaft nicht nur von Wissenschaftler*innen, sondern von Intellektuellen insgesamt normativ ausdeutet (Bourdieu 1991a; vgl. hierzu insbesondere Swartz 1997, 2003; siehe Abschn. 4.3.2).

Doch bleiben wir zunächst bei der Wissenschaft. Es wurde eingangs bereits darauf hingewiesen, dass Bourdieu seine Feldtheorie als geeignetes Werkzeug für die „Konstruktion einer tatsächlichen Selbstwahrnehmung" platziert, „von der schließlich ein gemeinsames Handeln seinen Ausgang nehmen kann" (Bourdieu 1998 [1997], S. 16). Was mit der Feldtheorie in den Blick gerät – die eigene

4.3 Wissenschaft und (Real-)Politik

Position im wissenschaftlichen Feld – sind die sozialen Restriktionen, denen Wissenschaftler*innen ausgesetzt sind. Eine feldtheoretisch begründete kritische Selbstreflexion soll in der Vorstellung Bourdieus eine mobilisierende Kraft entfalten. Diese ist vordergründig auf die Realisierung der Möglichkeit wissenschaftlicher Objektivität und Werturteilsfreiheit gerichtet. Die Objektivität der Wissenschaft und die nach autonom-wissenschaftlichen Kriterien organisierte Wahrheitsproduktion bedeutet für Bourdieu aber keinen aus Vernunftgründen gesetzten Selbstzweck. Wahrheit ist ein Kampfgegenstand und Wahrheit ist, dass um sie gekämpft wird (Bourdieu 1993 [1980], S. 90; siehe auch Abschn. 2.5.2). Was in der Welt als wahr und legitim gilt, darum wird gewaltvoll gerungen. Es ist der Kampf um das Monopol auf die Deutung und Durchsetzung des Universellen. Die Wissenschaft soll – so Bourdieus normativer Standpunkt – im Namen des Universellen in die Wahrheitskämpfe über die (soziale) Welt eingreifen. Das gilt insbesondere für die Sozialwissenschaften, die hier eine besondere Position einnehmen. Sie sind aufgrund ihres besonderen Gegenstandes mit der spezifischen Schwierigkeit konfrontiert: „[...] to carry out the scientific project in the social sciences, a further step is needed, one which the natural sciences do not require" (Bourdieu 2004 [2001], S. 86). Die Rede ist von der „Objektivierung des objektivierenden Subjekts" (Bourdieu 1988 [1984], S. 10, 2004 [2001], S. 88–94) und von einer kritischen „kollektiven Selbstanalyse" (Bourdieu 1998 [1997], S. 15) der Wissenschaftler*innen.

Eine feldtheoretisch fundierte kritische Selbstreflexion der Wissenschaft erlaubt daher zweierlei: Zum einen geht es um das Ermessen der sozialen Autonomie, auf deren Grundlage die eigene wissenschaftliche Position bestimmt ist und die jede wissenschaftliche Positionierung prägt. Zum anderen ergibt sich daraus für die Sozialwissenschaften die Möglichkeit, eine privilegierte Position im Kampf um die Wahrheit und Deutung der sozialen Welt einzunehmen. Darin liegt das mobilisierende Potential begründet, das Bourdieu mit seinem feldtheoretischen Programm der Selbstanalyse verbindet. Es geht nämlich darum, dass der Gegenstand der Sozialwissenschaften und der Soziologie in hohem Maße von anderen wissenschaftlichen und außerwissenschaftlichen Kräften ausgedeutet und besetzt wird: „everyone feels entitled to have their say in sociology and to enter into the struggle over the legitimate view of the social world, in which the sociologist also intervenes" (Bourdieu 2004 [2001], S. 87). Gleichzeitig verweigere man aber gerade der Soziologie genau das, was allen anderen Wissenschaftler*innen ganz unproblematisch gewährt werde: „to utter the truth or, worse, to define the conditions in which one can utter the truth" (Bourdieu 2004 [2001], S. 87). Das liegt daran, dass man im Falle der Soziologie aufgrund ihres expliziten Gegenstandes in aller Deutlichkeit sehen kann, was im Falle anderer wissenschaftlicher, politischer oder religiöser Interventionen in die soziale Welt im Verborgenen abläuft. Die Soziologie macht sichtbar, dass die Suche nach Wahrheit ein Kraftfeld ist. Mit dieser Sichtbarkeit problematisiert sie automatisch jeden Geltungsanspruch auf eine legitime und exklusive Interpretation der sozialen Welt durch die Wissenschaft.

4.3.2 Der politische Eingriff der Intellektuellen

Bourdieu erhebt jedoch keinesfalls den Anspruch, die Deutungshoheit über die Welt einer autonomen Soziologie zu überlassen. Er ist weit entfernt davon, die Rolle der Soziologie zu idealisieren, sondern betont, dass die Soziologie kein Wahrheitsmonopol auf ihren Gegenstand erheben darf:

> Social sciences, and especially sociology, have an object too important (it interests everyone, starting with the powerful), too controversial, for it to be left to their discretion, abandoned to their law alone, too important and too controversial in terms of social life, the social order and the symbolic order, for them to be granted the same degree of autonomy as is given to other sciences and for them to be allowed the monopoly of the production of truth (Bourdieu 2004 [2001], S. 87).

Was die Soziologie aber von anderen Wissenschaften unterscheidet, ist die kritisch-selbstreflexiv gewonnene Einsicht, dass sie sich von der Vorstellung einer objektiven Wahrheit emanzipieren muss, um die politischen Kämpfe um die Wahrheitsmonopole beobachten und wirksam eingreifen zu können. Es geht Bourdieu um die fundamentale Einsicht, dass man sich auch als Wissenschaftler*in immer in einer spezifischen historischen Situation und sozialen Position befindet und dass die Rede von absoluter Wahrheit oder objektiver Vernunft „häufig genug nur professorales Gerede [ist,] mit dem Ziel, ein partikulares Interesse als universelles zu setzen" (Bourdieu und Schwibs 1985, S. 389).

Bourdieu weiß um die Widersprüchlichkeit dieser Situation und spricht daher von einer „paradoxen Synthese", die sich aus den Gegensätzen von Autonomie und politischem Engagement ergibt (Bourdieu 1991a, S. 46; vgl. auch Swartz 2003). Dennoch, „Autonomie ist mit der Ablehnung von Politik nicht identisch", wie er sagt – vielmehr sei sie das Fundament einer „antipolitischen Politik" (Bourdieu 1991a, S. 44–45). Was ist damit gemeint? Wir haben bereits gezeigt, dass Bourdieus Programmatik einer Realpolitik auf ein politisches Handeln abzielt, das nicht mit dem politischen Handeln von Berufspolitiker*innen gleichzusetzen ist (Bourdieu 1998 [1997], S. 64). Was Bourdieu im Sinn hat, ist die

4.3 Wissenschaft und (Real-)Politik

Möglichkeit bereitzustellen, in einem ersten Schritt die politischen und sozialen Kämpfe zu erkennen und zu identifizieren, denen man als (Sozial-)Wissenschaftler*in notwendigerweise ausgesetzt ist und die im Feld die verschleierte Gestalt von wissenschaftlichen Kämpfen über Wahrheit oder Vernunft annehmen. Eine solche feldtheoretische Reflexion will auf diese Weise vor der unreflektierten Teilnahme und Reproduktion dieser Kämpfe bewahren. Auf diese Weise erkenntnistheoretisch abgesichert, geht es Bourdieu in einem zweiten Schritt dann aber darum, an diesen Kämpfen auf eine bestimmte Weise zu partizipieren und an der Schaffung sozialer Strukturen mitzuwirken, die Bourdieu als historische Manifestationen von Vernunft begreift (Swartz 2003). Darunter fallen nicht nur die Autonomie der Kunst und der Wissenschaft als relativ unabhängige Bereiche in der Gesellschaft (Bourdieu 1991a, S. 41–65), sondern insbesondere auch Institutionen und Strukturen, die bessere, demokratischere und humanere Bedingungen garantieren sollen. Bourdieu selbst bezeichnet beispielsweise die Sozialversicherung als eine vernunftgeleitete historische Errungenschaft (Bourdieu und Schwibs 1985, S. 389). Zu nennen wären des Weiteren auch der moderne Wohlfahrtsstaat, Gewerkschaften, genossenschaftliche Organisationen, gemeinnützige Stiftungen oder öffentliche Medien. Im Zustand dieser „paradoxen Synthese" haben sich insbesondere die Intellektuellen zu bewegen, wie Wissenschaftler*innen, Künstler*innen und Autor*innen – all diejenigen, die laut Bourdieu ihre soziale Existenz sozialen Feldern verdanken, „deren grundlegendes Gesetz die Ablehnung der dem politischen oder ökonomischen Feld eigenen Gesetzmäßigkeiten darstellt, die Ablehnung der von diesen Feldern anerkannten Zwecke und Werte wie Geld, Macht, Würden" (Bourdieu 1991a, S. 45).[21] Es handelt sich dabei also in erster Linie um Akteure aus den Feldern der kulturellen Produktion und des scholastischen Feldes. Die paradoxe Situation der Intellektuellen, die gleichsam die Situation der Wissenschaftler*innen ist, fasst Bourdieu so zusammen:

> [...] einerseits geht es um die Stärkung der Autonomie gegenüber allen weltlichen Mächten, indem dafür gekämpft wird, den Kulturproduzenten [oder Wissenschaftler*innen; Anmerkung der Verfasser] die wissenschaftlichen und sozialen

---

[21]Das intellektuelle Feld ist für Bourdieu das Ergebnis des historischen Prozesses der Autonomisierung von Feldern. Bourdieu zufolge spielte sich dieser Prozess vornehmlich im 19. Jahrhundert zunächst im literarischen, dann im künstlerischen und letztlich auch im wissenschaftlichen Feld ab. Im Ergebnis „gelangten die autonomsten Akteure dieser autonomen Felder zu der Einsicht, dass ihre Autonomie nicht an die Ablehnung der Politik gebunden ist und sie sehr wohl als Künstler, Schriftsteller und Wissenschaftler in das politische Feld intervenieren können" (Bourdieu 1991a, S. 44).

Bedingungen der Autonomie [...] zu sichern [...]; andererseits geht es darum, die autonomsten Kulturproduzenten [oder Wissenschaftler*innen; Anmerkung der Verfasser] vor der Versuchung des Rückzugs in den Elfenbeinturm dadurch zu bewahren, dass Institutionen oder Einrichtungen geschaffen werden, die ihnen die Möglichkeit bieten, im Namen ihrer spezifischen Autorität kollektiv in die Politik einzugreifen [...] (Bourdieu 1991a, S. 49).

Mit dieser spezifischen Autorität meint Bourdieu die Macht, mit der Akteure aus den künstlerischen und wissenschaftlichen Feldern qua ihrer sozialen Position ausgestattet sind und die es ihnen ermöglicht, als „kollektive Intellektuelle" (Bourdieu 1989, 2002 [1989]; Swartz 2003, S. 810–812; Lebaron 2007) wirksam in den Kampf um das „Offizielle" und „Universelle" einzugreifen.[22] Wissenschaftliches Kapital und intellektuelle Präsenz stellen in diesem Sinne eine Interventionsmacht dar (Hirschfeld und Gengnagel 2017). Damit meint Bourdieu, dass der politische Kampf um öffentliche Angelegenheiten nicht nur von Berufspolitiker*innen geführt wird, sondern dass sich beispielsweise auch Künstler*innen und Wissenschaftler*innen mit mutigen, öffentlichen Meinungsäußerungen gegen Machtmissbrauch und Unrecht in die Arena des Politischen einschalten. Entsprechend fordert Bourdieu den kollektiven Zusammenschluss der Intellektuellen – eine Forderung die aus der Einsicht resultiert, „dass es möglich ist, aus der Kenntnis der Logik des Funktionierens der kulturellen Produktionsfelder ein realistisches Programm für ein kollektives Handeln der Intellektuellen abzuleiten" (Bourdieu 1999 [1992], S. 523).[23]

In dieser Form hat auch Ulrich Beck betont, dass wir das Politische am falschen Ort suchen, denn genau jene Entscheidungsbereiche, „die im Modell des Industriekapitalismus im Windschatten des Politischen liegen – Privatheit,

---

[22]Bourdieu grenzt die Begriffe des „Offiziellen" und des „Universellen" nicht dezidert voneinander ab. Mit dem Offiziellen meint er im engeren Sinne eine reflexive und repräsentative Öffentlichkeit. „Das Offizielle ist [...] das Öffentliche; es ist die Idee, die die Gruppe von sich selbst hat, und die Idee, die sie von sich selbst vermitteln möchte; die Repräsentation (im doppelten Sinne einer mentalen Vorstellung wie einer theatralischen Darstellung), die sie von sich geben möchte, wenn sie sich als Gruppe präsentiert" (Bourdieu 2013, S. 97). Bourdieu überträgt diesen gruppenbezogenen Öffentlichkeitsgedanken auf die Gesellschaft. In diesem Fall ist das Universelle gemeint. Im Universellen sind diesem Verständnis zufolge demokratische und konsensuale gesellschaftliche Aushandlungsprozesse enthalten.

[23]Leider kann an dieser Stelle keine Diskussion der Bedeutung Bourdieus im öffentlichen Diskurs erfolgen. Zur Rolle Bourdieus als öffentlicher Intellektueller vgl. umfassend Swartz (1997, 2003); Rehbein (2006b); Hirschfeld und Gengnagel (2017).

4.3 Wissenschaft und (Real-)Politik

Wirtschaft, Wissenschaft, Kommunen, Alltag usw. –, geraten in der reflexiven Moderne in die Stürme der politischen Auseinandersetzungen" (Beck 1993, S. 157). Beck bezeichnet diese Bereiche außerhalb der politischen Institutionen als „Subpolitik". Dort nehmen einzelne Berufsgruppen, Forschungsinstitute und Bürgerinitiativen auch außerhalb der offiziellen politischen Bühne an der Gesellschaftsgestaltung teil und es konkurrieren „nicht nur soziale und kollektive Akteure, sondern auch Individuen mit jenen und miteinander um die entstehende Gestaltungsmacht des Politischen" (Beck 1993, S. 162). Bourdieu meint nun mit der spezifischen Autorität der Intellektuellen im Kampf um das Universelle eine Form von Subpolitik, die auf die politische Aushandlung öffentlicher Angelegenheiten abzielt, die die Allgemeinheit betreffen. Diese Autorität ist das Ergebnis eines gesellschaftlichen Differenzierungsprozesses, dessen Ergebnis – die autonomen (scholastischen) Felder – verteidigt werden muss. In Bourdieus Vorstellung engagieren sich also Künstler*innen und Wissenschaftler*innen im Bereich des Politischen, allerdings nicht als Berufspolitiker*innen, sondern *als* Künstler*innen, Schriftsteller*innen oder Wissenschaftler*innen. Das bedeutet, dass sie sich nicht den Regeln des Politikfeldes unterwerfen, das auf der „implizite[n] Annahme" gründet, dass nur „Politiker [...] die Kompetenz [besitzen] [...], über Politik zu sprechen" (Bourdieu 2001, S. 45). Die politische Intervention der Wissenschaftler*innen und Künstler*innen, die auf einer originär wissenschaftlichen und künstlerischen Autorität gründet, ist also eine Form „antipolitischer Politik" (Bourdieu 1991a, S. 45), ein Eingriff in die Kämpfe um das Offizielle, d. h. die Öffentlichkeit. Es geht dabei um Widerstand gegen Machtkonzentration und Machtmissbrauch. So fordert Bourdieu beispielsweise von Wissenschaftler*innen eine Reflexion über die Popularisierung ihrer Arbeiten durch Medien wie das Fernsehen (Bourdieu 1998 [1996], S. 85–92). Die von ökonomischen Interessen – d. h. von Einschaltquoten und Auflagezahlen – geleiteten Medien dringen so auf problematische Weise in die Wissenschaft ein und unterwerfen sie einer Rationalität der Popularität, Verbreitung und Reichweite. Laut Bourdieu kann eine autonome Wissenschaft ihren Widerstand gegen Macht und Herrschaft schon dort wirksam werden lassen, wo sie sich ihre Themen und Forschungsgebiete nicht von der Wirtschaft, der Politik oder den Medien diktieren lässt, sondern die ‚gesellschaftliche Relevanz' ihrer Themen autonom festlegt. Wissenschaftler*innen können und sollen sich also auf kritische Weise zu ‚unpopulären' Themen öffentlich zu Wort melden – seien es der Klimawandel, Alters- und Kinderarmut, Delinquenz oder die global-ökologischen Folgen des kapitalistischen Wirtschaftens – um zu verhindern, dass nur das auf der politischen und gesellschaftlichen Agenda steht, was ökonomisch profitabel oder populistisch verwertbar ist.

Entsprechend dieser Forderung trat auch Bourdieu seit Mitte der 1980er Jahre immer wieder für soziale und gewerkschaftliche Belange ein (Swartz 2003, S. 791–792). Das ist der Dreh- und Angelpunkt des Prinzips der *Realpolitik* der Vernunft. Sie besteht darin, möglichst viel wissenschaftliche Autorität – wissenschaftliches Kapital – anzuhäufen, um daraus eine politische Kraft zu machen. Dabei stellt schon der Kampf um die Verteidigung der wissenschaftlichen Autonomie selbst einen politischen Akt dar. Das wird im Zeichen gegenwärtiger Entwicklungen etwa in der deutschen Universitäts- und Forschungslandschaft offensichtlich. Wissenschaftliche Leistungsevaluierungen im Zeichen von Exzellenz und Leistung etwa verzerren die wissenschaftliche Kommunikation (Gläser 2015) und behindern den Erkenntnisfortschritt (Münch 2015). Die Bedeutung des realpolitischen Kampfes um Autonomie wird insbesondere dann deutlich, wenn an Exzellenz und Leistung orientierte Forschungs- und Publikationspraxen zur Transformation der Universitäten zu strategisch operierenden Unternehmen beitragen (Münch 2011), die sich im Kampf um Ressourcen – d. h. um Drittmittel, Preise, Studierende etc. – gegenüberstehen. Mit Bourdieu gesprochen: Wenn sich das Anhäufen einer spezifisch wissenschaftlichen Autorität in eine Praxis transformiert, bei der sich Wissenschaftler*innen beispielsweise Forschungsratings oder Zitations-Indices mit dem Ziel unterwerfen, an die immer ungleicher verteilten Forschungsmittel zu gelangen, dann führt diese Entwicklung dazu, dass der weltliche Pol der Wissenschaft in zunehmendem Maße Einfluss auf den Kampf feldinterner Positionen und Positionierungen gewinnt. Ein solcher Prozess der Ökonomisierung bedroht in der Folge die Autonomie des gesamten Feldes. Damit aber wird der wissenschaftlich-antipolitische Kampf um Autonomie, um die Emanzipation von diesen strukturellen Zwängen, zwangsläufig zu einem politischen Akt. Das wird insbesondere für die Sozialwissenschaft einsichtig, denn ihr Gegenstand ist die Gesellschaft und der realpolitische Kampf kann schon darin bestehen, selbst zu bestimmen, was als gesellschaftliches Anliegen gilt, anstatt von indirekt über Publikations- und Drittmittelzwänge wirkenden politischen oder ökonomischen Interessen ihre Forschungsagenda vorgesetzt zu bekommen.

Es sollte deutlich geworden sein, dass Bourdieus Wissenschaftstheorie mitnichten mit der positivistischen Annahme operiert, dass nur eine objektive und von sozialen Zwängen bereinigte Wissenschaft kritisch in die Gesellschaft eingreifen und Vernunft verwirklichen kann. Vielmehr steht bei Bourdieu der politische Kampf, die politische Intervention der Wissenschaft, im Mittelpunkt. Ihr Kampf um Autonomie ist ein Kampf um die Verwirklichung einer sozialen Struktur, die die idealen Sprechsituationen (Habermas 1984) wissenschaftlicher Kommunikation bereithält. Gegen Habermas' rekonstruktive Bestimmung universaler Bedingungen möglicher Verständigung (Habermas 1984, S. 353) setzt

Bourdieu die politische Aktion, um die Struktur selbst zu gestalten, in denen sich eine mögliche ideale Kommunikation erfüllen kann (Bourdieu 1998 [1997], S. 59). „Transhistorische Universen der Kommunikation gibt es nicht", wie er Habermas entgegenhält, „wohl aber gibt es gesellschaftlich eingerichtete Kommunikationsformen, die der Herstellung des Universellen förderlich sind" (Bourdieu 1991a, S. 51).

4.4 Wissenschaft, Wissenschaftssoziologie und das Feld der Macht

Was Bourdieu letzten Endes allerdings mit dem Universellen und dessen Herstellung meint, bedarf noch weiterer Ausführungen. Wie gezeigt wurde, ist der wissenschaftliche Kampf um Autonomie für Bourdieu bereits selbst ein politischer Akt und in diesem Sinne ist sein kontrafaktisches Autonomie-Verständnis der Wissenschaft weniger auf die Restauration des wissenschaftlichen Elfenbeinturms angelegt, sondern vielmehr Teil eines gesamtgesellschaftlichen Kampfes um bessere, d. h. demokratischere und humanere soziale Bedingungen. Dass Bourdieu in diesem Kampf der Soziologie als gesellschaftsbeschreibender Disziplin eine zentrale Rolle zuschreibt, ergibt sich schon daraus, dass soziale Konflikte, soziale Ungleichheit und Arbeit zu ihren Kernkategorien gehören. Ihre Beobachtungsleistung – die im Falle der Wissenschaftssoziologie immer zugleich auch eine Reflexionsleistung ist – problematisiert den Einfluss sozialer Strukturen im Sozialraum, respektive im akademischen Feld. Wie wir gezeigt haben, leitet Bourdieu seinen kritischen Standpunkt aus einer praxistheoretischen Beschreibung der sozialen Welt ab (Kap. 2), die inhärent konflikthaft ausgerichtet ist (Kap. 3). Die feldtheoretisch fundierte Reflexivität beinhaltet eine mobilisierende Kraft, die den Kampf um das Universelle in der sozialen Welt betrifft. Die Soziologie stellt im Verständnis Bourdieus lediglich ein Beschreibungsinstrument zur Verfügung, das die Kämpfe, Ungleichheiten, Asymmetrien und Machtverhältnisse sichtbar machen kann. Diese Beobachtung stellt für Bourdieu aber die Grundlage für realpolitische Eingriffe in diese Kämpfe dar: „Bewaffnet mit den Erkenntnissen der Soziologen und einem jeweils besonderen Fachwissen könnten sie [die Intellektuellen; Anmerkung der Verfasser] wirksam in Fragen von allgemeinem Belang eingreifen" (Bourdieu 1998 [1997], S. 65).

Bourdieus Vorstellung einer intellektuellen und (anti-)politischen Mitgestaltung von Öffentlichkeit sowie von gesellschaftlichen Strukturzusammenhängen, die von allgemeinem Belang sind, ist weniger ein fundamentaldemokratisches Phantasma als das Ergebnis seiner praxistheoretischen Beschreibung moderner

Gesellschaften. Dass soziale Akteure, die keine Berufspolitiker*innen sind, Einfluss auf die soziale Welt nehmen, liegt daran, dass die differenzierten Bereiche moderner Gesellschaften – Politik, Ökonomie aber auch Wissenschaft und Kunst – immer konflikthaft aufeinander bezogen sind. So operiert die Wissenschaft nie nur für sich, sondern sie ist zwangsläufig in gesamtgesellschaftliche Machtprozesse eingebunden (Hamann et al. 2017). Bourdieus Praxis- und Feldtheorie legen offen, dass in modernen, differenzierten Gesellschaften das Nebeneinander dieser unterschiedlichen Strukturlogiken die Form von Durchsetzungskämpfen annimmt. Bourdieu führt für diese gesamtgesellschaftlichen Strukturzusammenhänge das Konzept des *Feldes der Macht* ein (siehe Abschn. 3.5).[24] Die angesprochenen realpolitischen Kämpfe um das Universelle und die Fragen von allgemeinem Belang, die Rolle, die Bourdieu den Intellektuellen und insbesondere auch den Wissenschaftler*innen zudenkt, wird letztlich erst vor dem Hintergrund des Machtfeldes verständlich.

Das Feld der Macht markiert den Schnittpunkt der herrschenden Positionen, die die unterschiedlichen autonomen gesellschaftlichen Felder (Politik, Wirtschaft, Wissenschaft, Medien, Religion, Kunst, Militär etc.) bereitstellen. Wie oben gezeigt, spricht Bourdieu von einer spezifischen „Autorität", die als Ergebnis gesellschaftlicher Differenzierung den Eingriff in die Gesellschaft ermöglicht. An dieser Stelle ist zu präzisieren, dass diese Autorität auf der Akkumulation eines je spezifischen Kapitals beruht, das die ausdifferenzierten Felder erzeugen. Das Feld der Macht korrespondiert also mit den unterschiedlichen elitären Positionen in der Gesellschaft (Bourdieu 2004 [1989]). Es ist demnach jener Ort, an dem dominante Positionen sich miteinander verbinden und zugleich konkurrieren. Die Konkurrenz besteht darin, dass um Machtgewinne gerungen wird, die als Fähigkeit zu fassen sind, die relevanten Werte der einzelnen Kapitalsorten zu beeinflussen. Auf diese Weise muss das Machtfeld als eine Art Meta-Feld begriffen werden, in dem der Kampf darum geführt wird, die Relationen zwischen den sozialen Feldern auszuhandeln und auf diese Weise auch die Beziehung zwischen den verschiedenen Formen von Kapital zu verhandeln (siehe Kap. 3).

---

[24]Das Konzept des Machtfeldes bei Bourdieu entstand im engen Zusammenhang mit seiner Auseinandersetzung mit gesellschaftlichen Eliten (Bourdieu und Martin 1978; Bourdieu 1988 [1984], 2004 [1989]). Bourdieu verband im Laufe seiner Auseinandersetzung mit diesen sozioökonomisch starken Gruppen seine Vorstellung von gesellschaftlicher Dominanz mit einem relationalen Feldkonzept, wonach diese Gruppen als Teile oder Sektoren des Sozialraums bzw. eines übergeordneten Machtfeldes ausgedeutet wurden. Aus diesem Zusammenhang heraus ist auch die theoretische Nähe des Machtfeldes mit dem Staat bei Bourdieu zu erklären (Bourdieu 1998 [1994], S. 93–125, 2013).

4.4 Wissenschaft, Wissenschaftssoziologie und das Feld der Macht

Im Machtfeld werden die gesamtgesellschaftlichen Verhältnisse von unterschiedlichen Feldern zueinander sichtbar. Es stülpt sich den Feldern allerdings nicht *ex nihilo* über. Vielmehr ist es das Ergebnis von gesellschaftlicher Praxis. In diesem Sinne betont Bourdieu, dass es die homologe Struktur der Felder als Räume von Unterschieden zwischen Positionen ist, die zur „Reproduktion des Raums der verschiedenen für das Macht-Feld konstitutiven Positionen" führt (Bourdieu 1988 [1984], S. 90). Damit meint Bourdieu, dass gesellschaftliche Praxis als Kampf um oder gegen den Erhalt jener sozialen Bedingungen zu verstehen ist, die es den dominanten Feldpositionen erlauben, gleichzeitig auch die gesellschaftlich mächtigsten Positionen zu sein. Das verweist auf den Status des Machtfeldes als gesellschaftlicher Zusammenhang der Feldkonflikte jenseits der feldinternen Logik, nach der sie geführt werden. Mit anderen Worten: Um den Erhalt einer dominanten Position im Wissenschaftsfeld wird nicht nur wissenschaftsintern, sondern auch gesamtgesellschaftlich gerungen.

Das Konzept des Machtfeldes zielt also darauf ab, die praxeologischen Verflechtungen der Felder miteinander und mit dem sozialen Raum zu erklären. Die Akteure der einzelnen Felder – so die These von Bourdieu – werden über das Machtfeld strukturell in ein hierarchisches Konkurrenzverhältnis gebracht und kämpfen dort um die Durchsetzung des gültigen Herrschaftsprinzips für den gesamten sozialen Raum. Es handelt sich somit um einen Kampf um den legitimen Reproduktionsmodus als Grundlage gesellschaftlicher Herrschaft (Bourdieu 2004 [1989], S. 322). Dabei geht Bourdieu davon aus, dass sich die unterschiedlichen Felder innerhalb des Machtfeldes entsprechend der objektiven Hierarchie der ökonomischen und kulturellen Kapitalsorten verteilen, sodass auch das Feld der Macht eine chiastische Struktur aufweist: Die Verteilung nach dem herrschenden Hierarchisierungsprinzip des ökonomischen Kapitals werde durch ein zweites Hierarchisierungsprinzip, das kulturelle Kapital, gekreuzt, sodass sich im Machtfeld die unterschiedlichen Felder nach einer entgegengesetzten Hierarchie anordnen, die von den Feldern der kulturellen Produktion (Kunst, Wissenschaft, Religion etc.) zum ökonomischen Feld verlaufen.

An dieser Stelle muss allerdings erneut betont werden, dass die homologen Strukturzusammenhänge, von denen Bourdieu hier spricht, das Ergebnis einer konflikthaften Praxis in ausdifferenzierten Gesellschaften sind. Erst das praxeologische Verständnis des Machtfeldes plausibilisiert, weshalb die Homologie der Felder die Ursache für die im Machtfeld stattfindenden Kämpfe sein sollte. Als Feld von Machtkämpfen zwischen den Halter*innen unterschiedlicher Arten von Macht oder Autorität erscheint das Machtfeld als ein Praxisfeld, „in dem die Akteure oder die Institutionen, die über ausreichendes spezifisches Kapital verfügen (hauptsächlich ökonomisches oder kulturelles), um herrschende Positionen in ihren jeweiligen Feldern einzunehmen, hinsichtlich der Strategien miteinander konkurrieren, dieses Machtverhältnis zu erhalten oder zu verändern [...]" (Bourdieu 2004 [1989], S. 321). Die Struktur des Feldes der Macht als Struktur der mächtigsten Feldpositionen spiegelt also den Zustand des Kräfteverhältnisses zwischen den verschiedenen Kapitalformen und insofern auch zwischen den Machtformen wider, die eine differenzierte Gesellschaft kennzeichnen. Damit verweist das Machtfeld zugleich immer auf gesamtgesellschaftliche Prozesse und die Struktur des Sozialraums. Dem Konzept gelingt es also, die Verbindung von Feldern und dem Sozialraum – die in Bourdieus Theorie bisweilen unpräzise geblieben ist – zu spezifizieren. So lässt sich das Machtfeld als eine feldtheoretische Perspektive auf den Sozialraum präzisieren, die insbesondere Feldeffekte und feldspezifische Praxen im Kontext ihrer Interdependenz und im Hinblick auf gesamtgesellschaftliche Ungleichheits- und Machteffekte behandelt (Schmitz et al. 2017, S. 21). Für die Wissenschaft bedeutet das, dass die dem wissenschaftlichen Feld zugeschriebene gesellschaftliche Funktion damit nicht aus der Wissenschaft sui generis abgeleitet werden kann. Vielmehr geht es um die Machtverhältnisse zwischen den unterschiedlichen Feldern – darunter auch dem Wissenschaftsfeld – im Feld der Macht (Gengnagel et al. 2017, S. 393).

4.4.1 Die gesellschaftliche Einbettung der Wissenschaft

Zusammenfassend lässt sich sagen, dass das Feld der Macht alle dominanten Positionen aus den einzelnen Feldern enthält. Daher ist das Feld der Macht ein relationales und mehrdimensionales Konzept, das darauf abzielt, das hoch differenzierte Wesen der Macht in der Gesellschaft zu erfassen. Die Fruchtbarkeit dieser Heuristik wird in der Literatur zunehmend erkannt (Hjellbrekke und Korsnes 2009; Lebaron 2010; Denord et al. 2011; Schneickert 2015a; Gengnagel et al. 2017; Schmitz et al. 2017). Für eine feldtheoretische Analyse der Wissenschaft ist die Konzeption des Machtfeldes von zentraler Bedeutung, denn Ausgangspunkt einer jeden Feldanalyse sollte Bourdieu zufolge die Frage nach der „Position des Feldes im Verhältnis zum Feld der Macht" sein (Bourdieu und Wacquant 2006 [1992], S. 136). Damit eröffnet sich eine Perspektive, die die gesellschaftliche Einbettung der Wissenschaft betont und konzeptualisierbar macht. Gegen die Vorstellung autopoietischer und operationaler Geschlossenheit der Wissenschaft (Luhmann 1992) tritt damit zwangsläufig die historische und strukturelle Verflechtung der Wissenschaft in die Gesellschaft in den Vordergrund (Weingart 2001; vgl. auch Gengnagel et al. 2017; Schmitz et al. 2017). Es ist Bourdieu zu

4.4 Wissenschaft, Wissenschaftssoziologie und das Feld der Macht 157

verdanken darauf aufmerksam gemacht zu haben, dass es sich um ein wechselseitiges Abhängigkeitsverhältnis zwischen der Wissenschaft und anderen gesellschaftlichen Bereichen handelt. So ist die Wissenschaft beispielsweise nicht nur von gesellschaftlichen Interessen – etwa ökonomischen und politischen – in ihrer Autonomie bedroht, sondern sie wirkt selbst als gesellschaftliche Macht an der Strukturierung von gesellschaftlichen Machtverhältnissen im Sozialraum mit:

> Wissenschaft als gesellschaftliches Feld im Feld der Macht zu analysieren bedeutet damit, Wissenschaft als eine gesellschaftliche Macht zu analysieren, die sich sowohl in der Strukturierung des akademischen Feldes als auch umgekehrt in der Strukturierung des sozialen Raums durch das akademische Feld niederschlägt (Gengnagel et al. 2017, S. 394).

Diesem wechselseitigen Abhängigkeitsverhältnis kommt besondere Bedeutung angesichts der bereits angeführten zunehmenden Ökonomisierung in Form einer Durchsetzung eines akademischen Kapitalismus (Slaughter und Leslie 1997; Münch 2011) zu. So gilt es anzuerkennen, dass die Autonomie des wissenschaftlichen Feldes nicht nur als passives Opfer durch eine Kolonialisierung äußerer Systemmächte bedroht ist. Vielmehr produziert das Feld als zentrale Ausbildungsinstanz selbst eine immer größere Zahl Arbeitskraftunternehmer*innen, die die Flexibilisierung und Prekarisierung moderner Arbeitsverhältnisse nicht unwesentlich vorantreiben (Schneickert und Lenger 2010, 2016).

Das Oszillieren wissenschaftlicher Selbstbeschreibung zwischen Autonomie und gesellschaftlicher Relevanz ist somit lediglich ein Ausdruck dieser Situation der sozialen Einbettung, der die Konzeption des Machtfeldes Rechnung trägt. Mit ihm bricht die Illusion einer potenziell autonomen und machtfreien Wissenschaft. Im Kontext des Machtfeldes wird letztlich deutlich, weshalb die Autonomie der Wissenschaft bei Bourdieu als kontrafaktisches Ideal angelegt ist.

Bourdieus Idee des realpolitischen Eingriffs von Intellektuellen in die Gesellschaft im Zeichen der Herstellung von Kommunikationsformen, wie er es nennt, die für die „Herstellung des Universellen förderlich sind" (Bourdieu 1991a, S. 51), kann nun präziser als die mehr oder weniger aktive Teilnahme im Kampffeld der Macht um die relativen Kapitalwertigkeiten identifiziert werden. Damit ist die Möglichkeit gemeint, wissenschaftliches Kapital in allgemein gültige Kapitalsorten, insbesondere ökonomisches Kapital, übertragen zu können. Die Voraussetzungen für die idealen Kommunikationsformen, die Bourdieu vorschweben, sind in einem möglichst ausgeprägten Maß der Differenzierung des Machtfeldes zu suchen. Erst auf dieser Grundlage gibt es die Chance, dass die dort geführten gesellschaftlichen Kämpfe „ums Ganze" so ausbalanciert sind, dass sich hegemoniale Herrschaftsansprüche um die Ausdeutung der sozialen Welt schwertun.

> Jeder Fortschritt in der Differenzierung der Macht ist ein weiterer Schutzriegel dagegen, dass eine einzige und einseitige, auf der Konzentrierung aller Macht in den Händen einer einzigen Person [...] oder einer einzigen Gruppe beruhende Hierarchie sich durchsetzt, und genereller ein Schutz gegen *Tyrannei*, verstanden als das Eindringen der mit einem der Felder verbundenen Macht in die Funktionsweise eines anderen Feldes (Bourdieu 2004 [1997], S. 131; Hervorhebung im Original).

Die einzige wirksame Kraft, die Bourdieu gegen diese Form der Tyrannei in der sozialen Welt ausmacht, ist eine möglichst umfassende Differenzierung des Machtfeldes, um Machtkonzentrationen zu verhindern und „tyrannische" Durchsetzungsakte zu verlangsamen. Eine solche Differenzierung ist in erster Linie durch das Gewährleisten der relativen Autonomie insbesondere der scholastischen Felder wie Wissenschaft oder Kunst zu erreichen. Bourdieu expliziert gerade die Rolle der Wissenschaft und der Kunst im Hinblick auf die Legitimierung von Macht und Herrschaft. Tyrannische Ambitionen bestehen ihm zufolge nämlich paradoxerweise genau im Versuch, die Macht zu legitimieren, die sie auszuüben trachten. Das bedeutet, dass Macht als willkürliche Gewalt verschleiert wird, indem sie kollektiv als legitim anerkannt wird. Diesen Prozess der Anerkennung von Macht beschreibt Bourdieu als Legitimationskreislauf (Bourdieu 2004 [1997], S. 130–135). Eine auf der Grundlage hinreichender Autonomie operierende Kunst oder Wissenschaft gewährt dem Herrschaftsmoment symbolische (oder wissenschaftliche) Legitimation dadurch, dass sie als autonome Teilbereiche in der Gesellschaft Güter produzieren (Texte, Bilder, Wissen), die in ihrer scheinbaren Unabhängigkeit eine Herrschaft anerkennen und anerkennbar machen.

Auf diese Weise plausibilisiert das Konzept des Machtfeldes die soziale Einbettung der Wissenschaft und der Felder symbolischer Produktion. Ein Fortschritt der Vernunft ist für Bourdieu daher nur als gesellschaftshistorischer Prozess denkbar (Bourdieu 2004 [1997], S. 118–164). Für die Vernunft und das Universelle ist indessen die relative Autonomie der Wissenschaft von zentraler Bedeutung. Bourdieu selbst behandelt die moderne Wissenschaft als historischen Glücksfall der Vernunft, insofern sie sich dort unter gegebenen Umständen als soziale Notwendigkeit aufzwingt (Bourdieu 2004 [1997], S. 139). Seine kontrafaktisch anmutende Unterstellung lautet, dass man im Feld einer relativ autonomen Wissenschaft nicht „mit rein politischen Waffen kämpfen [kann], auch nicht politischen im engeren Sinn: ich steche Dich aus, weil ich die Macht dazu habe. Man muss sagen: Ich zwinge Dich nieder, weil ich im Recht bin" (Bourdieu

4.4 Wissenschaft, Wissenschaftssoziologie und das Feld der Macht

1998 [1997], S. 79). Aus diesem Grund ist die Wissenschaft als soziales Feld für Bourdieu eine historische Errungenschaft, die in ihrer relativen Autonomie unbedingt zu verteidigen ist, weil dort das Universelle und die Vernunft die Form sozialer Zwänge annehmen (Bourdieu 2004 [1997], S. 138–139). Das bedeutet, dass die Konkurrenz und die Kämpfe im Wissenschaftsfeld in organisierter und geregelter Form existieren und streng logischen und experimentellen Anforderungen unterliegen. Auch wenn in der Wissenschaft die Erkenntnisproduktion und das Akkumulieren von Wissen und Kenntnissen nicht zu trennen sind von der Suche nach Anerkennung und der Akkumulation symbolischen Kapitals, so unterliegt doch der wissenschaftliche Kampf dem Anspruch nach ganz und gar der Kontrolle und den Normen *(nomos)* des wissenschaftlichen Feldes wie beispielsweise Peer-Review Verfahren, argumentativer Schlüssigkeit oder empirischer Befunde. Er bezeichnet das Wissenschaftsfeld in diesem Sinne als den „Ort einer in Form rationaler Zwänge errichteten Vernunftherrschaft" (Bourdieu 2004 [1997], S. 144).

Die historische Besonderheit – die Bourdieu analog für das Feld der Kunst beschreibt (Bourdieu 1999 [1992]; Schumacher 2011) – liegt darin begründet, dass dort nicht etwa politische, ökonomische und/oder militärische Macht über wissenschaftlichen Erfolg sowie richtig und falsch entscheiden, sondern Rationalität und Vernunft (Bourdieu 2004 [1997], S. 142). Bourdieu verwahrt sich allerdings explizit gegen ein teleologisches Vernunftdenken und betont hingegen die historischen und genuin sozialen Prozesse:

> Vernunft darf weder als Anfang noch als Ende eines Prozesses postuliert werden. Es kommt vor [...], dass sich solche Bedingungen, Verhältnisse entwickeln, Felder von Auseinandersetzungen wie das wissenschaftliche oder das intellektuelle zu einem bestimmten Moment, dass einzelne in Verfolgung ihrer ureigensten Interessen, aus Gründen, die nichts mit Vernunft zu tun haben, die gänzlich unvernünftig sein können, durch die Logik des Spiels gezwungen werden, Rationales zu schaffen (Bourdieu und Schwibs 1985, S. 387).

Die Logik des Spiels, von der Bourdieu hier spricht und die die Bedingung der Ursache für Vernunft sei, stellt einen auf keinen anderen Sachverhalt oder keinen anderen Grund reduzierbaren sozialen Tatbestand *(fait social)* dar (Durkheim 1976 [1895]). Es ist die Rede von der Eigengesetzlichkeit des Feldes mit seiner Geschichte und seinen strukturellen Zwängen. Das Konzept des Machtfeldes lässt vor diesem Hintergrund deutlich werden, dass Vernunft und die Erforschung universellen Wissens von gesellschaftlichen Strukturen abhängen und nicht eo ipso von der Wissenschaft, der menschlichen Ratio oder der Sprache erwartet werden können. Wie gezeigt, setzt Bourdieu in der Konsequenz auf den Kampf um die

Verteidigung der Differenzierung des Machtfeldes. „Ich meine in der Tat, dass der Fortschritt der Vernunft, wenn man nicht gerade an Wunder glaubt, nur von einem politischen Handeln zu erwarten ist, das sich rational auf die Verteidigung der gesellschaftlichen Bedingungen der Ausübung von Vernunft richtet [...]" (Bourdieu 1998 [1994], S. 218).

4.4.2 Die Felder kultureller Produktion und der kritische Standpunkt

Indem Bourdieu die Autonomie der Wissenschaft in den Mittelpunkt des Forschungsinteresses rückt, koppelt er seine Vorstellung einer *Realpolitik* zur Verteidigung der gesellschaftlichen Bedingungen zur Verwirklichung von Vernunft an die Existenz von scholastischen Feldern. Wenn diese aber historisch von den gesellschaftlichen Strukturen (des Machtfeldes) abhängen, dann ruft das postwendend das Problem der scholastischen Vernunft wieder auf den Plan (Kap. 2). Die Existenz der scholastischen Felder – allen voran der Wissenschaft und der Philosophie – und die dort produzierte scholastische Sicht gaben Bourdieu Anlass zu seiner grundlegenden epistemologischen Kritik. Nun zeichnete sich jedoch ab, dass sich Bourdieu im gleichen Maße von der Existenz der scholastischen Felder einen Fortschritt der Vernunft verspricht.

An dieser Stelle nimmt die Bourdieu'sche Reflexivitätsprogrammatik erneut einen zentralen Platz ein (Abschn. 2.4). Er fordert bekanntlich die reflexive Einsicht in die sozialen und historischen Bedingungen der scholastischen Vernunft. Mit der Feldtheorie stellt er ein analytisches Instrument bereit, mit dem die soziohistorischen Ursachen dieses Weltverhältnisses reflexiv zugänglich werden, das auf der Verneinung der sozialen und ökonomischen Bedingungen seiner selbst ruht. Damit kennzeichnet Bourdieu das gesamte Arsenal wissenschaftlicher Objekte und Methoden, sowie noch allgemeiner das Denken und Erkennen selbst, als sozialhistorisch eingebettet. Und gerade weil es die Feldtheorie erlaubt, die untrennbare Einheit zwischen kognitiven und sozialen Strukturen aufzudecken, geht mit ihr die Ablehnung transzendentaler Bedingungen von Vernunft einher. In Feldern zu denken bedeutet, „der Geschichte und der Gesellschaft zurückgeben, was man einer Transzendenz oder einem transzendentalen Subjekt zugeschrieben hat" (Bourdieu 2004 [1997], S. 147).

Wenn mit der Feldtheorie der Fortschritt der wissenschaftlichen Vernunft und des universell gültigen Wissens sozialhistorisch zugänglich wird, dann auch deshalb, weil mit der Bourdieu'schen Reflexivität der Fetischismus des*der erkennenden Wissenschaftler*in aufgebrochen wird. Ein Fortschritt der Erkenntnis ist

4.4 Wissenschaft, Wissenschaftssoziologie und das Feld der Macht

folglich nur dann zu erwarten, wenn die Wissenschaft die von der Wissenschaftssoziologie – respektive der Feldtheorie – bereitgestellten Erkenntnisse gegen sich selbst wendet und die gesellschaftlichen bzw. ökonomischen Einflüsse auf sich selbst angemessen berücksichtigt. Die Reflexivität der Feldtheorie stellt in diesem Sinne dann auch das geeignete Mittel dar, den Auswirkungen der von ihr „offengelegten ökonomischen und sozialen Determinierungen zumindest partiell zu entgehen" (Bourdieu 2004 [1997], S. 155). Damit meint Bourdieu, dass eine realpolitische Wendung des Vernunftverständnisses auf einer reflexiven Grundlage sich gegen diese Determinierungen richtet. In diesem Sinne meint Reflexivität für die Wissenschaft einen Prozess, der die eigene soziale und historische Einbettung in das Feld der Macht offenlegt und entsprechend bei der Analyse berücksichtigt. Jede*r Wissenschaftler*in sollte sich Klarheit über die eigene Stellung im Machtfeld verschaffen. Damit wendet Bourdieu das scholastische Denken radikal gegen die gesellschaftlichen Bedingungen, die es ermöglichen. Mit einer solchen feldtheoretisch fundierten Reflexivierungsarbeit will er ein wissenschaftssoziologisches Instrumentarium bereitstellen, um die Wissenschaft dafür zu sensibilisieren, dass soziale Gegebenheiten in ihre Erkenntnisproduktion einwirken.

> Es gilt, in dem durch die Wissenschaft (als sozialer Raum oder Feld) konstruierten Objekt die gesellschaftlichen Bedingungen der Möglichkeit des ‚Subjekts' und seines Konstruierens von Objekten (darunter die *scholé* und das ganze Erbe an Problemen, Begriffen, Methoden usw.) auszumachen und damit die sozialen Grenzen seines Objektivierens ans Licht zu bringen (Bourdieu 2004 [1997], S. 154).

Diese Suche nach den sozialen Grenzen wissenschaftlicher Objektivierungsarbeit macht den Kern der Bourdieu'schen Wissenschaftssoziologie aus. Wie in seinem Gesamtwerk steht auch hier ein Thema im Mittelpunkt: Die Frage nach sozialer Ungleichheit und den Reproduktionsbedingungen moderner Gesellschaften. Eine autonome Wissenschaft muss sich in dieser Vorstellung über die sozialen Asymmetrien bewusst werden, die durch soziale Ungleichheit hervorgebracht werden und die nicht nur die Vorstellung von der Wissenschaftlicher*in-Figur oder eines akademischen Habitus prägen (Engler 2001; Beaufaÿs 2003, 2008; Krais 2008; Mendoza 2012; Wehling 2014), sondern im Umkehrschluss auch die Objekt- und Themenwahl wissenschaftlicher Forschung bestimmen. In anderen Worten: Auch die wissenschaftliche Erkenntnisproduktion ist wesentlich von sozialer Ungleichheit determiniert (Münch 2007, 2011; Lenger 2008; Schneickert 2013b; Graf 2015; Möller 2015).

Ganz im Sinne der Reflexivität gerät an dieser Stelle auch in den Blick, welcher normative Standpunkt, welche Themenwahl und welche Methoden für den Wissenschaftler Pierre Bourdieu selbst von Bedeutung sind. Soziale Ungleichheit ist der Maßstab seiner Erkenntnis- und Gesellschaftskritik. Als regulative Idee begründet sie die Auswahl seiner Gegenstände, Begrifflichkeiten und dient als Horizont für deren Beurteilung (Rehbein 2006a, S. 76). Dass Bourdieu soziale Ungleichheit als Maßstab der Kritik setzt, ist in der Literatur auf einige Kritik gestoßen. Im Kern richtet sich dieser Einwand gegen Bourdieus vermeintliche Überbetonung sozialer Faktoren in der Determination der wissenschaftlichen Praxis, die die Eigenlogik der dinglich-materiellen Welt systematisch ausblendet (Latour und Woolgar 1986 [1979]; Latour 2001b; Mialet 2003; siehe auch Abschn. 5.2).

Bourdieus Kritik, die von der Beobachtung von Ungleichheit angeleitet ist, bleibt jedoch keineswegs unbegründet. Immerhin leitet er seinen Standpunkt aus einer praxistheoretischen Beschreibung der sozialen Welt ab, die inhärent konflikthaft ist (siehe Abschn. 2.1 und 3.2). Diese Konflikthaftigkeit nimmt in kapitalistischen Gesellschaften die Form von Klassenkonflikten und sozioökonomischer Ungleichheit an. Daraus ergibt sich, dass die Teilhabe an den scholastischen Universen, die Herausbildung scholastischer Dispositionen und die Fähigkeit, in den Zustand scholastischer Muße zu gelangen (siehe Abschn. 2.1.1) von ungleichen sozialen Voraussetzungen gekreuzt werden (vgl. auch Gimmel und Keiling 2016; Lenger 2017). Soziale und ökonomische Ungleichheiten verhindern, dass – und sei es nur potentiell – jede Person am Prozess der wissenschaftlichen Erkenntnisgewinnung teilhaben kann. Das bedeutet im Umkehrschluss, dass wissenschaftliche Erkenntnis und wissenschaftliche Vernunft mitnichten als überhistorisch und universell gelten können. Bourdieu nimmt die Wissenschaft in die Pflicht, diese Tatsache zu akzeptieren und zu reflektieren, um zu ermöglichen, dass sie im Namen des Universellen dennoch in die Wahrheitskämpfe über die (soziale) Welt eingreifen kann. Bourdieus Kritik richtet sich, wie gezeigt, realpolitisch gegen asymmetrische Machtverhältnisse in der Gesellschaft, die er feldtheoretisch ausdeutet. Im Falle der Sozialwissenschaften gilt, dass sie, indem sie die soziale Welt mit ihren Ungerechtigkeiten, Einbahnstraßen und Asymmetrien erkennbar machen, die gesellschaftskritischen Grundlagen für eine kritische Reflexion der Wissenschaft bereithalten. Will die Wissenschaft in den Wahrheitskampf um die Ausdeutung der Welt eingreifen, indem sie ihre eigene Vernunftlogik gegen die Gewaltverhältnisse der Politik oder Ökonomie verteidigt anstatt diese als verwissenschaftlichtes Herrschaftswissen zu legitimieren, dann muss sie vor dem scholastischen Fehlschluss bewahrt werden, im Rückzug von der Welt den Ort auszumachen, von dem aus die Welt am scheinbar wahrhaftigsten beschrieben werden könnte. Eine radikale Einsicht in die sozialweltliche Einbettung der

4.4 Wissenschaft, Wissenschaftssoziologie und das Feld der Macht

Wissenschaft ist notwendig, damit eine Realpolitik der wissenschaftlichen Vernunft politische und gesellschaftliche Strukturen hervorbringt, die in der Lage ist, sie vor tyrannischen Akten der Unterwerfung unter universalistische Mächte zu bewahren. Hierzu ist die Einsicht in die „reflexive Autonomie des wissenschaftlichen Feldes" (Wehling 2014, S. 82) zwingend notwendig.

Bourdieu und die moderne Wissenschaftssoziologie 5

Wie die Diskussion um die Autonomie der Felder (siehe Kap. 3) und die kollektive Reflexivität (siehe Kap. 2 und 4) gezeigt haben, verfolgt Bourdieu ein Programm der radikalen Historisierung von Vernunft. Damit tritt zugleich die Frage nach der Verortung wissenschaftlichen Wissens im historischen Kontext in den Vordergrund. Welchen Stellenwert misst Bourdieu wissenschaftlichem Wissen bei, das in modernen Gesellschaften eine Sonderstellung einnimmt? Gegenüber etwa tradiert-populären, weltanschaulichen oder religiös-esoterischen Wissensbeständen will wissenschaftliches Wissen dezidiert unabhängig sein von den religiösen oder weltanschaulichen Überzeugungen seiner Entdecker*innen und Befürworter*innen. Es ist daher bekanntlich von der Allgemeingültigkeit wissenschaftlichen Wissens die Rede (Weingart 2003, S. 7). Wie aber ist für Bourdieu die spezifische Universalität wissenschaftlichen Wissens in Anbetracht seiner umfangreichen Historisierung denkbar? Bourdieu setzt sich mit dieser Frage dezidiert in seiner letzten Vorlesung am Collège de France auseinander, die unter dem Titel *Science of Science and Reflexivity* (Bourdieu 2004 [2001]) erschienen ist. Indem er die Frage nach der Reichweite wissenschaftlichen Wissens in den Mittelpunkt seiner späten Vorlesung setzt, reiht er sich selbst in eine wissens- bzw. wissenschaftssoziologische Tradition ein, in der die Frage nach der Entstehung und den Entstehungsbedingungen wissenschaftlichen Wissens verhandelt wurde (Fleck 1980 [1935]; Merton 1973; Kuhn 2007 [1962]; Latour und Woolgar 1986 [1979]; Feyerabend 1981a, 1981b, 1999; Knorr-Cetina 1984 [1981], 2002 [1999]; zum Überblick vgl. Felt et al. 1995; Weingart 2003; Bucchi 2004; David 2005). Damit betreibt Bourdieu am Ende seiner wissenschaftlichen Karriere nochmals eine konsequente, feldtheoretisch fundierte Reflexivierung seiner eigenen (wissenschafts-)soziologischen Arbeiten.

Trotz der zentralen Bedeutung, die die Wissenschaftssoziologie in Bourdieus Werk einnimmt, scheint sich – zumindest im deutschsprachigen Raum – der Zweig der Wissenschaftssoziologie ohne eine tiefer greifende Auseinandersetzung mit Pierre Bourdieus Konzeption entwickelt zu haben (vgl. auch Hamann et al. 2017b). So ist insgesamt festzuhalten, dass Bourdieus wissenschaftssoziologischer Ansatz bisher allenfalls in sehr geringem Umfang Eingang in die gängigen Einführungswerke zur Wissenschaftssoziologie (Felt et al. 1995; Hess 1997; Weingart 2003; Maasen et al. 2012) und in die *Science and Technology Studies* (Hackett et al. 2008; Lengersdorf und Wieser 2014; Bauer et al. 2017; vgl. auch Albert und Kleinman 2009; Kim 2009) gefunden hat. Im Folgenden sollen in einem ersten Schritt die Gründe für die Skepsis der Wissenschaftssoziologie gegenüber Bourdieus Ansatz in groben Zügen dargelegt werden. Gleichermaßen ist aber darauf hinzuweisen, dass insbesondere seine feldtheoretischen Überlegungen einen wichtigen Impuls für die Weiterentwicklung der Wissenschafts- und Hochschulforschung in Deutschland geliefert haben. Entsprechend werden in einem zweiten Schritt die zentralen Entwicklungslinien von Bourdieus Wissenschaftssoziologie skizziert.

5.1 Die konstruktivistische Wende in der Wissenschaftssoziologie

Bis in die 1970er Jahre war, geprägt durch Mertons institutionalistisches wissenschaftssoziologisches Programm (Merton 1985a [1973]) (siehe Kap. 3), das wichtigste Thema der Wissenschaftssoziologie die Klärung der institutionellen und normativen Voraussetzungen wissenschaftlichen Arbeitens. Ab den 1970er Jahren aber rückt die Analyse des Inhalts wissenschaftlichen Arbeitens, das heißt die Entstehung der von Wissenschaftler*innen formulierten Wissensansprüche, zunehmend in den Fokus des Forschungsinteresses (Stehr 1994, S. 542). Die sogenannte konstruktivistische Wende in der Wissenschaftssoziologie (Hofmann und Hirschauer 2012), führte zur Herausbildung und Akzeptanz einer „Soziologie wissenschaftlicher Erkenntnis" (Stehr 1994, S. 542) bzw. zu einer „Soziologie wissenschaftlichen Wissens" (Bloor 1991 [1976], S. 3–23). Diese Wende findet heute prominent ihren Niederschlag in der Etablierung des interdisziplinären Forschungszweiges der Wissenschafts- und Technikforschung, den sogenannten *Science and Technology Studies* (Jasanoff 1995; Fuller 2007; Hackett et al. 2008; Bammé 2009; Harding 2011; Lengersdorf und Wieser 2014; Bauer et al. 2017). Im Mittelpunkt dieser Forschungsrichtung stehen die Erforschung des komplexen Zusammenhangs von Technologie, Kultur und wissenschaftlicher

5.1 Die konstruktivistische Wende in der Wissenschaftssoziologie

Forschung einerseits sowie das Wechselspiel von Politik und Gesellschaft andererseits. In diesen prominenten Forschungszweig hat Bourdieus Wissenschaftssoziologie weiterhin kaum Einzug gehalten. Treffend hat Peter Wehling darauf hingewiesen, dass sich aus anfänglichen Gemeinsamkeiten der geteilten These einer vermachteten Wissenschaft ein „Spannungsverhältnis" oder gar ein „scharfer Konflikt" entwickelt hat (Wehling 2014, S. 75; vgl. auch Albert und Kleinman 2011, S. 265, Hess 2011, S. 345–346).[1] Insbesondere Bourdieus letzte Vorlesung *Science of Science and Reflexivity* wurde in den *Science and Technology Studies* kritisch aufgenommen (Mialet 2003; Gieryn 2006; Sismondo 2011). Außerdem wurde Bourdieu unterstellt, eine inkonsistente Auffassung von Wissenschaftssoziologie zu vertreten und es wurden allenfalls seine empirischen Feldstudien als nützlich eingestuft (Camic 2011, 2013).

Die konstruktivistischen Ansätze in der Wissenschaftssoziologie gehen davon aus, dass wissenschaftliche Erkenntnis und wissenschaftliches Wissen stets unter konkreten Bedingungen hergestellt, d. h. sozial konstruiert werden. Erstmalig rückte die Forschungspraxis selbst in den Mittelpunkt, die zuvor deshalb weitgehend unbeobachtet geblieben war, weil man davon überzeugt war, dass Inhalt und Geltung wissenschaftlichen Wissens von „objektiven", d. h. wissenschaftlich-rationalen Prozessen und Kriterien bestimmt waren. Mit der konstruktivistischen Wende weichte die klassische Zweiteilung zwischen wissenssoziologischen (Mannheim 1964, 1984, 1995 [1929]) und wissenschaftssoziologischen Fragestellungen auf. David Bloor war einer der ersten, der den „epistemologischen Sonderstatus" (Heintz 1993, S. 531) des wissenschaftlichen Wissens kritisch hinterfragte und zum Gegenstand der soziologischen Analyse machte. Als Begründer des sogenannten *„Strong Programme"* (Bloor 1991 [1976], S. 3–23; Barnes et al. 1996) zielte er darauf ab, nicht nur die gesellschaftlichen Rahmenbedingungen, sondern auch die wissenschaftliche Rationalität selbst und deren Methoden als soziale Institutionen und somit eben als *Konstruktionen* zu begreifen (Hofmann und Hirschauer 2012, S. 89). Bloor bezeichnet mit dem *Strong Programme* eine wissenssoziologische Forschungsprogrammatik, die nicht nur davon ausgeht, dass alles Wissen grundsätzlich sozial konstruiert ist, sondern zudem betont, dass nicht nur jene Wissensbestände Gegenstand soziologischer Beobachtung sein sollen, die sich als ‚wahr' und ‚gültig' behauptet haben. Eine solche Programmatik müsse sich jedem Wissen

---

[1] Wehling (2014) sieht dies in Bourdieus normativem Autonomieverständnis begründet. Eine Diskussion dieser interessanten Argumentation muss an dieser Stelle leider ausbleiben.

gegenüber unbefangen und neutral verhalten: „With respect to truth and falsity, rationality or irrationality, success or failure. Both sides of these dichotomies will require explanation." (Bloor 1991 [1976], S. 7). Entgegen der Vorstellung, dass sich scheinbar wahre, rationale und objektive Wissensbestände einer soziologischen Untersuchungen per definitionem entzögen, fragt das *Strong Programme* gerade nach der Herstellung dieser gegen Anfechtungen weitgehend immunisierten, wahren und rationalen Objektivität. Damit gerät Wahrheit als sozial hergestellte Wirklichkeit ins Blickfeld der Wissenssoziologie (vgl. zur Kritik Kim 2009).

Neben dem *Strong Programme* einer Soziologie wissenschaftlichen Wissens *(Sociology of Scientific Knowledge)* spielte ein weiterer konstruktivistischer Ansatz für die *Science and Technology Studies* eine zentrale Rolle. Ab Ende der 1970er Jahre geriet erstmals das praktische Forschungshandeln im Labor mit seinen technischen Apparaturen in den Mittelpunkt der Aufmerksamkeit. Bruno Latour und Steve Woolgar (1986 [1979]) sowie Karin Knorr-Cetina (1984 [1981], 1988) erforschten als Erste naturwissenschaftliche Wissensproduktion auf Grundlage ethnografischer Laborbeobachtungen. Hier fand eine Verschiebung des Interesses von den Inhalten wissenschaftlichen Wissens auf die Praktiken und das konkrete Forschungshandeln im Hinblick auf die handwerkliche Herstellung von Wahrheit und Wirklichkeit statt. Mit den Laborstudien nahm die konstruktivistische Wissenschaftssoziologie eine praxistheoretische Wendung. Es war ihre genuine Leistung, die wissenschaftsinternen Aspekte hinsichtlich der „Fabrikation von Erkenntnis" (Knorr-Cetina 1984 [1981]) sichtbar zu machen, d. h. die Art und Weise, wie wissenschaftliche Fakten im wissenschaftlichen Alltag durch das konkrete Handeln der Wissenschaftler*innen konstruiert werden, zu hinterfragen. Karin Knorr-Cetina, eine Hauptvertreterin des Laborkonstruktivismus, legte offen, inwiefern das Labor einen Ort darstellt, „an dem gesellschaftliche Praktiken für epistemische Zwecke instrumentalisiert und in Erzeugungsverfahren von Wissen transformiert werden" (Knorr-Cetina 1988, S. 87). Dieser „practice turn" an der Schnittstelle von Wissenssoziologie und *Science Studies* hatte einen weitreichenden Einfluss auf die gesamte Wissenschaftssoziologie:

> The focus on practice signaled an interest in patterned activities rather than rules, in speech and discourse rather than language as a structure, in questions about the use of instruments or ideas in a particular location and situation rather than in universal knowledge, in production and intervention rather than representation, and in science as a mode of working and doing things in and to the world rather than as a system of propositions arranged into theories (Amsterdamska 2008, S. 205–206).

Angesichts dieser Konstellation ist es durchaus verwunderlich, dass Bourdieus praxistheoretischer Standpunkt kaum bis keinen Eingang in die modernen konstruktivistischen *Science Studies* und in der Folge ebenso wenig in die *Science and Technology Studies* gefunden hat (Albert und Kleinman 2011; Burri 2008a).[2] Aus unserer Sicht können hierfür drei Gründe identifiziert werden: Erstens die konflikttheoretische Wendung der Bourdieu'schen Wissenssoziologie. Zweitens die explizite Abgrenzung von Bourdieu gegenüber dem Praxisverständnis der Laborstudien. Drittens die Vernachlässigung der Materialität der Wissenschaft durch Bourdieu.

5.2 Bourdieu und die *Science and Technology Studies*

5.2.1 Bourdieus wissenssoziologische Anschlüsse

Ein erster Punkt für die Nichtberücksichtigung von Bourdieus Wissenschaftssoziologie in den *Science and Technologie Studies* berührt Bourdieus wissenssoziologische Fundierung. Zwar setzt er sich mit den benannten Strömungen auseinander, die er als „*New Sociology of Science*" subsumiert (Bourdieu 2004 [2001], S. 9), im Hinblick auf die wissenssoziologische Komponente seiner Arbeit aber, die an die konstruktivistischen Ansätze anschließt, ohne sich darin einreihen zu wollen, versucht er einen Mittelweg zu beschreiten. So verortet er seinen Ansatz einerseits zwischen einem relativistischen Konstruktivismus, den er bei Bloor und Barnes und dem *Strong Programme* lokalisiert, und andererseits, wie er es nennt, zwischen einem „logizistischem Dogmatismus" ganz im Sinne der klassischen Wissenssoziologie nach Mannheim (Bourdieu 2004 [2001], S. 3). Er versucht damit den Spagat, einem historischen Relativismus zu entgehen und gleichzeitig wissenschaftliches Wissen soziologisch und historisch zu begründen.[3] Zur Begründung dieses Vorgehens versucht er eine Geschichte

---

[2]Dennoch erweist sich der Deutungskampf um die Spielregeln des wissenschaftlichen Feldes als höchst anschlussfähig für das in den *Science and Technology Studies* verbreitete Konzept der *boundary work* (Gieryn 1999; vgl. hierzu auch Lamont 2009, 2012a).

[3]Entsprechend urteilt auch Sheena Jain bezüglich des Relativismus-Vorwurfs gegen Bourdieu: „Bourdieu's engagement with the contests for truth in the social world, as noted earlier, does not imply relativism, but a recognition that the truths of social science (as also of natural science) are always approximations, and also that'to any progress in the knowledge of the social conditions of production of scientific subjects corresponds progress in the knowledge of the scientific object and vice-versa'" (Jain 2013, S. 9).

der Wissenschaftssoziologie zu schreiben. Bourdieu setzt sich in diesem Ansinnen mit Merton und Kuhn sowie Bloor und den Vertreter*innen des *Strong Programme* als auch mit denen der konstruktivistischen Laborstudien, allen voran von Latour und Woolgar (1986 [1979]), Gilbert und Mulkay (1984) sowie Knorr-Cetina (1984 [1981], 1988) auseinander (Bourdieu 2004 [2001]).

Bourdieus Wissenschaftssoziologie ist in diesem Sinne stets zugleich eine Soziologie wissenschaftlichen Wissens. Zentral für sein Verständnis von wissenschaftlicher Wissensproduktion ist dabei seine Perspektive auf einen Mechanismus, den er als „process of knowledge validation as legitimation" (Bourdieu 2004 [2001], S. 72) beschreibt. Wissenschaftliches Wissen und wissenschaftliche Wahrheiten sind für Bourdieu also etwas, das sich (machtvoll) im wissenschaftlichen Feld durchgesetzt hat und legitime Anerkennung errungen hat – und zwar entsprechend der Regeln des wissenschaftlichen Spiels. Damit trägt er dem zentralen Punkt Bloors Rechnung, dem zufolge wissenschaftliches Wissen ein gegen Anfechtungen weitgehend immunisiertes Wissen darstellt. Bourdieus Wissenschaftssoziologie integriert in diesem Sinne ein wissenssoziologisches *Strong Programme* (Bloor 1991 [1976]; Barnes et al. 1996).

Allerdings wendet Bourdieus sein *Strong Programme* im Unterschied zu Bloors Ansatz konflikttheoretisch. Wenn Bourdieu etwas lakonisch wissenschaftliches Wissen darauf zu reduzieren scheint, dass es das sei, „what has survived objections and can withstand future objections" (Bourdieu 2004 [2001], S. 72), dann rückt er damit die der wissenschaftlichen Praxis inhärente Konflikthaftigkeit in den Vordergrund. Was in dieser Sichtweise auf den ersten Blick tautologisch erscheinen mag, bildet letztlich aber den Kern einer konflikttheoretischen Interpretation wissenschaftlicher Wissens- und Wahrheitsproduktion, die der Ausdeutung von Wissenschaft als Praxis entspringt:

> In these [scientific; Anmerkung der Verfasser] struggles which accept as their arbiter the verdict of experience, that is to say, what researchers agree to consider as the real, truth is the set of representations regarded as true because they are produced according to the rules defining the production of truth (Bourdieu 2004 [2001], S. 72).

Wahrheit stellt also eine Form sozial konsensualer Konstruktion dar, die sich in der Folge aufgrund ihrer kollektiven Anerkennung jedem und jeder als wahr aufzwingt. Oder in anderen Worten: „A fact truly becomes a scientific fact only if it is recognized" (Bourdieu 2004 [2001], S. 73). Epistemologische Kritik oder Regeln der Validierung von Wissen stellen aus dieser Perspektive in Wirklichkeit Formalisierungen von wissenschaftlichen Spielregeln dar, mit denen wissenschaftliche Kontroversen ausgehandelt werden, die aber zugleich auch das

5.2 Bourdieu und die *Science and Technology Studies*

Subjekt-Objekt-Verhältnis (sozial) durchwirken: „[…] they govern the confrontation of the scientist and with the external world, that is, between theory and experiment" (Bourdieu 2004 [2001], S. 83).

Damit aber stellt sich für Bourdieu alles Erkennen als sozial und so auch historisch veränderbar dar. Auch wenn gerade die wissenschaftliche Faktenproduktion mit einem hohen Grad an Universalisierung, Departikularisierung und Depersonalisierung von Wissen operiert (Bourdieu 2004 [2001], S. 75) und so den Eindruck erweckt, als handle es sich bei wissenschaftlichem Wissen um objektiv wahre Fakten, so ist doch tatsächlich Wahrheit als Produkt kollektiver Anerkennung immer schon an die historischen und sozialen Bedingungen ihrer Hervorbringung gebunden – und diese sind ipso facto konfliktär.

Eben mit dieser konflikttheoretischen Wendung eines wissenssoziologischen *Strong Programme* hat sich Bourdieu für die modernen *Science and Technology Studies* als problematisch erwiesen. Gerade weil er letzten Endes die genuin sozialen Mechanismen der Stabilisierung von Wissen – qua machtvoller Legitimations- und Anerkennungsmuster und in Ausklammerung ihrer technologischen Bedingtheiten – beschreibt, weist seine Wissenssoziologie aus Sicht der Wissenschafts- und Technikforschung eine ‚sozialdeterministische' Schlagseite auf.[4]

Diese Kritik schließt nahtlos an den gegenüber Bourdieus Soziologie häufig formulierten Kritikpunkt des Determinismusvorwurfs an (prominent Honneth 1990; vgl. zum Überblick Fröhlich et al. 2009; Lenger et al. 2013a), der sich auch bezüglich seiner wissenschaftssoziologischen Arbeiten wiederfindet. So hat beispielsweise Peter Wehling darauf hingewiesen, dass Bourdieu das Agieren auf sozialen Feldern schnell darauf reduziert, dass Handeln ausschließlich durch die jeweilige Position im Feld und die entsprechende Kapitalausstattung bestimmt werde (Wehling 2014, S. 71). Auch im wissenschaftlichen Feld ist bei Bourdieu laut Wehling eine gewisse „schematisch wirkende Gegenüberstellung zwischen denjenigen Forschern, die, basierend auf der Anerkennung ihrer Leistung durch die Fachkollegen, über echtes oder ‚reines' wissenschaftliches Kapital verfügen, und jenen, die lediglich objektiviertes, institutionalisiertes Kapital anhäufen, weil sie herausgehobene Positionen in wissenschaftlichen Verbänden oder wissenschaftspolitischen Gremien besetzen", zu beobachten (Wehling 2014, S. 71–72). Zudem bestehe bei Bourdieu eine gewisse Neigung, die Struktur des wissenschaftlichen Feldes auf „eine statische Zweiteilung und Opposition von

---

[4]Vgl. exemplarisch die Kritik von Karl Maton (2003), der Bourdieu eine Vernachlässigung der epistemologischen Grundlagen sozialwissenschaftlichen Wissens vorhält. Für eine Gegenposition vgl. Peters (2014).

Etablierten oder ‚Orthodoxen' einerseits, Neuankömmlingen oder ‚Häretikern' anderseits zu verengen" (Wehling 2014, S. 71). So erscheint der von Bourdieu (1998 [1997], S. 34–36) analytisch eingeführte Unterschied zwischen denjenigen Forscher*innen, die über Anerkennung ihrer Leistungen über ‚reines' wissenschaftliches Kapital verfügen und Professor*innen, die lediglich objektiviertes, institutionalisiertes Kapital anhäufen, indem sie privilegierte Positionen in Verbänden oder wissenschaftspolitischen Gremien besetzen, überbewertet. Fröhlich beispielsweise weist darauf hin, dass in der Praxis reines und institutionalisiertes wissenschaftliches Kapital im Sinne eines wechselseitigen Steigerungsverhältnisses in der Regel ineinandergreifen (Fröhlich 2009, S. 333–334). „Eine herausgehobene institutionelle Stellung erhöht die ‚Sichtbarkeit' der wissenschaftlichen Leistungen, was die Chancen auf eine führende Position in wissenschaftsbezogenen Gremien nochmals verbessert usw." (Wehling 2014, S. 72). Charles Camic (2011) und Peter Wehling (2014) haben aber zu Recht darauf hingewiesen, dass eine solche deterministische und absolutistische Lesart der modernen Wissenschaftssoziologie nicht gerecht wird und die Konzeption sozialer Felder relational gelesen werden muss (vgl. auch Peters 2014; siehe Kap. 2, 3 und 4).

5.2.2 Praxiskonflikte

Ein zweiter Grund für die Abwesenheit Bourdieus in den modernen *Science and Technology Studies* ist darin zu suchen, dass Bourdieu seine Praxistheorie vom Praxisverständnis jener konstruktivistischen Ansätze abgrenzt, auf die sich die ethnografischen Laborstudien berufen. Bourdieu kritisiert an ihnen vornehmlich eine verengte Sicht auf Praxis, bei dem die von den Labor-Ethnograf*innen vorgenommenen Beschreibungen den Wissenschaftler*innen ein bewusstes, zynisches und listig-strategisches Handeln unterstellen, das auf möglichst durchschlagenden wissenschaftlichen Erfolg hin ausgerichtet ist (Bourdieu 2004 [2001], S. 25). Das Praxisverständnis Bourdieus löst hingegen strategisches Handeln in einem nicht-intentional beeinflussbaren Verhältnis von Habitus und Feld auf, wodurch Praxis einen irreduziblen theoretischen Eigenwert erhält (siehe Kap. 3). Bourdieus Kritik an Knorr-Cetina sowie an Latour und Woolgar greift jedoch zu kurz. Ihm entgeht nämlich der zentrale Beitrag der Laborstudien: Die „Natur" im naturwissenschaftlichen Labor ist nicht einfach als gegeben anzunehmen, sondern sie wird auf aufwendige Weise mittels technischer Apparaturen einerseits und rhetorischer Interaktionsstrategien anderseits fabriziert. Bourdieu nimmt diese Dimension des laborethnografischen Beitrags zur Wissenschaftssoziologie nicht zur Kenntnis. Bourdieu interessiert sich nicht für

5.2 Bourdieu und die Science and Technology Studies

den fabrizierten Gegenstand der naturwissenschaftlichen Praxis, sondern für einen konfliktären sozialen Prozess der Durchsetzung legitimen Wissens. Aus diesem Grund kritisiert er, dass die Laborstudien den Effekt der Universalisierung und Departikularisierung unterschätzen würden, der für ihn wesentlich die Wissenschaftspraxis ausmacht (Bourdieu 2004 [2001], S. 74) – und zwar jenseits bewusst-strategischer Manipulationen, sondern als Effekt eines Habitus-Feld-Verhältnisses. Gegen die Vertreter*innen der Laborethnografie polemisiert er daher: „sociologists who identify making-public with publicity are no better placed to grasp its inseparably epistemological and social logic, the very logic which defines the socio-logical process of verification" (Bourdieu 2004 [2001], S. 75). Bourdieu betont zwar zu Recht die Verschränkung von sozialen und logischen Prozessen, die für die Produktion von wissenschaftlicher Wahrheit verantwortlich sind. Weil ihm aber das Kernelement der Laborethnografie entgeht, distanziert er sich von einer inhaltlich-materiellen Ebene der Produktion wissenschaftlichen Wissens, die jedoch für die Entwicklung der modernen *Science and Technology Studies* entscheidend ist.

5.2.3 Dinge und Artefakte

Damit ist zugleich der dritte Grund für Bourdieus Nichtberücksichtigung in den *Science and Technology Studies* benannt. Bourdieu schenkt der Gegenstandsfabrikation der Naturwissenschaften im Hinblick auf die Rolle der involvierten dinglich-materiellen Artefakte und Apparaturen, die für die Vertreter*innen der Laborstudien und der modernen Wissenschafts- und Technikforschung in der wissenschaftlich-praktischen Erkenntnisproduktion eine zentrale Rolle einnehmen, keine Beachtung.

Deutlicher als in seiner Auseinandersetzung mit Knorr-Cetinas Arbeiten wird dieses Missverständnis in seiner Kritik an Bruno Latour und Steve Woolgar (1986 [1979]), deren Arbeit *Laboratory Life* zu den wichtigsten empirischen Studien des Laborkonstruktivismus zählt.[5] Latour und Woolgar zeigen dort, wie die

---

[5]Die vorliegende Abhandlung kann an dieser Stelle keinen systematischen Vergleich zwischen den Wissenschaftstheorien von Bourdieu und Latour leisten. Für weiterführende Überlegungen zu diesem Vergleich sei daher auf Schinkel (2007); Schäfer (2013), Kale-Lostuvali (2016) sowie Gertenbach und Laux (2018) verwiesen. Zum Status von Latour in den *Science and Technology Studies* vgl. Wieser (2012) sowie Lengersdorf und Wieser (2014).

Materialität im Labor mit der Zeichen- und der textuellen Ebene wissenschaftlicher Interpretation verknüpft wird, womit neue Grundlagen für Dateninterpretation hergestellt und gewonnen werden (Gertenbach 2015, S. 207–217). Diese Prozesse sind für Latour und Woolgar wesentlich über Apparate und Maschinen vermittelt. Sie nennen diese Apparaturen „inscription devices":

> It is clear, then, that particular significance can be attached to the operation of apparatuses which provides some kind of written output. [...]. Such ‚machines' transform matter between one state and another. [...]. By contrast, a number of other items of apparatuses, which we shall call ‚inscription devices', transform pieces of matter into written documents. More exactly, an inscription device is any item of apparatus or particular configuration of such items which can transform a material substance into a figure or diagram which is directly usable by one of the members of the office space (Latour und Woolgar 1986 [1979], S. 51).

Bourdieu verkennt das wesentliche Argument der beiden. Was Latour und Woolgar als „literary insciption" (Latour und Woolgar 1986 [1979], S. 45) bezeichnen, begreift Bourdieu lediglich als postmodernen Textualismus. Das führt für ihn in einen absurden Relativismus, in dem die Fabrikation wissenschaftlicher Fakten nur noch als Text und Fiktionen erscheint. Bourdieu unterstellt den beiden einen „semiological prejudice" (Bourdieu 2004 [2001], S. 28) – einen überzogenen Semiologismus, dem zufolge sie die Naturwissenschaften lediglich wie einen Text oder eine literarische Aktivität behandeln (Bourdieu 2004 [2001], S. 28): „By saying that facts are artificial in the sense of manufactured, Latour and Woolgar intimate that they are fictitious, not objective, not authentic" (Bourdieu 2004 [2001], S. 26). Bourdieu verfehlt damit allerdings gänzlich die Grundidee der beiden Autoren, der zufolge Artefakte und ihre Materialität im Prozess wissenschaftlicher Erkenntnisgewinnung eine zentrale Rolle spielen.

Bereits in *Laboratory Life* formulieren Latour und Woolgar eine grundlegende Kritik an Bourdieus Wissenschaftssoziologie. Nicht nur erachten sie dessen vermeintliche Gleichsetzung von Wissenschaftler*innen mit dem Typus des kapitalistischen Geschäftsmannes, denen es beiden nur um die Vermehrung von Kapital geht, für verfehlt. Vielmehr halten sie es für geradezu absurd, dass Bourdieus Analyse der Wissenschaft sowohl die wissenschaftlichen Inhalte als auch die Rolle von Technik und technischen Artefakten unberücksichtigt lässt: „[...] there is no analysis of the way in which technical capacity is linked to social power. This absence [...] is absurd in science" (Latour und Woolgar 1986 [1979], S. 206).

5.2.4 Bourdieu und Latour

Die Kritik an Bourdieus Wissenschaftsverständnis, die sich an dessen Vernachlässigung der Materialität der Wissenschaft und seiner scheinbaren Überbetonung sozialer Faktoren entzündete, gewinnt in der Folge noch Kontur. Insbesondere Bruno Latour, der mit seiner Akteur-Netzwerk-Theorie eine radikale Aufwertung der dinglichen Welt im Hinblick auf deren Handlungsmacht vorantreibt, kritisiert Bourdieus Fokussierung auf von jeder Materialität bereinigte soziale Faktoren (vgl. auch Gertenbach und Laux 2018). Bezeichnenderweise beruft er sich auf ein Praxisverständnis das in deutlicher Abgrenzung zu Bourdieu steht:

> Wissenschaftsforschung definiert sich nicht durch die Ausdehnung sozialer Erklärungen auf die Wissenschaft, sondern durch ihr Interesse für die lokalen, materiellen und profanen Stätten, an denen Wissenschaft praktiziert wird. Daher weist das Wort ‚Praxis' Studien aus, die so weit von normativen Wissenschaftsphilosophien entfernt sind wie von den üblichen Bestrebungen der Soziologie. Das in der Erforschung der Praxis zutage Geförderte wird nicht wie in der kritischen Soziologie dazu verwendet, um die Ansprüche der Wissenschaft vom Sockel zu stoßen, sondern um die Vermittler zu vervielfältigen, von denen die Wissenschaften kollektiv produziert werden (Latour 2000, S. 378–379).

Beide sind also daran interessiert, inwiefern Praxis und Praktiken konstitutiv sind für die soziale Welt. Allerdings unterscheiden sich beide darin, was „soziale Welt" letztlich bedeutet: Latour problematisiert die Kennzeichnung „sozial" im Hinblick auf die exklusive Beschränkung auf die Verbindung und Konflikte unter Menschen. Für ihn ist die Welt eine Assemblage, ein Kollektiv oder ein Netzwerk von menschlichen und nicht-menschlichen „Aktanten". Die soziale Welt ist für Latour folglich eine „Assoziation zwischen Menschen und nicht-menschlichen Wesen" (Latour 2001a, S. 286). Um diese konstitutive Wirkung menschlicher und nicht-menschlicher Handlungsträger zu betonen, definiert Latour Aktanten auch als „alles, was einen anderen in einem Versuch verändert", sodass sich von ihnen nur sagen lässt, „*dass* sie handeln" (Latour 2001a, S. 285 [eigene Hervorhebung]). Damit erweist sich für Latour die Frage nach der Substantialität dieser Aktanten als hinfällig, denn es geht ihm hier um die Relation selbst, die zwischen Aktanten – menschlicher oder nicht-menschlicher Art – entsteht, und die selbst und in eins die Bedingung für die Existenz jener Elemente als Agenten ist. Die Beziehung, die zwischen jenen bedingenden und bedingten Punkten als Netzwerk entsteht, bringt mit Handlungsfähigkeit ausgestattete menschliche oder nicht-menschliche Akteure überhaupt erst zur Existenz. Damit verzichtet Latour auf alle Vorannahmen nicht nur über natürliche oder technische, sondern auch über soziale Ursachen.

Damit wird schon deutlich, dass im Zentrum der materialistisch-soziologischen Theorie Latours die Diagnose eines Bruches, einer Trennung oder Kluft steht – zwischen Subjekt und Objekt, Struktur und Handlung, Interaktion und Gesellschaft –, nach deren Materialität und Konzeptualisierbarkeit er fragt. Auch an dieser Stelle tut sich eine Nähe zwischen Latour und Bourdieu auf. Für beide sind diese Spaltungen, die nicht nur die Wissenschaftssoziologie, sondern die gesamte Sozialtheorie durchziehen, virulent. Latour hält nun allerdings jene Spaltung zwischen Subjektivismus und Objektivismus, die Bourdieu zum Ausgangspunkt nahm, um seine Praxistheorie zu formulieren (Bourdieu 1987 [1980]; siehe Kap. 2), für ein Scheinproblem. Latour argumentiert, dass nicht nur die Wissenschaft ohne das Technische und Materielle nicht verstehbar ist (sowohl in Bezug auf die Erkenntnis wie auch auf die Erkenntnisobjekte), sondern auch das Soziale allgemein nicht unter Ausblendung dieser Faktoren untersucht werden kann. In diesem Sinne ist für Latour die Wissenschaft selbst gewissermaßen ein Laboratorium für die soziologische Theorie (Gertenbach 2015b). Die Folge einer solchen Sichtweise ist die Zurückweisung der genannten Dualismen zugunsten einer konsequenten Vermittlungstheorie (Gertenbach 2015a).

Der angenommene Gegensatz zwischen interaktionistischen und sozialstrukturalistischen Theoriekonstruktionen ist für Latour eine falsche Alternative. Latour unterstellt den „Anhängern der Sozialstruktur", zu denen er Bourdieu zählt, dass diese unter Interaktionen nichts anderes verstehen als „die Aktivierung und Materialisierung dessen, […] was schon insgesamt in der Struktur enthalten" sei (Latour 2001b, S. 239). Nach Latours Auffassung vermuten sie „in allen Punkten die totale und vollständige Gegenwart der Struktur" (Latour 2001b, S. 239). Latour fragt sich nun, wie angesichts einer scheinbar omnipräsenten Struktur Interaktionen als Elemente des Sozialen überhaupt noch denkbar sind. Er versucht theoretisch auszuloten, wie die „Rahmung" einer Interaktion verstanden werden kann, damit nicht eine bloße Determination oder Verdoppelung sozialstruktureller Zwänge auf der Interaktionsebene angenommen werden muss (Latour 2001b, S. 238).

5.2.5 „Soziotechnische Rationalität"

Mit der konstruktivistischen Wende in der Wissenschaftssoziologie gerieten die Praxis und die konkreten Inhalte auch der naturwissenschaftlichen Disziplinen in den Fokus der soziologischen Analyse. Wissenschaft lässt sich in der Folge als eine durch und durch interaktive und „sozial-technisch" vermittelte Praxis begreifen, die ihre Gegenstände nicht einfach in der Welt vorfindet,

5.2 Bourdieu und die *Science and Technology Studies*

sondern in komplexen Prozessen im Labor und durch Apparate hindurch produziert und konstruiert (Hofmann und Hirschauer 2012, S. 96). Die modernen und interdisziplinär ausgerichteten *Science and Technology Studies* operieren mit einem solchen sozio-technischen Praxisbegriff, der sich aus den genannten Gründen kaum anschlussfähig zeigt für die Wissenschaftssoziologie Bourdieus (Burri 2008a; Albert und Kleinman 2011). Einerseits ließ Bourdieu eine ernsthafte Auseinandersetzung mit den Laborstudien – und in der Folge mit der Akteur-Netzwerk-Theorie – vermissen, andererseits fanden die Vertreter*innen dieser Richtungen in Bourdieu eine antagonistische Figur, die ihnen ein hohes Abgrenzungspotential im Hinblick auf die Überbetonung genuin sozialer Faktoren, wie Konflikte und Machtasymmetrien, zu Ungunsten der für die wissenschaftliche Erkenntnisproduktion bedeutenden materiellen Artefaktenwelt lieferte (Mialet 2003).

Zugleich finden sich aber auch verschiedene Ansätze, die an einer Integration Bourdieus in die *Science and Technology Studies* arbeiten (Burri 2008a, b, c; Paulitz 2017). Regula Valérie Burri beispielsweise hat mit dem Konzept der „soziotechnischen Rationalität" einen Vorschlag für ein Begriffsinstrumentarium vorgelegt, das die Schwächen der Bourdieu'schen Praxeologie hinsichtlich der vernachlässigten Materialität und der mangelnden Integration von Technik und Artefakten im Sinne Latours kompensieren will (Burri 2008b, c). Es gelte, so Burri, den praxistheoretischen Ansatz durch den Blick auf die Materialität und mit den Erkenntnissen der Wissenschafts- und Technikforschung weiterzuentwickeln (Burri 2008b). Mit diesem Konzept geht sie in Anschluss an Bourdieu davon aus, dass soziale Praxis durch eine bestimmte Strukturlogik geprägt ist. Diese könne aber nicht mehr nur aus den Bedingungen der ungleichheitsbasierten Sozialstruktur extrahiert werden, sondern müsse angesichts der von den Vertreter*innen der *Science and Technology Studies* und insbesondere von Latour betonten Bedeutung von Materialität und Technologien als „soziotechnische Rationalität"[6] begriffen werden.

> Die soziotechnische Rationalität ist sowohl in sozialen Akteuren und Institutionen wie in materiellen Objekten und Systemen verankert. Als Denk-, Wahrnehmungs- und Interaktionsdisposition ist sie in den menschlichen Akteuren inkorporiert; als Verhaltens- und Interaktivitätsmechanismus ist sie in nichtmenschlichen Entitäten eingeschrieben und in sozialen Institutionen verfestigt (Burri 2008b, S. 276).

---

[6]Burri legt hier ein praxistheoretisches Rationalitätsverständnis im Sinne einer die soziale Praxis strukturierenden Logik zugrunde, womit sie sich von einem Rationalitätsbegriff in Anschluss an Weber oder Horkheimer und Adorno abzugrenzen versucht (Burri 2008c, S. 44 [Fußnote 69]).

Burri glaubt, dass die Bourdieu'sche Praxeologie als „sozialdeterministisches Erklärungsmodell" (Burri 2008b, S. 276) zu eng gefasst sei, um die nicht-menschliche Welt als eine die Praxis strukturierende und durch selbige strukturierte zu begreifen. Entsprechend plädiert sie dafür, materielle Objekte ebenso wie menschliche Akteure als vergesellschaftete, mit präformierten Schemata ausgestattete Entitäten zu konzeptualisieren, die sie zur Teilnahme an der sozialen Praxis befähigen. Hierzu unterscheidet sie drei Logiken soziotechnischer Rationalität: eine praktische Logik, eine reflexive Logik und eine Objektlogik (Burri 2008b, S. 277). Sie glaubt, dass sich die drei Logiken „als konstitutive Bestandteile der soziotechnischen Rationalität in der sozialen Praxis" überlagern: „Situativ und praktisch nehmen die Akteure dabei auf die eine oder andere Logik verstärkt Bezug, wobei sich durch die Herausbildung von Routinen und Gewohnheiten eine bestimmte Ausprägung der soziotechnischen Rationalität in den sozialen Institutionen verfestigen kann" (Burri 2008b, S. 282).

Richtigerweise konstatiert Burri, dass sich die Bourdieu'sche Konzeption von Praxis auf lebende, menschliche Akteure bezieht und daher der Fokus auf die dadurch ausgeblendeten materiellen Entitäten und Prozesse ausgeweitet werden müsse. Dies beschreibt sie als „Objektsinn", der „technischen oder ‚natürlichen' Entitäten als Verhaltens- und Interaktivitätsmechanismus eingeschrieben" sei (Burri 2008b, S. 280). Insofern begreift sie Natur und Technik als strukturierte Strukturen, die kulturelle und soziale Ordnungen zum Ausdruck bringen. Ferner beziehe sich die Objektlogik „insbesondere auf diejenigen Handlungsaufforderungen und -programme, die in technischen Artefakten, hybriden Entitäten oder der ‚Natur' eingeschrieben sind" (Burri 2008b, S. 281), sodass eine handlungsstrukturierende Wirkung von ihnen ausgehe.

Dass Konzept der soziotechnischen Rationalität kann als produktiver Versuch gelesen werden, den Bourdieu'schen Praxisbegriff für die *Science and Technology Studies* anschlussfähig zu machen. In Anbetracht dieses Desiderates konstatiert Burri, dass Bourdieus Theorie der Praxis, „obschon sie in der Regel als kultursoziologische Analyse sozialer Ungleichheit verstanden wird, nützliche Instrumente bereit[hält], um die Produktion, Distribution oder Enkulturation wissenschaftlichen Wissens in ihrem sozialen Kontext zu untersuchen" (Burri 2008a, S. 571). Da Bourdieus Wissenschaftssoziologie ein konflikttheoretisch gewendetes wissenssoziologisches *Strong Programme* umfasst, mit dem die konfliktären Durchsetzungs- und Anerkennungskämpfe um legitimes Wissen in den Blick geraten, vermag sie genau an dieser Stelle einen produktiven Beitrag für die moderne Wissenschafts- und Technikforschung zu liefern. In diesem Sinne ist soziale Ungleichheit neben technologischen Faktoren weiterhin von zentraler Bedeutung im Hinblick auf die Analyse der Genese wissenschaftlichen Wissens.

So konstatieren auch Mathieu Albert und Daniel Lee Kleinman, dass den Vertreter*innen der *Science and Technology Studies* zu lange die Gegenwart sozialer Herrschaftsverhältnisse im wissenschaftlichen entgangen sei:

> In sum, scholarship in these […] traditions either ignores or rejects the idea of structural bases for conflict and the idea that the capacities of actors are often shaped by structures that exist prior to the entrance of particular actors on the scene. Overall, we would suggest, furthermore, that social worlds scholarship and STS related ethnomethodology does not treat conflict as a central feature of social life, and all […] of these approaches would reject the idea that power is systematically asymmetrically distributed and that this dispersion shapes the outcomes of conflicts in ways that we have some capacity to predict. As we believe […], the concepts that Pierre Bourdieu offers to analysts of science can provide a rich understanding of the scientific field, a set of insights that one cannot capture with the theoretical tools offered in the pivotal traditions in science and technology studies since the 1980s (Albert und Kleinman 2011, S. 265–266).

5.3 Feldtheoretische Analysen im Anschluss an Bourdieu

Eine umfassende Rezeption von Bourdieus Werk und Wirken für die Wissenschaftsforschung ist aufgrund der Prominenz und der vielfältigen Verwendungsweise in Forschung und Lehre inzwischen mehr als schwierig (Barlösius 2006, S. 173). Dennoch kann die Verwendung der Bourdieu'schen Wissenschaftssoziologie in verschiedenen Bereichen und Theorieströmungen systematisiert werden. Gelungene Darstellungen zu Teilen der Bourdieu'schen Wissenschaftssoziologie sind in Schwingel (1995), Rehbein (2006b) oder Müller (2014a) zu finden. Eine umfassende und systematische Darstellung von Bourdieus Wissenschaftssoziologie wurde erst mit diesem Buch vorgelegt.

Bourdieu hat mit dem Feldbegriff ein wissenschaftssoziologisches Konzept entwickelt, das eine Brücke zwischen der institutionellen Wissenschaftssoziologie mit ihrem Fokus auf die Strukturen der Wissenschaft und der sozialkonstruktivistischen Perspektive der Soziologie wissenschaftlichen Wissens bildet (Kap. 3). Vor diesem Hintergrund kann es kaum überraschen, dass Bourdieu mit seiner Praxeologie nicht nur wertvolle Impulse für die allgemeine soziologische Theoriebildung gegeben, sondern auch die Wissenschafts- und Hochschulforschung maßgeblich inspiriert hat (Barlösius 2012). Zwar hat Bourdieus wissenschaftssoziologischer Ansatz bisher allenfalls in sehr geringem Umfang Eingang in die gängigen Einführungswerke zur Wissenschaftssoziologie und in die *Science and Technology*

Studies gefunden. Die Gründe hierfür haben wir in den vorherigen Ausführungen dargelegt. Wenn überhaupt, so beziehen sich die meisten Autor*innen vornehmlich auf eine Adaption seiner Kapitaltheorie (Felt et al. 1995, S. 22; Hess 1997, S. 118–119; Camic 2011, S. 280; Reinhart 2012). Zugleich ist aber zu konstatieren, dass innerhalb der deutschsprachigen Wissenschaftsforschung umfassende empirische Abhandlungen auf Grundlage der Feldkonzeption einen prosperierenden Bereich darstellen. Denn die Feldtheorie hat für die Wissenschaftssoziologie den großen Vorzug, gleichermaßen die epistemologische Ebene wie auch die strukturierenden Faktoren analytisch zu erfassen und über eine empirische Forschungsheuristik zur Analyse gegenwärtiger Wissens- und Wissenschaftssysteme zu verfügen. Im Folgenden wird die Rezeption von Pierre Bourdieus Wissenschaftssoziologie in der Wissenschaftsforschung zusammengetragen. Zunächst werden die zentralen Adaptions- und Übertragungsstränge von Bourdieus Wissenschaftssoziologie in der englischsprachigen Literatur dargestellt.

Erstens sind hier Arbeiten zu nennen, die sich mit der Entstehung und den nationalen Spezifika intellektueller Felder befassen. Insbesondere ist von Interesse, dass sich verschiedene Autor*innen mit den nationalen Besonderheiten und spezifischen Merkmalen verschiedener Wissenschaftssysteme in historisch-vergleichender Perspektive befasst haben. Prototypisch sind hier die Arbeiten von Fritz K. Ringer zum deutschen (1990 [1969]) und zum französischen (2010 [1992]) akademischen Feld zu Beginn des 20. Jahrhunderts zu nennen.[7] Auch die Arbeiten von Kyung-Man Kim und Aaron Panofski können prototypisch für eine Feldanalyse im Bourdieu'schen Sinne verstanden werden. Kim zeigt in seiner Studie, dass die Kämpfe um Reputation, Macht und symbolisches Kapital konstitutiv für die historische Entwicklung des Feldes der Biologie im frühen 20. Jahrhundert waren (Kim 1994). Panofski legt eine Analyse der historischen Entwicklung der Verhaltensgenetik seit den 1950er Jahren vor, wobei er die feldinternen Kämpfe um die Deutungshoheit im wissenschaftlichen Diskurs herausarbeitet (Panofski 2014). Auch Niilo Kauppi analysiert systematisch das französische Feld der Intellektuellen im Anschluss an Bourdieu (Kauppi 1996). Michèle Lamont (1987, 2009, 2017) schließlich zeigt am Beispiel der Arbeiten von Jacques Derrida die intellektuellen, kulturellen, institutionellen und sozialen Bedingungen auf, entsprechend derer Wissen in verschiedenen akademischen Feldern Legitimität erfährt. Zugrunde liegt hier die Vorstellung, dass nationale

---

[7]Zum Verhältnis von Ringers Arbeiten zu Bourdieus Wissenschaftssoziologie siehe Ringer (1990).

5.3 Feldtheoretische Analysen im Anschluss an Bourdieu

akademische Felder verschiedene „kulturelle Märkte" bilden (Lamont 1987, S. 584). In diesem Zusammenhang arbeitet sie heraus, dass Arbeiten im akademischen Feld Relevanz entfalten, wenn sie gleichermaßen der Institutionalisierung durch Kolleg*innen und der intellektuellen Öffentlichkeit unterliegen sowie eine Passung zwischen den Arbeiten und den nationalen Strukturen vorliegt. Im Gegensatz zu Bourdieus Wissenschaftssoziologie stehen für Vertreter*innen dieser Strömung nicht die sozialen Positionen der Wissensproduzent*innen im Fokus, sondern sie konzentrieren sich primär auf die strukturellen Bedingungen von nationalen intellektuellen Feldern, wie die kulturellen Voraussetzungen, die regulierende Rolle von verschiedenen Institutionen, die Struktur intellektueller Märkte usw. (Lamont 1987, S. 588). So gelingt es beispielsweise Lamont eine Beschreibung akademischer Felder anhand der Positionierungen von Autor*innen und Institutionen im französischen und amerikanischen akademischen Feld vorzunehmen (Lamont 1987, S. 601).

Zweitens wurde im Anschluss an Bourdieus frühe bildungssoziologische Analysen zu den Reproduktions- und Exklusionsmechanismen im akademischen Feld gearbeitet. Zu nennen sind hier insbesondere die Arbeiten von Jerome Karabel (2005), die sich mit dem in Deutschland bisher relativ wenig praktizierten Zulassungs- und Ausschlussverfahren von amerikanischen ‚Eliteuniversitäten' wie Harvard, Yale und Princeton befassen. Karabels Arbeiten zeigen, dass in der Transformation von Universitäten auch die Bewertungsmechanismen der Institutionen einem beständigen Wandel unterliegen und die (Neu-)Interpretation von Zulassungsmechanismen, Leistungsprinzipien und Elitediskursen in der Regel diejenigen privilegiert, die über das entsprechende kulturelle Kapital verfügen. Exemplarisch kann auch die Arbeit von Mario Biagioli (1993) genannt werden, der Bourdieus soziologischen Ansatz für die historische Beschreibung der Strukturierung von Galileos wissenschaftlicher Karriere durch Patronage und höfische Praktiken adaptiert.

Eine dritte Strömung befasst sich mit der Institutionalisierung der Wissenschaft aus einer Bourdieu'schen Perspektive (Lenoir 1997; Hess 2011). Während die Laborstudien ihren Fokus auf die Mikroebene der Wissensproduktion gelegt haben, betonen diese Studien im Anschluss an Bourdieu wieder verstärkt die kulturelle Einbettung der Wissenschaft in andere Formen sozialer, politischer und ökonomischer Praktiken. So untersucht beispielsweise David J. Hess (2011) die Trajektorien und Hierarchien am Beispiel des Faches der *Science and Technology Studies*. Marion Fourcade analysiert in vergleichender Perspektive die soziale Struktur der Wirtschaftswissenschaften (Fourcade 2006, 2009; Fourcade et al. 2015; Fourcade und Khurana 2017).

Eine vierte Strömung schließlich versammelt Arbeiten, die im Sinne Bourdieus eine umfassende Analyse des akademischen Feldes liefern, diese Analysen aber zu umfassenderen kultursoziologischen Zeitdiagnosen ausweiten. In diesem Segment sind insbesondere die späteren Arbeiten von Michèle Lamont (2009, 2017) zur Bewertungssoziologie zu zählen. Dort legt Lamont eine umfassende Ethnografie des akademischen Bewertungsprozesses vor (Lamont 2012b). Wie schon in ihren Arbeiten zu den nationalen Spezifika akademischer Felder stehen für sie aber nicht die Positionen von Wissenschaftler*innen im sozialen Raum oder im akademischen Feld im Mittelpunkt, sondern ihr Interesse richtet sich auf den Prozess der inhaltlichen Positionierung. Die zentrale Frage ihrer späten Arbeiten lautet: „How do scholars define originality and intellectual and social significance?" (Lamont 2017, S. 33) Sie erweitert Bourdieus wissenschaftssoziologisches Forschungsprogramm um die Frage nach der kompetitiven Logik in akademischen Bewertungsprozessen und um eine Analyse der Identitätsbildung, der Selbstwahrnehmung und der intrinsischen emotionalen Bindung der beteiligten Akteure im wissenschaftlichen Konstruktionsprozess (Lamont 2009, S. 20, 36). Damit ergänzt sie die Analyse des akademischen Feldes um die kulturellen Erzeugungsmodi der zugrunde liegenden diskursiven Legitimationsordnungen. Hierbei spielt für Lamont insbesondere die Analyse des fachspezifischen Sozialisationsprozesses im Sinne einer identitätsstiftenden Funktion eine wichtige Rolle. Im Gegensatz zu Bourdieu sind ihre Forschungen jedoch weit weniger sensibel für feldinterne Ungleichheitsdynamiken: „*How Professors Think* discussed the formation of the American academic self, where panelists are invested in fair peer review in part because it confirms in their eyes their worth as responsible and knowledgeable professionals" (Lamont 2017, S. 38).

In einem zweiten Schritt wird nun die deutschsprachige Rezeption von Bourdieus Wissenschaftssoziologie umrissen. Besondere Anwendung finden die feldtheoretischen Arbeiten von Bourdieu dabei bei gendertheoretischen Analysen von Karrierewegen von Wissenschaftlerinnen (Lind 2004, S. 45–46). Anknüpfend an den soziologischen Ansatz von Bourdieu liegt inzwischen eine Vielzahl von Studien vor, die die Karrierewege und Unterrepräsentation von Frauen in der Wissenschaft auf eine Kombination von sozialen Dispositionen und wissenschaftsimmanenten Strukturen zurückführen (vgl. exemplarisch die Beiträge in den Sammelbänden von Krais 2000b und Beaufaÿs et al. 2012 sowie beispielhaft die im Feld prominenten Einzelstudien von Engler 1993, 2001; Hasenjürgen 1996; Zimmermann 2000; Beaufaÿs 2003; Kahlert 2011, 2013a, 2013b; Schneickert 2013). Allgemein gesprochen richten diese Studien ihr Interesse auf die Interaktion zwischen individuellen Handlungen und sozialen Strukturen, um die Funktionsweise sich reproduzierender Geschlechterverhältnisse in den Blick zu nehmen,

5.3 Feldtheoretische Analysen im Anschluss an Bourdieu

die aus der unbewussten Übernahme und Anwendung geschlechtsspezifischer Habitusdispositionen resultiert. Anknüpfend an Bourdieus Überlegungen zu unbewussten Handlungen und der intuitiven Vermittlung von sozialen Strukturen richtet sich das Forschungsinteresse dieser Forschungsrichtung insbesondere auf den inkorporierten Glauben an den Sinn der Wissenschaft *(illusio)*. Die empirischen Befunde zeigen, dass die *illusio* insbesondere mittels der Berufsmotivation, dem Karriereverhalten, dem Wissenschaftsmythos und der wissenschaftlichen Arbeitskultur zur Diskriminierung und Marginalisierung von Frauen in der Wissenschaft beiträgt.

Einen wichtigen Impuls für die Adaption der Bourdieu'schen Feldanalyse auf die Wissenschaft bilden die Arbeiten der Gruppe um Beate Krais und Steffani Engler zu Fragen der Wissenschaftskultur, Karriere und des Geschlechts im wissenschaftlichen Feld (Krais 1996, 2000a, 2000b, 2000c, 2008; Engler 2000, 2001, 2013; Haffner und Krais 2008; Matthies 2016). Untersucht wurde die Konstruktion der wissenschaftlichen Persönlichkeit auf dem Weg zur Professur, also der Prozess der Feldsozialisation, indem die Karrierebedingungen für Nachwuchswissenschaftler*innen (Beaufaÿs 2003) und Professor*innen (Engler 2001) mittels biografischer Interviews in der alltäglichen Praxis von Universitäten rekonstruiert wurden.

Mit Rückgriff auf Bourdieus Habitus-Feld-Konzept wurde in mehreren Forschungsprojekten der Frage nachgegangen, wie es zur Exklusion von Frauen aus der Wissenschaft kommt. Der zentrale Befund von Krais und Kolleg*innen lautet, dass das akademische Feld eine männlich vergeschlechtlichte Arena darstellt, dass also die zentralen Funktionsbedingungen *(nomos)* des Feldes entlang männlicher Lebensmuster und Umgangsformen erfolgen (Krais 2000b; Engler 2001; Beaufaÿs 2003, 2004, 2015). Im Kern zeigen die Befunde von Krais und Kolleginnen, dass im wissenschaftlichen Feld männliche Zuschreibungsmuster dominieren, dass also geschlechtsspezifisch der Anerkennung der wissenschaftlichen Leistung und der Einbindung der Nachwuchswissenschaftler*innen in die scientific community und bestimmten Aspekten symbolischer Gewalt in der Alltags-Interaktion im wissenschaftlichen Feld unterschiedliche Bedeutung zukommt (Beaufaÿs 2003; Beaufaÿs und Krais 2005, 2007). Um diese Vergeschlechtlichung, ihre Funktionsweise und ihre Grenzen aufzuzeigen, wird Wissenschaft als soziale Praxis strukturiert in sozialen Feldern rekonstruiert: in ihren Organisationsstrukturen, Hierarchien, Zeitstrukturen, Sitten und Gebräuchen der scientific community, alltäglichen Praxen und Interaktionen. Damit ist diese Forschungslinie an der Schnittstelle von Wissenschaftsforschung und Forschung zur Soziologie der Geschlechterverhältnisse angesiedelt.

Im Zentrum dieser Forschungsarbeiten steht die Frage nach der Wissenschaftspraxis, was Krais als „Wissenschafts-Machen" bezeichnet (Krais 2008, S. 183, 2000a). Mittels empirischer Triangulation wurde die alltägliche vergeschlechtlichte Praxis im akademischen Feld erhoben. So wurden in zwei empirischen Erhebungen ethnografische Verfahren zur Datengewinnung eingesetzt, insbesondere Interviews, teilnehmende Beobachtung, Tagesablaufprotokolle der Interviewten für den Zeitraum einer Woche, Fotografien und ähnliches. In beiden Projekten wurde zudem auf Materialien der Institute und Hochschulen zurückgegriffen, wie z. B. auf Organigramme, Jahresberichte, veröffentlichte Interviews und Biografien von Wissenschaftler*innen. Personalstatistiken der Hochschulen und Forschungseinrichtungen und Daten der amtlichen Statistik ergänzten das Auswertungsmaterial (vgl. ausführlich Beaufaÿs 2005; Beaufaÿs und Krais 2007). Ziel war es, anknüpfend an Bourdieus Konzept der Feld*illusio,* den Glauben und das Berufsethos dieses sozialen Feldes in Form einer Wissenschaft als Lebensform nachzuzeichnen. Nur so wird es möglich „die besonderen „Reibungspunkte" und Hürden für Frauen, die in diesen Prozessen der Ausbildung eines wissenschaftlichen Habitus enthalten sind, zu identifizieren" (Krais 2008, S. 183).

Ein wichtiger Punkt für die Adaption von Bourdieus Feldkonzeption ist die Nähe der Forschungsgruppe zu der sogenannten Fachkulturforschung (Bucher und Strauss 1961; Light 1974; Becher und Trowler 2001). Implizit wird allerdings davon ausgegangen, dass für jede wissenschaftliche Disziplin eigene Regeln gelten und entsprechend auch die Karrierewege und Konstruktionsprozesse von Wissenschaftler*innen immer nur innerhalb der jeweils eigenen Disziplin verglichen werden können (Frank 1990; Engler 1993; Krais 1996; Beaufaÿs 2003; Stegmann 2005; Baier und Münch 2013; Lenger 2016; Wieczorek et al. 2017). Entsprechend wird der empirische Zugang in dieser Tradition entlang eines Vergleiches verschiedener Fächer operationalisiert und auf die Regeln *(nomos)* verschiedener Teilfelder des akademischen Feldes (Soziologie, Geschichte, Physik, Biologie) zurückbezogen. Exemplarisch für ein solches Unterfangen sei auf die Arbeit von Tanja Paulitz zum vergeschlechtlichten Habitus in den Ingenieurswissenschaften hingewiesen (Paulitz 2012). Die Forschungen von Paulitz knüpfen intensiv an die Forschungsstränge von Beate Krais und Steffanie Engler an (Paulitz 2017). Die Frage nach dem Verhältnis der Disziplinen zu den Gesamtfeldeffekten, wie einem akademischen Habitus und der vergeschlechtlichten Feldordnung, spielen in dieser Forschungstradition eine untergeordnete Rolle.

Eine zweite prominente Forschungslinie innerhalb der Wissenschafts- und Hochschulforschung, in der das Habitus-Feld-Konzept Anwendung findet, sind die Arbeiten zur Etablierung einer akademischen Elite sowie einer kritischen

5.3 Feldtheoretische Analysen im Anschluss an Bourdieu

Auseinandersetzung mit dem akademischen Kapitalismus und den daraus resultierenden Strukturwandel (exemplarisch Münch 2007, 2009b, 2011). Richard Münch beispielswiese weist darauf hin, dass sich zur Analyse der Ökonomisierungsprozesse im wissenschaftlichen Betrieb der feld- und kapitaltheoretische Ansatz von Bourdieu in besonderer Weise eignet, da er von ihm „mit Erfolg am französischen akademischen Feld erprobt wurde" (Münch 2011, S. 276). Anknüpfend an die Bourdieu'sche Differenzierung in wissenschaftliches und institutionelles Kapital (siehe Abschn. 3.4) sowie in einen autonomen und weltlichen Pol (siehe Abschn. 3.5) argumentiert Münch, dass „mit der Transformation von Universitäten in strategisch operierende Unternehmen [...] der weltliche Pol von ihrem Kampf um Ressourcen, Positionen und Einfluss beherrscht [wird], der zudem im gesamten Feld an Gewicht gewinnt und in der Tendenz den Wettbewerb zwischen Forscherinnen und Forschern überlagert" (Münch 2011, S. 277). Im Kern geht es Münch darum, die symbolischen Kämpfe um die Spielregeln und die Wertigkeit der im akademischen Feld eingesetzten Kapitalsorten zu analysieren. Das System funktioniert – so Münch –, weil die Akteure den Glauben an die *illusio* des Feldes, also die Verteilung von Gratifikationen nach Leistung, verinnerlicht haben und diese ihren Blick auf die objektiven Strukturen der Wissenschaft verzerren (Münch 2009b, S. 276). Hierbei bleibt er jedoch keineswegs bei den von Bourdieu schon analysierten Faktoren wie Reputation, Preise, Mitgliedschaften stehen, sondern ergänzt die feldtheoretische Analyse um die Analyse neuer Instrumente des New Public Managements, wie die Analyse von Forschungsratings (Münch 2009a; Münch und Baier 2009), von Drittmitteln und Publikationen (Münch 2006a) und den Folgen der Exzellenzinitiative (Münch 2006b). Es ist die zentrale Leistung von Münch, die Ungleichverteilung der Forschungsmittel aus einer Bourdieu'schen Perspektive für Deutschland empirisch umfassend beforscht zu haben.

Im Laufe der Jahre ist aus dem Einzelprojekt ein ganzer Forschungsapparat an der Universität Bamberg erwachsen. So haben inzwischen Richard Münch und seine Mitarbeiter*innen umfassend herausgearbeitet, dass die *illusio* des wissenschaftlichen Feldes auch in die neueren Instrumente des New Public Managements wie Rankings, Ratings und Evaluationen übertragen wurde (Münch und Baier 2009, 2012; Baier und Münch 2013; Baier 2017; Wieczorek et al. 2017). Beispielsweise weisen Baier und Münch darauf hin, dass auch die heutigen Forschungsratings letztlich perfekt an die *illusio* des Feldes und die dazugehörigen habituellen Wahrnehmungsschemata angepasst sind:

> Dies ist ein Indiz für die Stärke der Doxa und des feldspezifischen Habitus der Gutachter, die selbst als Professoren oder Direktoren zu den wichtigsten Akteuren im Feld gehören. Anstelle der beabsichtigten differenzierten Bewertung nach einer dem

Feld äußerlichen Logik haben sich die habituellen Wahrnehmungsschemata durchgesetzt und die Urteile der Gutachter so geprägt, dass auch im Forschungsrating als gut bewertet wurde, was in der Praxis als vorteilhaft und prestigeträchtig anerkannt wird (Baier und Münch 2013, S. 142).

Schließlich ist darauf hinzuweisen, dass die prestigereichen Hochschulen und außeruniversitären Einrichtungen das „Berufungsnetzwerk" beherrschen, d. h. dass „sie besonders viele Professoren ins Feld entsenden und so die Zusammensetzung der scientific community maßgeblich prägen" (Baier und Münch 2013, S. 145). Im Gegensatz zum amerikanischen System, in dem akademische Karrieren durch die Rangordnung der Departments im Sinne eines akademischen Kastensystems strukturiert werden, die Promovierende strategisch tauschen und hierarchische Cliquen-Strukturen bilden (Burris 2004), schicken deutsche Universitäten ihre Absolvent*innen „auf eine lange, unsichere Wanderschaft, die über mehrere Stationen durch das gesamte Feld führen kann" (Baier und Münch 2013, S. 149). Es handelt sich um ein Rekrutierungsmuster, das Baier und Münch in Anlehnung an die mittelalterliche Gelehrtentradition treffend als *„peregrinato academica"* (akademische Wanderschaft) bezeichnet haben (Baier und Münch 2013).[8]

Diese *peregrinatio academica* ist unmittelbarer Ausdruck der in Kap. 3 bereits angesprochenen Verzahnung von individuellem und institutionellem Wettbewerb in akademischen Feldern (vgl. auch Baier 2017: Kap. 6). So zwingt das wissenschaftliche Feld in Deutschland aufstrebende Wissenschaftler*innen auf dem Weg zur Professur, zunächst Rufe an periphere Universitäten und Fachbereiche anzunehmen und sich von dort aus für dominante Positionen mittels feldspezifischer Kapitalakkumulation zu qualifizieren (Baier und Münch 2013, S. 150). Damit trägt die *peregrinatio academica* bzw. die „Mehr-Schritt-Karriere" unmittelbar zur *illusio* des wissenschaftlichen Feldes bei, stellt sie doch eine entscheidende Komponente zur Generierung der feldspezifischen Unsicherheit auf dem Weg zur Professur dar (Baier und Münch 2013, S. 150; vgl. auch Lenger 2015; Lenger et al. 2016). Es handelt sich somit um ein feldspezifisches Mobilitätsmuster im Sinne des projektbasierten Kapitalismus:

---

[8]Wörtlich wäre die *peregrinatio academica* als „akademische Pilgerwanderung" zu übersetzen, womit im Mittelalter eine gängige und karrierefördernde Praxis bezeichnet wurde, die studentisches und professorales Wandern von Universität zu Universität beinhaltete (Irrgang 2002, S. 39–43; vgl. hierzu auch Baier und Münch 2013, Fn. 13).

5.3 Feldtheoretische Analysen im Anschluss an Bourdieu

Kerneigenschaften dieses Musters sind die lange Phase der Unsicherheit zwischen Promotion und Berufung und die Tatsache, dass Professoren und Professorinnen nur im Rahmen von Standortwechseln ihre Ressourcenausstattung verbessern können. Spitzenfachbereiche berufen deswegen eher ältere, arrivierte Wissenschaftler; Erstberufene müssen häufig mit weniger begehrten Positionen Vorlieb nehmen. Diese institutionellen Rahmenbedingungen verhindern akademische Kastenbildung und sorgen dafür, dass Karrieren kaum planbar sind (Baier und Münch 2013, S. 152).

Dieses feldspezifische Mobilitätsmuster lässt sich auch in den nationalen Karrieresystemen am Beispiel der Auslandsmobilität von Nachwuchswissenschaftler*innen und zukünftigen Professor*innen belegen. Dabei kann der Auslandsaufenthalt im Anschluss an Bourdieu als Akkumulation von symbolischem und sozialem Kapital verstanden werden. Stephanie Beyer und Nilgun Massih-Tehrani haben beispielsweise die innerakademischen Karrierechancen und -wege von Soziologieprofessor*innen für Deutschland, Frankreich und USA mittels einer Netzwerkanalyse erhoben (vgl. auch Massih-Tehrani 2017). Dabei stellen – zumindest für Deutschland – die USA die zentrale Position im Austauschnetzwerk dar. Bezeichnend ist der hohe Anteil kurzer Aufenthalte an prestigereichen Standorten. So ist zu vermuten, dass es bei solchen kurz angelegten Auslandsaufenthalten weniger um fachlichen Austausch geht, sondern ein solcher weit eher für Nachwuchswissenschaftler*innen eine Möglichkeit darstellt, symbolisches Kapital für ihren akademischen Lebenslauf zu akkumulieren. Mit dieser ‚Zwangsmobilität' gehen eine zunehmende soziale Segregation im akademischen Feld (Beyer und Massih-Tehrani 2017) und eine soziale Ungleichheit auf dem universitären Arbeitsmarkt (Massih-Tehrani 2017) einher.

Die Arbeiten zu den gegenwärtigen Transformationsprozessen im akademischen Feld bleiben aber keineswegs bei Analysen der national spezifischen Reproduktionsmechanismen von sozialer Ungleichheit stehen (Bourdieu 1975, 1988 [1984]), sondern haben Bourdieus Habitus-Feld-Theorie auf die Transnationalisierungsprozesse im akademischen Feld übertragen, wie beispielsweise die strukturierende Wirkung des European Research Council auf die Strukturen nationaler Wissenschaftsfelder im Bereich der Geistes- und Sozialwissenschaften (Massih-Tehrani et al. 2015; Gengnagel et al. 2016; zur Übertragung der Feldtheorie auf transnationale Fragestellungen vgl. auch Krause 2017, S. 11–13). Dabei werden die Konsequenzen der Neustrukturierung des europäischen Ordnungsrahmens im akademischen Feld analysiert, indem der neu geschaffene European Research Council als Konsekrationsinstanz im Bourdieu'schen Sinne verstanden und nach den Folgen der Forschungsförderung auf die Feldstrukturierung und die Hierarchie der Fakultäten gefragt wird.

Auf theoretischer Ebene schließlich lassen sich zudem noch die Arbeiten von Vincent Gengnagel, Andreas Schmitz und Daniel Witte zum Verhältnis des wissenschaftlichen Feldes zum Feld der Macht nennen (Witte und Schmitz 2016; Gengnagel et al. 2017; Schmitz et al. 2017). Dabei werden Selbstbeschreibungen und Ökonomisierungsprozesse im akademischen Feld als Effekte des Feldes der Macht beziehungsweise als veränderte Lage des akademischen Feldes im Feld der Macht gefasst (Gengnagel et al. 2017, S. 398). Mittels historischer Rekonstruktion werden dabei verschiedene Formen der Autonomie als Folge einer Strukturierung durch das Feld der Macht skizziert und gezeigt, inwiefern die akademische Praxis zur „Wissenschaft als Selbstzweck" verklärt wird, „statt Wissenschaft als nur *einen* Aspekt des akademischen Feldes zu benennen" (Gengnagel et al. 2017, S. 407). Damit schließen ihre Überlegungen unmittelbar an die Arbeiten zum akademischen Habitus (Barlösius 2008; Krais 2008; Gengnagel 2012; Alheit 2014), zu Ökonomisierungsprozessen im akademischen Feld (Slaughter und Rhoades 2004; Münch 2011; Höhne 2015) und der Entstehung eines Neuen Geistes des akademischen Kapitalismus (Matthies 2005; Lenger 2015) an:

> Genau dieser ‚illusionäre' Glaube findet sich in der idealistischen Selbstbeschreibung heutiger Wissenschaft wieder, die wissenschaftliche Autonomie mit (staatlich garantierter) Zweckfreiheit gleichsetzt, ohne die historischen Bedingungen dieser Differenzierung zu thematisieren. Diese Distanzierung von weltlichen Logiken verabsolutiert fälschlicherweise die relative Autonomie des Feldes und verkennt damit zugleich den wissenschaftlichen Beitrag zum modernen Projekt des Nationalstaates und der Gesellschaftsformierung (Gengnagel et al. 2017, S. 407; vgl. auch Gengnagel und Hamann 2014).

Bemerkenswert ist darüber hinaus der Versuch, die Feldtheorie von Bourdieu und die Arbeiten von Münch mit der Diskursanalyse im Anschluss an Foucault zu kombinieren (vgl. exemplarisch Maeße 2013, 2014; Schmidt-Wellenburg 2013; Hamann 2014, 2015a; Hamann et al. 2017b). Für das akademische Feld liefern die Arbeiten von Julian Hamann hier den Prototyp für eine solche Kombinatorik. Hamann zeichnet aufbauend auf einem feld- und kapitaltheoretischen Ansatz von Bourdieu die historische Genese des geisteswissenschaftlichen Feldes nach, um die symbolischen Kämpfe im Feld der Geisteswissenschaften zu analysieren (Hamann 2009, 2014, 2015a). Mittels einer Rekonstruktion von Nachrufen gelingt es ihm die Konstitution akademischer Subjekte zu erforschen (Hamann 2015b, 2016a). Charakteristisch für diese Forschungsrichtung ist der Rückgriff auf die (empirische) Diskursforschung (Diaz-Bone 2002; Angermüller et al. 2014), um einen empirischen Zugang zum Feld sowie zu den Gegenständen und Objekten des wissenschaftlichen Kampfes zu gewinnen (siehe Kap. 4).

5.3 Feldtheoretische Analysen im Anschluss an Bourdieu

Die zentrale These lautet, dass die beobachtbaren Diskurse eingebettet sind in feldspezifische Strukturen und entsprechend die Feldstruktur zu einem gewissen Grad widerspiegeln und somit beobachtbar machen. Mittels einer Diskursanalyse verschiedener Textkorpora wird versucht, die historische Genese des akademischen Feldes zu rekonstruieren (vgl. exemplarisch Hamann 2014, 2015a). Der Vorteil dieser Methode ist, dass historische Textdokumente zur Dechiffrierung der feldspezifischen *illusio* und der feldspezifischen Wirkmächte herangezogen werden können. Besonders einsichtig wird ein solches Verfahren, wenn beispielsweise mit Rückgriff auf akademische Nachrufe die symbolischen Markierungen im wissenschaftlichen Feld empirisch herausgearbeitet werden (Hamann 2015b, 2016a, 2017). Auch wenn diese Forschungsrichtung gewissermaßen noch am Anfang steht, so verspricht eine Verknüpfung der feld- und diskursanalytischen Forschungslogiken und Methoden gewinnbringend zu sein.

Eine dritte prominente Entwicklungslinie stellt die Eliten- und Reproduktionsforschung im akademischen Feld dar (Hartmann 1995, 2002, 2009; Möller 2013, 2015; Graf 2015). So hat sich aus der Elitenforschung heraus ein empirischer Forschungszweig entwickelt, der insbesondere den Zusammenhang von Bildungseinrichtungen und gesellschaftlichen Spitzenpositionen in den Blick nimmt. Insbesondere Michael Hartmann greift in seinen Arbeiten zur Sozialstruktur von Manager*innen und Führungskräften auf das Habituskonzept und die Bildungssoziologie von Pierre Bourdieu zurück. Er zeigt, dass für Spitzenkarrieren in Deutschland noch immer die soziale Herkunft und die damit korrespondierende klassenspezifische Habitus die entscheidende Rolle spielen (Hartmann 1995, 2002, 2009). So belegen seine Untersuchungen, dass eine Karriere in führenden Unternehmen nicht allein durch Bildungstitel wie eine Promotion realisiert wird, sondern dass es eines entsprechenden großbürgerlichen Habitus bedarf, um den Weg an die Spitze zu meistern. Darüber hinaus zeichnet Hartmann in seinen Analysen von Eliten in entwickelten Ländern die Bedeutung von Eliteinstitutionen und die Rolle des Habitus zur Reproduktion sozialer Ungleichheit nach (Hartmann 2008a; vgl. auch Lenger 2008). Auch zeigen seine Analysen, dass keine transnationale Klassenbildung stattfindet (Hartmann 2007, 2008b) und bisher auch keine globale Wirtschaftselite existiert (Hartmann 2016; vgl. auch Schneickert 2015a, c, 2016). Ursache hierfür sind die nationalen Karrierewege und Berufsverläufe. Eine Anwendung der Bourdieu'schen Wissenschaftssoziologie findet insofern statt, als Manager*innen beim Erwerb von Doktortiteln oder dem Besuch von Eliteuniversitäten gleichsam das wissenschaftliche Feld betreten und insofern als ein Bestandteil einer Feldanalyse des akademischen Feldes Berücksichtigung finden müssen.

Eine weitere Forschungslinie bilden die empirischen und konflikttheoretischen Arbeiten zur Sozialisation ins akademische Feld von Alexander Lenger und Christian Schneickert (vgl. auch Kap. 3). Anknüpfend an die zuvor skizzierte feldtheoretische und elitensoziologische Forschungstradition richtet sich das Forschungsinteresse hier insbesondere auf die Phase des Feldeintritts, die Akkumulation von feldspezifischen Kapitalien sowie die Konstitution und Inkorporation der Feldregeln und der Feld*illusio*. Untersucht wurden die soziale Herkunft von Promovierenden (Lenger 2008, 2009), der Eintritt ins wissenschaftliche Feld mittels einer Hilfskrafttätigkeit (Schneickert und Lenger 2010, 2016; Lenger et al. 2012; Schneickert 2013b) sowie die Folgen dieses Sozialisationsprozesses für akademische Karrieren (Lenger 2015, 2017; Lenger et al. 2016). Die Besonderheit der Forschungsausrichtung liegt darin begründet, dass Lenger und Schneickert nicht nur die Entstehung des akademischen Feldes analysieren, sondern darüber hinaus die strukturierende Wirkung des akademischen Feldes für gesamtgesellschaftliche Prozesse in den Blick nehmen.

Erwähnenswert für die feldtheoretische Wissenschaftssoziologie sind darüber hinaus die empirischen Arbeiten zu Bildungsaufsteiger*innen (Lange-Vester und Teiwes-Kügler 2013a, b; Lange-Vester 2015) und zu Prekaritätsstrukturen in akademischen Karrieren (Lange-Vester und Teiwes-Kügler 2013c). Die Forschungen von Andrea Lange-Vester und Christel Teiwes-Kügler sind aus zwei Punkten für die Feldanalyse prägnant. Zum einen bauen sie auf die Milieustudien von Vester et al. (2001) auf und bieten damit eine Möglichkeit der Übertragung der Soziologie Bourdieus auf Deutschland. Zum zweiten haben sie ein eigenständiges Forschungsdesign, die sogenannte Habitushermeneutik, entwickelt, das wichtige empirische Befunde ermöglicht (Lange-Vester und Teiwes-Kügler 2013a; Bremer 2004; Bremer und Teiwes-Kügler 2007, 2013; Brake et al. 2013).

Auch kommen relevante Entwicklungsimpulse aus der Forschungsgruppe Wissenschaftspolitik am Wissenschaftszentrum Berlin für Sozialforschung, wobei eine gewisse inhaltliche Nähe zur Krais-Gruppe besteht. Karin Zimmermann beispielsweise hat die essentielle Rolle der Passfähigkeit und Kollegialitätsinszenierung bei den Berufungsverfahren für die (zukünftigen) Mitglieder der scientific community herausgearbeitet (Zimmermann 2000). Ihre Befunde belegen eindrücklich, dass sich männliche Professoren bei der Besetzung von Lehrstühlen aus den Mitgliedern der sozialen Netzwerke in den Fachgemeinschaften passfähige Personen herausgreifen und kooptieren (vgl. hierzu auch Engler 2001; Lang und Neyer 2004). Hierbei werden in den Berufungskommissionen Selektionskriterien entwickelt, die von den Akteuren im Feld als allgemein gültige und objektive Kriterien anerkannt werden. Bei der Berufung von Professor*innen werden also nicht notwendigerweise die Leistungsfähigsten

5.3 Feldtheoretische Analysen im Anschluss an Bourdieu

berufen, sondern diejenigen mit der größten habituellen Passung (Zimmermann 2000, S. 14, 66). Auch Hildegard Matthies hat die akademische Passung und die berufliche Identität von Wissenschaftler*innen mit einer Bourdieu'schen Wissenschaftssoziologie analysiert (Matthies 2016). Darüber hinaus hat sich Matthies aber auch noch den Ökonomisierungsfolgen der Wissenschaft aus Bourdieus Perspektive gewidmet. Zu nennen sind hier beispielhaft die Analysen zu den Folgen von Entrepreneurshipping, Rationalisierung akademischer Karrieren sowie Selbst- und Arbeitskraftunternehmertum im wissenschaftlichen Feld (Matthies 2005, vgl. auch Matthies 2001; Matthies et al. 2001; Rogge 2015b). In eine ähnliche Richtung gehen die Arbeiten des Duisburger Soziologen Pascal Geißler und der Wiener Soziologin Johanna Hofbauer. Geißler (2016) untersucht das Phänomen der Kalkularisierung der Wissenschaft ebenfalls mithilfe einer feldtheoretischen Arbeit. Er analysiert die Auswirkung zahlenbasierter Leistungsindikatoren auf die Autonomie der Wissenschaft, wobei er insbesondere auf die feldtheoretische Unterscheidung zwischen autonomem und heteronomem Pol abstellt. Hofbauer (2006, 2010, 2012, 2015) forscht zu den Folgen der Verbetrieblichung von Hochschulen und der Etablierung von Unternehmerischen Universitäten auf das Geschlechterregime im wissenschaftlichen Feld.

Fazit: Bourdieu in der Wissenschaftsforschung

6

Ziel des vorliegenden Buches ist es, die Bourdieu'sche Wissenschaftssoziologie erstmalig umfassend in systematischer Form darzustellen sowie den Stellenwert und den Mehrwert für die zeitgenössische Wissenschaftsforschung herauszuarbeiten. Im Mittelpunkt unserer Ausführungen stand der Bezug von Bourdieus Wissenschaftssoziologie zu seiner allgemeinen Sozialtheorie. Wir haben gezeigt, wie sich Bourdieus praxistheoretische Erkenntnisphilosophie (Kap. 2) mit seiner soziologischen Analyse des wissenschaftlichen Feldes verbindet (Kap. 3). Beides zusammen bildet die Grundlage für seine Forderung nach Reflexivität und einer *Realpolitik der Vernunft* (Kap. 4).

Es handelt sich stets um eine Herausforderung, das komplexe Theoriegebäude Bourdieus mit seinen vielen, aufeinander verweisenden Bausteinen zu systematisieren und stringent darzustellen. Abschließend sollen daher aus den zahlreichen und vielfältigen Theorieaspekten nochmals die drei zentralen Argumente zusammengefasst werden, die für eine stärkere Berücksichtigung von Pierre Bourdieus Wissenschaftssoziologie in der Wissenschaftsforschung sprechen.

Erstens gelingt es Bourdieu durch seine praxeologische Herangehensweise, Wissenschaft in ihrer gesellschaftlichen Einbettung zu fassen und analytisch den konsequenten Gesellschaftsbezug zu berücksichtigen. Zweitens hat Bourdieu eine Theorie konflikthafter Differenzierung konzipiert, womit er eine theoretische Synthese zwischen konflikt-, differenzierungs-, modernisierungs- und wissenssoziologischen Perspektiven präsentiert. Drittens schließlich hat Bourdieus ein realpolitisches Programm der Vernunft entwickelt, welches in einer gesellschaftlichen Gebrauchsweise der Wissenschaft mündet. Alle drei Aspekte hängen eng miteinander zusammen und verweisen aufeinander.

Praxeologische Wissenschaftssoziologie
Es ist der zentrale Mehrwert der Soziologie Pierre Bourdieus, mit seiner Praxistheorie eine allgemeine Sozialtheorie entwickelt zu haben, mit der ein umfassender Gesellschaftsbezug sichergestellt wird. Die Praxistheorie erlaubt eine Synthese des Dualismus von Struktur und Handlung und fängt deren reziproken Bezug theoretisch ein. Sie macht es möglich, die Gleichzeitigkeit einer durch Handlungen strukturierten Welt und von durch Strukturen angeleiteten Handlungen zu denken. Bourdieus Praxistheorie antwortet somit auf die Frage nach den Bedingungen sozialer Ordnungsbildung und der Rolle der in Gesellschaft stattfindenden Handlungen. In diesem Zusammenhang wird Bourdieus praxeologische Wissenschaftssoziologie der Frage nach der sozialen Ordnungsbildung und institutionalisierten Regelhaftigkeit in der Wissenschaft gerecht. Darüber hinaus gewährleistet sie handlungs- und habitusanalytische Zugänge zur Analyse des Verhältnisses von Wissenschaft und ihren Akteuren. Mit anderen Worten: Bourdieus Mehrwert für die Wissenschaftsforschung besteht in der Einsicht, dass sich Wissenschaftler*innen in ihrer Handlungspraxis an einem „Praktischen Sinn" (Bourdieu 1987 [1980]) orientieren. Sein praxistheoretischer Zugang bietet die Möglichkeit, die Regelhaftigkeit wissenschaftlicher Praktiken und Institutionen mittels des Zusammenspiel von Habitus und Strukturen zu analysieren: Demnach werden auf der Seite der Akteure die impliziten Regeln des wissenschaftlichen Feldes durch entsprechende Präferenzen praktischer Sinnhaftigkeit in Form von regelmäßigen Praktiken und Faustregeln sowie durch ein korrespondierendes *Ethos* und eine entsprechende Stilisierung als praktikabel und schlüssig anerkannt. Zugleich kann eine solche praxeologische Wissenschaftssoziologie aber auch die Vermittlung zwischen gesellschaftlich legitimierten Geltungsansprüchen und den individuellen Erwartungen und Orientierungen von Wissenschaftler*innen in der Analyse berücksichtigen.

Der wesentliche Beitrag für die Wissenschaftsforschung besteht dabei darin, dass das Wirken sozialer Strukturen im Fokus bleibt, zugleich aber die Produktionsprozesse wissenschaftlichen Wissens in die Analyse einbezogen werden. Insbesondere konstruktivistische Ansätze in der Wissenschaftsforschung haben es hier mit einem Problem zu tun, das aus dem Mangel an allgemeiner sozialtheoretischer Rückbindung erwächst. So vernachlässigen diese Ansätze in der Regel die Einbindung gesellschaftsstruktureller Bedingungen. Damit wird das Soziale in der Wissenschaft auf das konkrete Handeln von Wissenschaftler*innen in spezifischen Situationen reduziert und die sozialstrukturell vermittelte Dimension von Handeln gerät nahezu vollständig aus dem Blick (vgl. Weingart 2003, S. 83).

Bourdieus praxeologische Wissenschaftssoziologie hingegen gewährleistet einen konsequenten Gesellschaftsbezug und ermöglicht es auf diese Weise, die

6 Fazit: Bourdieu in der Wissenschaftsforschung

soziale Konstruktion wissenschaftlichen Wissens in seiner Kopplung zwischen habituellen Präferenzen und gesellschaftlichen Strukturen bzw. institutionellen Rahmungen zu denken. Ohne diesen Rückbezug auf die hinter den Handlungen stehenden Strukturen ist eine soziale Konstruktion von wissenschaftlichen Tatsachen und wissenschaftlichem Wissen, etwa in spezifischen Labor- oder Forschungssituationen, nicht plausibel erklärbar. Damit wird zugleich deutlich, dass Bourdieus praxeologische Wissenschaftssoziologie nicht nur Aussagen über Sozial- und Geisteswissenschaften zulässt. Auch wenn die Naturwissenschaften nicht im Zentrum Bourdieus eigener Analysen stehen, so hat er doch eine umfassende Theorie vorgelegt, deren Erklärungskraft sich gerade aufgrund ihres Gesellschaftsbezugs gleichermaßen auch auf naturwissenschaftliche und technische Disziplinen erstreckt (vgl. hierzu exemplarisch Engler 2001; Beaufaÿs 2003; Paulitz 2012). Der praxeologischen Wissenschaftssoziologie gelingt es, Strukturen und Akteure zusammenzudenken, womit sich zuletzt auch gesellschaftstheoretische und erkenntnistheoretische Fragen verbinden.

Theorie konflikthafter Differenzierung
Die Analyse der Entstehung und Bedeutung wissenschaftlichen Wissens und die erkenntnistheoretischen Fragestellungen stehen bei Bourdieu in einem engen Zusammenhang mit der Analyse sozialer Konflikte. Im Mittelpunkt steht bei ihm die Analyse sozialer Kämpfe – Kämpfe um Ressourcen, Positionen und Prestige in der Wissenschaft. Bourdieu bleibt aber keineswegs dabei stehen. Vielmehr verweist sein empirischer Fokus auf soziale Konflikte auf die sozialen, d. h. institutionellen und organisationalen Folgewirkungen sowie auf die Auswirkungen, die Konfliktstrukturen auf die spezifische Leistung moderner Wissenschaft haben: die Bereitstellung gesicherten Wissens. Diese tiefer gehende Perspektivierung sozialer Konflikte verknüpft Bourdieu mit gesellschaftlicher Differenzierung als einem zentralen Element moderner gesellschaftlicher Strukturbeschreibung. Die zentrale Überlegung lautet, dass Konflikte nicht im luftleeren Raum stattfinden und sie ihre Logik nicht aus sich selbst beziehen, sondern stets in eine differenzierte Gesellschaftsstruktur eingelagert sind. Aus diesem Grund ist Bourdieus zweiter entscheidender Beitrag zu einer modernen Wissenschaftstheorie darin zu sehen, dass er mit seiner *Theorie konflikthafter Differenzierung* ein Analyseraster vorgelegt hat, das die Differenzierung moderner Gesellschaften konflikttheoretisch verarbeitet. Die Diagnose der gesellschaftlichen Strukturdetermination der Wissenschaft bezieht sich darauf, dass Wissenschaft autonom, also selbstreferentiell geschlossen ist. Als strukturdeterminierendes Element entsteht Autonomie als Ergebnis von relationalen Akteurskonstellationen und darin eingelagerten Machtgefügen. Akteure beziehen sich in ihrem spezifischen Handeln unter der Maßgabe

des im Wissenschaftsfeld auf dem Spiel stehenden Kapitals aufeinander. Strukturrelationen erzeugen mehr oder weniger machtvolle Positionen im Feld, die die Regeln der Kapitalakkumulation praktisch festlegen. Der zentrale Punkt einer solchen Perspektive ist: Im wissenschaftlichen Feld ist nicht alles möglich und nur bestimmte, von machtvollen Akteuren festgelegte Forschungsinteressen machen beispielsweise wissenschaftliche Karrieren überhaupt erst wahrscheinlich. Die konsequente Macht- und Ungleichheitssensibilität der Bourdieu'schen Wissenschaftssoziologie erlaubt insbesondere eine stärkere Verschränkung der Wissenschaftsforschung *(Science and Technology Studies)* mit der Hochschulforschung *(Higher Education Studies)*, die die Integration von Bewertungspraktiken und Bewertungskonstellationen in den Mittelpunkt stellt (Hamann et al. 2018). Machtrelationen, das ist Bourdieus zentrales Argument, leiten die wissenschaftliche Praxis an und strukturieren damit auch die wissenschaftlichen Forschungsrichtungen, die Fragestellungen und Methoden sowie das daraus resultierende wissenschaftliche Wissen. Die Entstehung und Aufrechterhaltung wissenschaftlicher Paradigmen und das Auftreten wissenschaftlicher Revolutionen (Kuhn 2007 [1962]) hängen somit eng mit einer konflikthaften und differenzierten Gesellschaft zusammen. Entsprechend ist explizit darauf hinzuweisen, dass Bourdieus Wissenschaftssoziologie zugleich eine Soziologie wissenschaftlichen Wissens ist.

Reflexivität und Ideologiekritik
Die wissenschaftssoziologische und erkenntniskritische Einsicht Bourdieus besteht darin, dass Wahrheit ein umkämpfter Gegenstand ist: „Gibt es eine Wahrheit, dann die, dass um die Wahrheit gekämpft wird" (Bourdieu 1993 [1980], S. 90). Auch Wissens- und Wahrheitsansprüche sind demnach als Ergebnis von machtvollen Durchsetzungskämpfen im wissenschaftlichen Feld zu verstehen. Bourdieu stattet die Wissenschaftsforschung mit einer elaborierten und sozialtheoretisch verankerten Kritik wissenschaftlicher Geltungs- und Wahrheitsansprüche aus. Darin ist nicht nur ein deutliches Element der Ideologiekritik eingelagert, sondern Bourdieu gelingt es, die Einsicht in den Machtaspekt von Wahrheitsansprüchen um eine konsequente reflexive Kritik der soziologischen Erkenntnis zu ergänzen.

An diesem Punkt erweitert Bourdieu das Selbstbeobachtungsinstrumentarium der modernen Wissenschaftsforschung. Er grenzt sich explizit von einer „narzisstischen" Reflexivität ab (Bourdieu 1993b), die unterstellt, mittels der Auskunft über subjektive Erfahrungen und biografische Bezüge einem scheinbaren Objektivitätsdefizit begegnen zu können, welches aber lediglich als Repräsentationsproblems behandelt wird. Bourdieus besondere Leistung ist es, die Reflexion der Positionen wissenschaftlicher Akteure im gesellschaftlichen Gefüge

6 Fazit: Bourdieu in der Wissenschaftsforschung

als Feldanalyse zu operationalisieren. Damit geraten die sozialstrukturellen Bedingungen und die inhaltliche Positionierung im wissenschaftlichen Feld als Momente der Selbstobjektivierung der Forschenden in den Blick. Mit dieser konsequent eingeforderten und sozialtheoretisch fundierten Berücksichtigung der gesellschaftlichen Position der Forschenden hält Bourdieu ein Praxiselement bereit, mit dessen Hilfe wissenschaftliche Objektivitätsansprüche potentiell noch möglich sind. Bourdieus Reflexivität stellt sich in diesem Sinne als „post-postmodernes Theorieidiom" dar (Langenohl 2009), das sich nicht mit einer scheinbar abhanden gekommenen oder nie da gewesenen Objektivität (Latour 2015 [1991]) begnügt, sondern durch theoriegeleitete Operationen eine reflexiv transformierte Objektivität denkbar macht.

Literatur

Adorno, Theodor W. (1972 [1952]): Zur gegenwärtigen Stellung der empirischen Sozialforschung in Deutschland. In: Rolf Tiedemann (Hg.): Theodor W. Adorno: *Soziologische Schriften. Band 8: 1. Gesammelte Schriften.* Frankfurt am Main: Suhrkamp. S. 478–493.

Adorno, Theodor W. (1972 [1957]): Soziologie und empirische Forschung. In: Rolf Tiedemann (Hg.): Theodor W. Adorno: *Soziologische Schriften. Band 8: 1. Gesammelte Schriften.* Frankfurt am Main: Suhrkamp. S. 196–216.

Adorno, Theodor W. (1972 [1968]): Spätkapitalismus oder Industriegesellschaft? In: Rolf Tiedemann (Hg.): Theodor W. Adorno: *Soziologische Schriften. Band 8: 1. Gesammelte Schriften.* Frankfurt am Main: Suhrkamp. S. 354–370.

Adorno, Theodor W. (1972a [1969]): Einleitung zum „Positivismusstreit in der deutschen Soziologie". In: Rolf Tiedemann (Hg.): Theodor W. Adorno: *Soziologische Schriften. Band 8: 1. Gesammelte Schriften.* Frankfurt am Main: Suhrkamp. S. 280–353.

Adorno, Theodor W. (1972b [1969]): Gesellschaftstheorie und empirische Forschung. In: Rolf Tiedemann (Hg.): Theodor W. Adorno: *Soziologische Schriften. Band 8: 1. Gesammelte Schriften.* Frankfurt am Main: Suhrkamp. S. 538–546.

Albert, Mathieu / Kleinman, Daniel L. (2011): Bringing Pierre Bourdieu to Science and Technology Studies. In: *Minerva* (49), 3: S. 263–273.

Alheit, Peter (2014): Die Exklusionsmacht des universitären Habitus. Exemplarische Studien zur „neuen deutschen Universität". In: Norbert Ricken / Christoph Koller / Edwin Keiner (Hg.): *Die Idee der Universität – revisited.* Berlin: Springer. S. 195–208.

Althusser, Louis (1968 [1965]): *Für Marx.* Frankfurt am Main: Suhrkamp.

Amelung, Nina / Edinger, Eva-Christina / Keil, Maria / Rogge, Jan-Christoph / Sommer, Moritz / Ullrich, Peter / Weber, Tina (2015): Die Fachgesellschaften politisieren und mobilisieren! Ein Beispiel aus der Soziologie. In: *Forschungsjournal Soziale Bewegungen* (28), 3: S. 101–105.

Amsterdamska, Olga (2008): Practices, People, Places. In: Edward J. Hackett / Olga Amsterdamska / Michael Lynch / Judy Wajcman (Hg.): *New Handbook of Science and Technology Studies.* 3d ed. Cambridge, MA: MIT Press. S. 205–209.

Angermüller, Johannes / Nonhoff, Martin / Herschinger, Eva / Macgilchrist, Felicitas / Reisigl, Martin / Wedl, Juliette / Wrana, Daniel / Ziem, Alexander (Hg.) (2014): *Diskursforschung: Ein interdisziplinäres Handbuch. Band 1: Theorien, Methodologien und Kontroversen*. Bielefeld: Transcript.

Ashmore, Malcolm (1989): *The Reflexive Thesis. Writing Sociology of Scientific Knowledge*. Chicago: University of Chicago Press.

Bachelard, Gaston (1978 [1938]): *Die Bildung des wissenschaftlichen Geistes. Beitrag zu einer Psychoanalyse der objektiven Erkenntnis*. Frankfurt am Main: Suhrkamp.

Baier, Christian (2017): *Reformen in Wissenschaft und Universität aus feldtheoretischer Perspektive: Universitäten als Akteure zwischen Drittmittelwettbewerb, Exzellenzinitiative und akademischem Kapitalismus*. Konstanz: UVK.

Baier, Christian / Münch, Richard (2013): Institutioneller Wettbewerb und Karrierechancen von Nachwuchswissenschaftlern in der Chemie. In: *Kölner Zeitschrift für Soziologie und Sozialpsychologie* (65): S. 129–155.

Baier, Christian / Schmitz, Andreas (2012): Organisationen als Akteure in sozialen Feldern – Eine Modellierungsstrategie am Beispiel deutscher Hochschule. In: Stefan Bernhard / Christian Schmidt-Wellenburg (Hg.): *Feldanalyse als Forschungsprogramm 1. Der programmatische Kern*. Wiesbaden: VS Verlag für Sozialwissenschaften. S. 191–220.

Bammé, Arno (2009): *Science and Technology Studies. Ein Überblick*. Marburg: Metropolis.

Barber, Bernard (1978 [1952]): *Science and the Social Order*. Westport: Greenwood Press.

Barlösius, Eva (2006): *Pierre Bourdieu*. Frankfurt am Main: Campus.

Barlösius, Eva (2008): Urteilsgewissheit und wissenschaftliches Kapital. In: Hildegard Matthies / Dagmar Simon (Hg.): *Wissenschaft unter Beobachtung. Effekte und Defekte von Evaluationen*. Wiesbaden: VS Verlag für Sozialwissenschaften. S. 248–264.

Barlösius, Eva (2012): Wissenschaft als Feld. In: Sabine Maasen / Mario Kaiser / Martin Reinhart / Barbara Sutter (Hg.): *Handbuch Wissenschaftssoziologie*. Wiesbaden: Springer VS. S. 125–135.

Barnes, Barry / Bloor, David / Henry, John (1996): *Scientific Knowledge. A Sociological Analysis*. Chicago: University of Chicago Press.

Bartlett, William J. / Roberts, Jennifer A. / Le Grand, Julian (Hg.) (1998): *A Revolution in Social Policy: Quasi-Market Reforms in the 1990s*. Bristol: Policy Press.

Bauer, Susanne / Heinemann, Torsten / Lemke, Thomas (Hg.) (2017): *Science and Technology Studies. Klassische Positionen und aktuelle Perspektiven*. Berlin: Suhrkamp.

Beaufaÿs, Sandra (2003): *Wie werden Wissenschaftler gemacht? Beobachtungen zur wechselseitigen Konstitution von Geschlecht und Wissenschaft*. Bielefeld: Transcript.

Beaufaÿs, Sandra (2004): Wissenschaftler und ihre alltägliche Praxis: Ein Einblick in die Geschlechterordnung des wissenschaftlichen Feldes. In: *Forum Qualitative Sozialforschung* (5), 2. Online verfügbar unter: http://www.qualitative-research.net/index.php/fqs/article/view/613/1328 [Stand 28.12.2017].

Beaufaÿs, Sandra (2015): Die Freiheit arbeiten zu dürfen: Akademische Laufbahn und legitime Lebenspraxis. In: *Beiträge zur Hochschulforschung* (37), 3: S. 40–59.

Beaufaÿs, Sandra / Engels, Anita / Kahlert, Heike (Hg.) (2012): *Einfach Spitze? Neue Geschlechterperspektiven auf Karrieren in der Wissenschaft*. Frankfurt am Main: Campus.

Beaufaÿs, Sandra / Krais, Beate (2005): Doing Science – Doing Gender. Die Produktion von WissenschaftlerInnen und die Reproduktion von Machtverhältnissen im wissenschaftlichen Feld. In: *Feministische Studien* (23), 1: S. 82–99.

Beaufaÿs, Sandra / Krais, Beate (2007): Wissenschaftliche Leistung, Universalismus und Objektivität. Professionelles Selbstverständnis und die Kategorie Geschlecht im sozialen Feld Wissenschaft. In: Regine Gildemeister / Angelika Wetterer (Hg.): *Erosion oder Reproduktion geschlechtlicher Differenzierungen? Widersprüchliche Entwicklungen in professionalisierten Berufsfeldern und Organisationen*. Münster: Westfälisches Dampfboot. S. 76–98.

Becher, Tony / Trowler, Paul (2001): *Academic Tribes and Territories. Intellectual Enquiry and the Culture of Disciplines*. 2. Auflage. Philadelphia: Open University Press.

Beck, Ulrich (1993): *Die Erfindung des Politischen. Zu einer Theorie reflexiver Modernisierung*. Frankfurt am Main: Suhrkamp.

Bell, Daniel (1975): *Die nachindustrielle Gesellschaft*. Frankfurt am Main: Campus.

Ben-David, Joseph (1991): *Scientific Growth. Essays on the Social Organization and Ethos of Science*. Berkeley: University of California Press.

Beyer, Stephanie / Massih-Tehrani, Nilgun (2017): Die Bedeutung von Auslandsaufenthalten auf dem Weg zur Professur. Drei Karrieresysteme im Vergleich. In: *WSI-Mitteilungen* 5/2017: S. 330–339.

Biagioli, Mario (1993): *Galileo, Courtier. The Practice of Science in the Culture of Absolutism*. Chicago: University of Chicago Press.

Bittlingmayer, Uwe / Bauer, Ullrich (2009): Herrschaft (domination) und Macht (pouvoir). In: Gerhard Fröhlich und Boike Rehbein (Hg.): *Bourdieu-Handbuch. Leben – Werk – Wirkung*. Stuttgart: J.B. Metzler. S. 118–124.

Bittlingmayer, Uwe H. / Eickelpasch, Rolf (2002): Pierre Bourdieu: Das Politische seiner Soziologie. Zur Einführung. In: Uwe H. Bittlingmayer / Rolf Eickelpasch / Jens Kastner / Claudia Rademacher (Hg.): *Theorie als Kampf? Zur politischen Soziologie Pierre Bourdieus*. Opladen: Leske + Budrich. S. 13–26.

Bittlingmayer, Uwe H. / Eickelpasch, Rolf / Kastner, Jens / Rademacher, Claudia (Hg.) (2002): *Theorie als Kampf? Zur politischen Soziologie Pierre Bourdieus*. Opladen: Leske + Budrich.

Blasius, Jörg (2001): *Korrespondenzanalyse*. München: Oldenbourg.

Bloor, David (1991 [1976]): *Knowledge and Social Imagery*. 2. Auflage. Chicago: University of Chicago Press.

Boatcă, Manuela (2015): *Global Inequalities Beyond Occidentalism*. Aldershot: Ashgate.

Bohn, Cornelia (2005): Eine Welt-Gesellschaft. Operative Konzepte in den Sozialtheorien Luhmanns und Bourdieus. In: Catherine Colliot-Thélène / Etienne François / Gunter Gebauer (Hg.): *Pierre Bourdieu. Deutsch-französische Perspektiven*. Frankfurt am Main: Suhrkamp. S. 43–79.

Bohn, Cornelia / Hahn, Alois (2007): Pierre Bourdieu. In: Dirk Kaesler (Hg.): *Klassiker der Soziologie. Von Talcott Parsons bis Anthony Giddens*. 5. überarbeitete, aktualisierte und erweiterte Auflage. München: C.H. Beck. S. 252–271.

Boldyrev, Ivan A. / Svetlova, Ekaterina (2016): *Enacting Dismal Science. New Perspectives on the Performativity of Economics*. Leicester: Palgrave Macmillan.

Boltanski, Luc / Chiapello, Ève (2006): *Der neue Geist des Kapitalismus*. Konstanz: UVK.

Bonacker, Thorsten (2001): Hat die Moderne einen normativen Gehalt? Zur Möglichkeit einer kritischen Gesellschaftstheorie unter Kontingenzbedingungen. In: *Berliner Journal für Soziologie* (11), 2: S. 59–78.

Bongaerts, Gregor (2014): Die Analyse von Macht und Herrschaft. Was soll sein? In: Ullrich Bauer / Uwe H. Bittlingmayer / Carsten Keller / Franz Schultheis (Hg.): *Bourdieu und die Frankfurter Schule. Kritische Gesellschaftstheorie im Zeitalter des Neoliberalismus*. Bielefeld: Transcript. S. 267–286.

Böschen, Stefan / Schulz-Schaeffer, Ingo (Hg.) (2003): *Wissenschaft in der Wissensgesellschaft*. Wiesbaden: Westdeutscher Verlag.

Bourdieu, Pierre (1974 [1970]): *Zur Soziologie der symbolischen Formen*. Frankfurt am Main: Suhrkamp.

Bourdieu, Pierre (1975): The Specifity of the Scientific Field and the Social Conditions of the Progress of Reason. In: *Social Science Information* (14), 6: S. 19–47.

Bourdieu, Pierre (1982 [1979]): *Die feinen Unterschiede. Kritik der gesellschaftlichen Urteilskraft*. Frankfurt am Main: Suhrkamp.

Bourdieu, Pierre (1987 [1980]): *Sozialer Sinn. Kritik der theoretischen Vernunft*. Frankfurt am Main: Suhrkamp.

Bourdieu, Pierre (1988 [1975]): *Die politische Ontologie Martin Heideggers*. Frankfurt am Main: Suhrkamp.

Bourdieu, Pierre (1988 [1984]): *Homo academicus*. Frankfurt am Main: Suhrkamp.

Bourdieu, Pierre (1989): The Corporatism of the Universal: The Role of Intellectuals in the Modern World. In: *Telos* 81: S. 99–110.

Bourdieu, Pierre (1990 [1982]): *Was heisst sprechen? Die Ökonomie des sprachlichen Tausches*. Wien: Braumüller.

Bourdieu, Pierre (1991 [1975]): The Peculiar History of Scientific Reason. In: *Sociological Forum* (6), 1: S. 3–25.

Bourdieu, Pierre (1991a): *Die Intellektuellen und die Macht*. Hamburg: VSA-Verlag.

Bourdieu, Pierre (1991b): *Sozialer Raum und „Klassen"*. 2. Auflage. Frankfurt am Main: Suhrkamp.

Bourdieu, Pierre (1992 [1987]): *Rede und Antwort*. Frankfurt am Main: Suhrkamp.

Bourdieu, Pierre (1992): *Die verborgenen Mechanismen der Macht*. Hamburg: VSA-Verlag.

Bourdieu, Pierre (1993a): Über die „scholastische Ansicht". In: Gunter Gebauer / Christoph Wulf (Hg.): *Praxis und Ästhetik. Neue Perspektiven im Denken Pierre Bourdieus*. Frankfurt am Main: Suhrkamp. S. 341–356.

Bourdieu, Pierre (1993b): Narzißtische Reflexivität und wissenschaftliche Reflexivität. In: Eberhard Berg / Martin Fuchs (Hg.): *Kultur, soziale Praxis, Text. Die Krise der ethnographischen Repräsentation*, Frankfurt am Main: Suhrkamp. S. 365–374.

Bourdieu, Pierre (1993 [1980]): *Soziologische Fragen*. Frankfurt am Main: Suhrkamp.

Bourdieu, Pierre (1998 [1994]): *Praktische Vernunft. Zur Theorie des Handelns*. Frankfurt am Main: Suhrkamp.

Bourdieu, Pierre (1998 [1996]): *Über das Fernsehen*. Frankfurt am Main: Suhrkamp.

Bourdieu, Pierre (1998 [1997]): *Vom Gebrauch der Wissenschaft. Für eine klinische Soziologie des wissenschaftlichen Feldes*. Konstanz: UVK.

Bourdieu, Pierre (1999 [1992]): *Die Regeln der Kunst. Genese und Struktur des literarischen Feldes*. Frankfurt am Main: Suhrkamp.

Bourdieu, Pierre (2000a): *Das religiöse Feld. Texte zur Ökonomie des Heilsgeschehens*. Konstanz: UVK.

Bourdieu, Pierre (2000b): Die Erzeugung des ökonomischen Habitus. Vorwort zur deutschsprachigen Ausgabe. In: Pierre Bourdieu: *Die zwei Gesichter der Arbeit*. Konstanz: UVK. S. 7–20.
Bourdieu, Pierre (2001a): *Science de la science et réflexivité. Cours du College de France 2000–2001*. Paris: Raisons d'agir.
Bourdieu, Pierre (2001b): *Das politische Feld. Zur Kritik der politischen Vernunft*. Konstanz: UVK.
Bourdieu, Pierre (2002 [1989]): Pour une Internationale des intellectuels. In: *Interventions, 1961–2001. Science sociale & action politique*. Marseille: Agone.
Bourdieu, Pierre (2002): *Ein soziologischer Selbstversuch*. Frankfurt am Main: Suhrkamp.
Bourdieu, Pierre (2004): *Gegenfeuer*. Konstanz: UVK.
Bourdieu, Pierre (2004 [1989]): *Der Staatsadel*. Konstanz: UVK.
Bourdieu, Pierre (2004 [1997]): *Meditationen. Zur Kritik der scholastischen Vernunft*. Frankfurt am Main: Suhrkamp.
Bourdieu, Pierre (2004 [2001]): *Science of Science and Reflexivity*. Chicago: University of Chicago Press.
Bourdieu, Pierre (2005 [2000]): *The Social Structures of the Economy*. Cambridge: Polity Press.
Bourdieu, Pierre (2009 [1972]): *Entwurf einer Theorie der Praxis auf der ethnologischen Grundlage der kabylischen Gesellschaft*. 2. Auflage. Frankfurt am Main: Suhrkamp.
Bourdieu, Pierre (2010): *Algerische Skizzen*. Berlin: Suhrkamp.
Bourdieu, Pierre (2011): *Der Tote packt den Lebenden*. Hamburg: VSA-Verlag.
Bourdieu, Pierre (2012 [1998]): *Die männliche Herrschaft*. Berlin: Suhrkamp.
Bourdieu, Pierre (2013): *Über den Staat. Vorlesungen am Collège de France 1989–1992*. Berlin: Suhrkamp.
Bourdieu, Pierre / Boltanski, Luc / Maldidier, Pascale (1981): Die Verteidigung der Zunft. In: Pierre Bourdieu / Luc Boltanski / Monique de Saint Martin / Pasquale Maldidier (Hg.): *Titel und Stelle. Über die Reproduktion sozialer Macht*. Frankfurt am Main: Europäische Verlagsanstalt. S. 117–169.
Bourdieu, Pierre / Chamboredon, Jean-Claude / Passeron, Jean-Claude (1991 [1968]): *Soziologie als Beruf. Wissenschaftstheoretische Voraussetzungen soziologischer Erkenntnis*. Berlin: De Gruyter.
Bourdieu, Pierre / Martin, Monique De Saint (1978): Le patronat. In: *Actes de la recherche en sciences sociales* (20) 1: S. 3–82.
Bourdieu, Pierre / Nouchi, Franck (1998 [1997]): Gesellschaft und Gesellschaftswissenschaft. Pierre Bourdieu im Gespräch. Gespräch mit Franck Nouchi, Le Monde, 7. Dezember 1993. In: Pierre Bourdieu (Hg.): *Vom Gebrauch der Wissenschaft. Für eine klinische Soziologie des wissenschaftlichen Feldes*. Konstanz: UVK. S. 75–83.
Bourdieu, Pierre / Passeron, Jean-Claude (1971 [1964]): *Die Illusion der Chancengleichheit. Untersuchungen zur Soziologie des Bildungswesens am Beispiel Frankreichs*. Stuttgart: Klett.
Bourdieu, Pierre / Schwibs, Bernd (1985): Vernunft ist eine historische Errungenschaft, wie die Sozialversicherung. Bernd Schwibs im Gespräch mit Pierre Bourdieu. In: *Neue Sammlung* (25), 3: S. 376–394.

Bourdieu, Pierre / Wacquant, Loïc J. D. (2006 [1992]): *Reflexive Anthropologie*. 2. Auflage. Frankfurt am Main: Suhrkamp.
Brake, Anna / Bremer, Helmut / Lange-Vester, Andrea (Hg.) (2013): *Empirisch Arbeiten mit Bourdieu. Theoretische und methodische Überlegungen, Konzeptionen und Erfahrungen*. Weinheim: Beltz Juventa.
Bremer, Helmut (2004): *Von der Gruppendiskussion zur Gruppenwerkstatt. Ein Beitrag zur Methodenentwicklung in der typenbildenden Mentalitäts-, Habitus- und Milieuanalyse*. Münster: LIT.
Bremer, Helmut / Teiwes-Kügler, Christel (2007): Die Muster des Habitus und ihre Entschlüsselung. In: Barbara Friebertshäuser / Heide von Felden / Burkhard Schäffer (Hg.): *Bild und Text. Methoden und Methodologien visueller Sozialforschung in der Erziehungswissenschaft*. Opladen: Budrich. S. 81–104.
Bremer, Helmut / Teiwes-Kügler, Christel (2013): Zur Theorie und Praxis der „Habitus-Hermeneutik". In: Anna Brake / Helmut Bremer / Andrea Lange-Vester (Hg.): *Empirisch Arbeiten mit Bourdieu. Theoretische und methodische Überlegungen, Konzeptionen und Erfahrungen*. Weinheim: Beltz Juventa. S. 93–129.
Bröckling, Ulrich (2016): *Paradoxievirtuosen. Zeitgenössische Anrufungen des akademischen Selbst*. Vortrag auf der Tagung „Reformuniversitäten und die Zukunft akademischer Selbststeuerung", 12.-13. Mai 2016, Berlin.
Bucchi, Massimiano (2004): *Science in Society. An Introduction to Social Studies of Science*. London, New York: Routledge.
Bucher, Rue / Strauss, Anselm L. (1961): Professions in Process. In: *American Journal of Sociology* (66), 4: S. 325–334.
Bühlmann, Felix / David, Thomas / Mach, André (2012): Political and Economic Elites in Switzerland. In: *European Societies* (14), 5: S. 727–754.
Burri, Regula Valéri (2008a): Bourdieu und die New Sociology of Science: Anmerkungen zu einer schwierigen Beziehung. In: *Swiss Journal of Sociology* (34), 3. S. 555–573.
Burri, Regula Valéri (2008b): Soziotechnische Rationalität: Praxistheorie und der ‚Objektsinn' von Artefakten. In: *Soziale Welt* (59), 3: S. 269–286.
Burri, Regula Valérie (2008c): *Doing Images. Zur Praxis medizinischer Bilder*. Bielefeld: Transcript.
Burris, Val (2004): The Academic Caste System: Prestige Hierarchies in PhD Exchange Networks. In: *American Sociological Review* (69): S. 239–264.
Callon, Michel (Hg.) (1998): *The Laws of the Markets*. Oxford: Blackwell Publishers.
Camic, Charles (2011): Bourdieu's Cleft Sociology of Science. In: *Minerva* (49), 3: S. 275–293.
Camic, Charles (2013): Bourdieu's Two Sociologies of Knowledge. In: Philip S. Gorski (Hg.): *Bourdieu and Historical Analysis*. Durham: Duke University Press. S. 183–211.
Cassirer, Ernst (1977 [1923]): *Philosophie der symbolischen Formen. Erster Teil: Die Sprache*. 7., unveränderte Auflage. Darmstadt: Wissenschaftliche Buchgesellschaft.
Cassirer, Ernst (1977 [1925]): *Philosophie der symbolischen Formen. Zweiter Teil: Das mythische Denken*. 7., unveränderte Auflage. Darmstadt: Wissenschaftliche Buchgesellschaft.
Cassirer, Ernst (1977 [1929]): *Philosophie der symbolischen Formen. Dritter Teil: Phänomenologie der Erkenntnis*. 7., unveränderte Auflage. Darmstadt: Wissenschaftliche Buchgesellschaft.
Cassirer, Ernst (1994 [1956]): *Wesen und Wirken des Symbolbegriffs*. 8., unveränderte Auflage. Darmstadt: Wissenschaftliche Buchgesellschaft.

Cassirer, Ernst (2000 [1910]): *Substanzbegriff und Funktionsbegriff. Untersuchungen über die Grundfragen der Erkenntniskritik*. Darmstadt: Wissenschaftliche Buchgesellschaft.
Champagne, Patrick (1998 [1997]): Vorwort. In: Pierre Bourdieu: *Vom Gebrauch der Wissenschaft. Für eine klinische Soziologie des wissenschaftlichen Feldes*. Konstanz: UVK. S. 7–14.
Chomsky, Noam (1993): *Lectures on Government and Binding. The Pisa Lectures*. 7., überarbeitete Auflage. Berlin, New York: Mouton de Gruyter.
Chomsky, Noam (2002 [1957]): *Syntactic Structures*. 2., überarbeitete Auflage. Berlin, New York: Mouton de Gruyter.
Clark, Burton R. (1986): *The Higher Education System. Academic Organization in Cross-National Perspective*. Berkeley: University of California Press.
Clark, Burton R. (1998): *Creating Entrepreneurial Universities. Organisational Pathways of Transformation*. Oxford, New York: Pergamon Press.
Comte, Auguste (1883/1884): *Die positive Philosophie*. 2 Bände. Heidelberg: Verlag von G. Weiss.
Corley, Kevin G. / Schinoff, Beth S. (2017): Who, Me? An Inductive Study of Novice Experts in the Context of How Editors Come to Understand Theoretical Contribution. In: *Academy of Management Perspectives* (31), 1: S. 4–27.
Crosby, Alfred W. (2009): *The Measure of Reality. Quantification and Western Society, 1250–1600*. 8. Auflage. Cambridge: Cambridge University Press.
Cutler, Tony / Wayne, Barbara (1997): The Politics of Quasi-Markets. In: *Critical Social Policy* 17: S. 3–26.
David, Matthew (2005): *Science in Society*. Houndmills, Basingstoke: Palgrave Macmillan.
Demirović, Alex (2015): *Wissenschaft oder Dummheit? Über die Zerstörung der Rationalität in den Bildungsinstitutionen*. Hamburg: VSA.
Denord, François / Lagneau-Ymonet, Paul / Thine, Sylvain (2011): Le champ du pouvoir en France. In: *Actes de la recherche en sciences sociales* (190), 5: S. 24–57. Online verfügbar unter: http://www.cairn.info/load_pdf.php?ID_ARTICLE=ARSS_190_0024 [Stand 28.12.2017].
Diaz-Bone, Rainer (2002) *Kulturwelt, Diskurs und Lebensstil. Eine diskurstheoretische Erweiterung der bourdieuschen Distinktionstheorie*. Opladen: Leske + Budrich.
Dobler, Gregor / Riedl, Peter Philipp (Hg.) (2017): *Muße und Gesellschaft*. Tübingen: Mohr Siebeck.
Durkheim, Émile (1976 [1895]): *Die Regeln der soziologischen Methode*. 4., überarbeitete Auflage. Neuwied [u. a.]: Luchterhand.
Durkheim, Émile (1977 [1893]): *Über die Teilung der sozialen Arbeit*. Frankfurt am Main: Suhrkamp.
Ebrecht, Jörg / Hillebrandt, Frank (Hg.) (2004): *Bourdieus Theorie der Praxis. Erklärungskraft – Anwendung – Perspektiven*. 2., durchgesehene Auflage. Wiesbaden: VS Verlag für Sozialwissenschaften.
Engler, Steffani (1993): *Fachkultur, Geschlecht und soziale Reproduktion. Eine Untersuchung über Studentinnen und Studenten der Erziehungswissenschaft, Rechtswissenschaft, Elektrotechnik und des Maschinenbaus*. Weinheim: Deutscher Studien Verlag.
Engler, Steffani (2000): Zum Selbstverständnis von Professoren und der illusio des wissenschaftlichen Feldes. In: Beate Krais (Hg.): *Wissenschaftskultur und Geschlechterordnung. Über die verborgenen Mechanismen männlicher Dominanz in der akademischen Welt*. Frankfurt am Main: Campus. S. 121–151.

Engler, Steffani (2001): „In Einsamkeit und Freiheit?". Zur Konstruktion der wissenschaftlichen Persönlichkeit auf dem Weg zur Professur. Konstanz: UVK.

Engler, Steffani (2013): Habitus und sozialer Raum: Zur Nutzung der Konzepte Pierre Bourdieus in der Frauen- und Geschlechterforschung. In: Alexander Lenger / Christian Schneickert / Florian Schumacher (Hg.): *Pierre Bourdieus Konzeption des Habitus. Grundlagen, Zugänge, Forschungsperspektiven.* Wiesbaden: Springer VS. S. 247–260.

Eribon, Didier (2016): *Rückkehr nach Reims.* Berlin: Suhrkamp.

Etzkowitz, Henry (1989): Entrepreneurial Science in the Academy: A Case of the Transformation of Norms. In: *Social Problems* (36), 1: S. 14–29.

Etzkowitz, Henry / Webster, Andrew / Healey, Peter (1998): *Capitalizing Knowledge. New Intersections of Industry and Academia.* Albany, NY: State University of New York Press.

Everett, Jeffrey (2002): Organizational Research and the Praxeology of Pierre Bourdieu. In: *Organizational Research Methods* 5 (1): S. 56–81.

Färber, Christine / Riedler, Ute (2011): *Black Box Berufung. Strategien auf dem Weg zur Professur.* Frankfurt am Main: Campus.

Felt, Ulrike / Nowotny, Helga / Taschwer, Klaus (1995): *Wissenschaftsforschung. Eine Einführung.* Frankfurt am Main: Campus.

Feyerabend, Paul K. (1981a): *Realism, Rationalism and Scientific Method. Philosophical Papers. Volume 1.* Cambridge: Cambridge University Press.

Feyerabend, Paul K. (1981b): *Problems of Empiricism. Philosophical Papers. Volume 2.* Cambridge: Cambridge University Press.

Feyerabend, Paul K. (1999): *Knowledge, Science, and Relativism. Philosophical Papers. Volume 3.* Cambridge: Cambridge University Press.

Fleck, Christian (2013): Der Impact Faktor-Fetischismus. In: *Leviathan* (41), 4: S. 611–646.

Fleck, Ludwig (1980 [1935]): *Entstehung und Entwicklung einer wissenschaftlichen Tatsache. Einführung in die Lehre von Denkstil und Denkkollektiv.* Frankfurt am Main: Suhrkamp.

Fley, Bettina (2008): Wirtschaft und wirtschaftliches Handeln als Ökonomie der Praxis. In: Andrea Maurer (Hg.): *Handbuch der Wirtschaftssoziologie.* Wiesbaden: VS Verlag für Sozialwissenschaften. S. 161–184.

Florian, Michael (2006): Ökonomie als soziale Praxis. Zur wirtschaftssoziologischen Anschlussfähigkeit von Pierre Bourdieu. In: Michael Florian und Frank Hillebrandt (Hg.): *Pierre Bourdieu, neue Perspektiven für die Soziologie der Wirtschaft.* Wiesbaden: VS Verlag für Sozialwissenschaften. S. 73–108.

Forchtner, Bernhard / Schneickert, Christian (2016): Collective Learning in Social Fields: Bourdieu, Habermas and Critical Discourse Studies. In: *Discourse & Society* (27), 3: S 293–307.

Fourcade, Marion (2006): The Construction of a Global Profession: The Transnationalization of Economics. In: *American Journal of Sociology* 112 (1): S. 145–194.

Fourcade, Marion (2009): *Economists and Societies. Discipline and Profession in the United States, Britain, and France, 1890s to 1990s.* Princeton: Princeton University Press.

Fourcade, Marion / Khurana, Rakesh (2017): The Social Trajectory of a Finance Professor and the Common Sense of Capital. In: *History of Political Economy* 49 (2): S. 347–381.

Fourcade, Marion / Ollion, Etienne / Yann, Algan (2015): The Superiority of Economists. In: *Journal of Economic Perspectives* (29), 1: S. 89–114.

Frank, Andrea (1990): *Hochschulsozialisation und akademischer Habitus. Eine Untersuchung am Beispiel der Disziplinen Biologie und Psychologie*. Weinheim: Deutscher Studien Verlag.

Franzen, Martina / Jung, Arlena / Kaldewy, David / Korte, Jasper (Hg.) (2014): *Autonomie revisited. Beiträge zu einem umstrittenen Grundbegriff in Wissenschaft, Kunst und Politik*. Weinheim: Beltz Juventa.

Fröhlich, Gerhard (2003): Kontrolle durch Konkurrenz und Kritik? Das „wissenschftliche Feld" bei Pierre Bourdieu. In: Boike Rehbein, Gernot Saalmann und Hermann Schwengel (Hg.): *Pierre Bourdieus Theorie des Sozialen. Probleme und Perspektiven*. Konstanz: UVK. S. 117–129.

Fröhlich, Gerhard (2009): Wissenschaft. In: Gerhard Fröhlich und Boike Rehbein (Hg.): *Bourdieu-Handbuch. Leben – Werk – Wirkung*. Stuttgart: J.B. Metzler. S. 327–337.

Fröhlich, Gerhard / Rehbein, Boike (Hg.) (2009): *Bourdieu-Handbuch. Leben – Werk – Wirkung*. Stuttgart: J.B. Metzler.

Fröhlich, Gerhard / Rehbein, Boike / Schneickert, Christian (2009): Kritik und blinde Flecken. In: Gerhard Fröhlich und Boike Rehbein (Hg.): *Bourdieu-Handbuch. Leben – Werk – Wirkung*. Stuttgart: J.B. Metzler. S. 401–407.

Fuchs-Heinritz, Werner / König, Alexandra (2005): *Pierre Bourdieu. Eine Einführung*. Konstanz.

Fuller, Steve (2007): *New Frontiers in Science and Technology* Studies. Cambridge: Polity Press.

Galison, Peter / Stump, David J. (Hg.) (1996): *The Disunity of Science. Boundaries, Contexts, and Power*. Stanford: Stanford University Press.

Geißler, Pascal (2016): *Ökonomisierung durch Kalkularisierung. Zahlenbasierte Leistungsindikatoren und ihr Einfluss auf die Autonomie der Wissenschaft*. Konstanz: UVK.

Gengnagel, Vincent (2012): *Der professorale Habitus im Wettbewerb um Exzellenz. Die Geisteswissenschaften zwischen Autonomie und Anpassung im akademischen Feld*. Diplomarbeit. Bamberg: Otto-Friedrich-Universität: Fakultät Sozial- und Wirtschaftswissenschaften.

Gengnagel, Vincent / Hamann, Julian (2014): The Making and Persisting of Modern German Humanities. Balancing Acts between Autonomy and Social Relevance. In: Rens Bod, Jaap Maat and Thijs Weststeijn (Eds.): *The Making of the Humanities III. The Modern Humanities*. Amsterdam: Amsterdam University Press. S. 641–654.

Gengnagel, Vincent / Massih-Tehrani, Nilgun / Baier, Christian (2016): Der European Research Council als Ordnungsanspruch des europäischen Projekts im akademischen Feld. *Berliner Journal für Soziologie* (26), 1. S. 61–84.

Gengnagel, Vincent / Witte, Daniel / Schmitz, Andreas (2017): Die zwei Gesichter der Autonomie. Wissenschaft im Feld der Macht. In: Julian Hamann / Jens Maeße / Vincent Gengnagel / Alexander Hirschfeld (Hg.): *Macht in Wissenschaft und Gesellschaft. Diskurs- und feldanalytische Perspektiven*. Wiesbaden: Springer VS. S. 383–423.

Gertenbach, Lars (2015a): *Entgrenzungen der Soziologie. Bruno Latour und der Konstruktivismus*. Weilerswist: Velbrück Wissenschaft.

Gertenbach, Lars (2015b): Die Wissenschaften als Laboratorium der Soziologie. Zur Rolle der Science Studies bei der Reformulierung von Sozial- und Gesellschaftstheorie bei Bruno Latour. In: Stephan Lessenich (Hg.): *Routinen der Krise – Krise der Routinen. Verhandlungen des 37. Kongresses der Deutschen Gesellschaft für Soziologie in Trier 2014*. Onlinepublikation. S. 1–11.

Gertenbach, Lars / Laux, Henning (2018): *Zur Aktualität von Bruno Latour. Einleitung in sein Werk*. Wiesbaden: Springer VS.

Gieryn, Thomas (1999): *Cultural Boundaries of Science: Credibility on the Line*. Chicago: University of Chicago Press.

Gieryn, Thomas (2006): Review of Science of Science and Reflexivity. In: *Contemporary Sociology* (35): S. 185–187.

Gilbert, G. Nigel / Mulkay, Michael (1984): *Opening Pandora's Box. A Sociological Analysis of Scientists' Discourse*. Cambridge [Cambridgeshire], New York: Cambridge University Press.

Gimmel, Jochen / Keiling, Tobias (2016): *Konzepte der Muße*. Tübingen: Mohr Siebeck.

Gläser, Jochen (2015): Der Journal Impact Faktor in der Soziologie: Die Gefahren eines Un-Maßes. In: *Soziale Welt* (66), 2: S. 215–224.

Goffman, Erving (1973): *Interaktion. Spass am Spiel, Rollendistanz*. München: Piper.

Graeser, Andreas (1994): *Ernst Cassirer*. München: C.H. Beck.

Graf, Angela (2015): *Die Wissenschaftselite Deutschlands. Sozialprofil und Werdegänge zwischen 1945 und 2013*. Frankfurt am Main: Campus.

Gross, Christiane / Jungbauer-Gans, Monika (2007): Erfolg durch Leistung? Ein Forschungsüberblick zum Thema Wissenschaftskarrieren. In: *Soziale Welt* (58), 4: S. 453–471.

Gross, Christiane / Jungbauer-Gans, Monika / Kriwy, Peter (2008): Die Bedeutung meritokratischer und sozialer Kriterien für wissenschaftliche Karrieren – Ergebnisse von Expertengesprächen in ausgewählten Disziplinen. In: *Beiträge zur Hochschulforschung* (30), 4: S. 8–32.

Habermas, Jürgen (1969): *Technik und Wissenschaft als „Ideologie"*. 3. Auflage. Frankfurt am Main: Suhrkamp.

Habermas, Jürgen (1973): *Erkenntnis und Interesse. Mit einem neuen Nachwort*. 2. Auflage. Frankfurt am Main: Suhrkamp.

Habermas, Jürgen (1976 [1962]): *Strukturwandel der Öffentlichkeit; Untersuchungen zu einer Kategorie der bürgerlichen Gesellschaft*. 8. Auflage. Neuwied: Luchterhand.

Habermas, Jürgen (1984): *Vorstudien und Ergänzungen zur Theorie des kommunikativen Handelns*. 2. Auflage. Frankfurt am Main: Suhrkamp.

Habermas, Jürgen (1995 [1981]): *Theorie des kommunikativen Handelns*. 8. Auflage. 2 Bände. Frankfurt am Main: Suhrkamp.

Hackett, Edward J. / Amsterdamska, Olga / Lynch, Michael / Wajcman, Judy (Hg.) (2008): *The New Handbook of Science and Technology Studies*. 3. Auflage. Cambridge: MIT Press.

Haffner, Yvonne / Krais, Beate (Hg.) (2008): *Arbeit als Lebensform? Beruflicher Erfolg, private Lebensführung und Chancengleichheit in akademischen Berufsfeldern*. Frankfurt am Main: Campus.

Hagström, Warren O. (1965): *The Scientific Community*. New York: Basic Books.

Hamann, Julian (2009): *Der Preis des Erfolges. Die „Krise der Geisteswissenschaften" in feldtheoretischer Perspektive*. Bamberg: University of Bamberg Press.

Hamann, Julian (2014): *Die Bildung der Geisteswissenschaften. Zur Genese einer sozialen Konstruktion zwischen Diskurs und Feld*. Konstanz: UVK.

Hamann, Julian (2015a): Die Geisteswissenschaften und ihr Bildungsdiskurs. Zur Kartierung eines vernachlässigten Gebiets der Wissenschaftssoziologie. In: *Zeitschrift für Soziologie* (44), 3: S. 180–196.

Hamann, Julian (2015b): Posthumous (E)valuation. Research Biographies in US Sociology, as Reflected in Academic Obituaries. In: *Timelines – Newsletter of the ASA Section History of Sociology* (24): S. 10–13.

Hamann, Julian (2016a): „Let us Salute One of Our Kind". How Academic Obituaries Consecrate Research Biographies. In: *Poetics* (56): S. 1–14.

Hamann, Julian (2016b): The Visible Hand of Research Performance Assessment. In: *Higher Education* (72), 6: S. 761–779.

Hamann, Julian (2017): Peer Review post mortem. Bewertungen in akademischen Nachrufen. In: *Berliner Journal für Soziologie* (26), 3: S. 433–457.

Hamann, Julian / Maeße, Jens / Gengnagel, Vincent / Hirschfeld, Alexander (Hg.) (2017a): *Macht in Wissenschaft und Gesellschaft. Diskurs- und feldanalytische Perspektiven.* Wiesbaden: Springer VS.

Hamann, Julian / Maeße, Jens / Gengnagel, Vincent / Hirschfeld, Alexander (2017b): Einleitung. Macht in Wissenschaft und Gesellschaft. In: Julian Hamann, Jens Maeße, Vincent Gengnagel und Alexander Hirschfeld (Hg.): *Macht in Wissenschaft und Gesellschaft. Diskurs- und feldanalytische Perspektiven.* Wiesbaden: Springer VS. S. 1–22.

Hamann, Julian et al. (2018): Aktuelle Herausforderungen der Wissenschafts- und Hochschulforschung: Eine kollektive Standortbestimmung. In: *Soziologie* 47 (2).

Harding, Sandra G. (2011): *The Postcolonial Science and Technology Studies Reader.* Durham: Duke University Press.

Hark, Sabine (2008): Scholé (skholè) und scholastische Sicht. In: Gerhard Fröhlich und Boike Rehbein (Hg.): *Bourdieu-Handbuch. Leben – Werk – Wirkung.* Stuttgart: J.B. Metzler. S. 216–219.

Hartmann, Michael (1995): Deutsche Topmanager: Klassenspezifischer Habitus als Karrierebasis. In: *Soziale Welt* (46), 4: S. 440–468.

Hartmann, Michael (2002): *Der Mythos von den Leistungseliten. Spitzenkarrieren und soziale Herkunft in Wirtschaft, Politik, Justiz und Wissenschaft.* Frankfurt am Main: Campus.

Hartmann, Michael (2007): *Eliten und Macht in Europa.* Frankfurt am Main: Campus.

Hartmann, Michael (2008a): *Elitesoziologie. Eine Einführung.* 2., korrigierte Auflage. Frankfurt am Main: Campus.

Hartmann, Michael (2008b): Transnationale Klassenbildung? In: Peter A. Berger und Anja Weiß (Hg.): *Transnationalisierung sozialer Ungleichheit.* Wiesbaden: VS Verlag für Sozialwissenschaften. S. 241–258.

Hartmann, Michael (2009): Wer wird Manager? Soziale Schließung durch Bildungsabschlüsse und Herkunft im internationalen Vergleich. In: Rudolf Stichweh und Paul Windolf (Hg.): *Inklusion und Exklusion: Analysen zur Sozialstruktur und sozialen Ungleichheit.* Wiesbaden: VS Verlag für Sozialwissenschaften. S. 85–100.

Hartmann, Michael (2016): *Die globale Wirtschaftselite. Eine Legende.* Frankfurt am Main: Campus.

Hasenjürgen, Brigitte (1996): *Soziale Macht im Wissenschaftsspiel. SozialwissenschaftlerInnen und Frauenforscherinnen an der Hochschule.* Münster: Westfälisches Dampfboot.

Heim, Christof / Lenger, Alexander / Schumacher, Florian (2009): Bildungssoziologie. In: Gerhard Fröhlich und Boike Rehbein (Hg.): *Bourdieu-Handbuch. Leben – Werk – Wirkung.* Stuttgart: J.B. Metzler. S. 254–263.

Heintz, Bettina (1993): Wissenschaft im Kontext. Neuere Entwicklungen der Wissenschaftssoziologie. In: *Kölner Zeitschrift für Soziologie und Sozialpsychologie* (45), 3: S. 528–552.

Hess, David J. (1997): *Science Studies. An Advanced Introduction.* New York: New York University Press.

Hess, David J. (2011): Bourdieu and Science and Technology Studies: Toward a Reflexive Sociology. In: *Minerva* (49), 3: S. 333–348.

Hillebrandt, Frank (2012): Der praxistheoretische Ansatz Bourdieus zur Soziologie der Bildung und Erziehung. In: Ullrich Bauer / Uwe H. Bittlingmayer / Albert Scherr (Hg.): *Handbuch Bildungs- und Erziehungssoziologie.* Wiesbaden: VS Verlag für Sozialwissenschaften. S. 437–452.

Hirsch, Joachim (1975): Ökonomische Verwertungsinteressen und Lenkung der Forschung. In: Peter Weingart (Hg.): *Wissenschaftsforschung. Eine Vorlesungsreihe.* Frankfurt am Main: Campus. S. 194–212.

Hirschfeld, Alexander / Gengnagel, Vincent (2017): „Das können wir nicht durchgehen lassen". Zur gesellschaftlichen Resonanz kritischer Intervention. In: Julian Hamann / Jens Maeße / Vincent Gengnagel / Alexander Hirschfeld (Hg.): *Macht in Wissenschaft und Gesellschaft. Diskurs- und feldanalytische Perspektiven.* Wiesbaden: Springer VS. S. 425–452.

Hjellbrekke, Johs / Korsnes, Olav (2009): Quantifying the Field of Power in Norway. In: Karen Robson / Chris Sanders (Hg.): *Quantifying Theory. Pierre Bourdieu.* Dordrecht: Springer. S. 31–45.

Hochschild, Arlie Russell (1975): Inside the Clockwork of Male Careers. In: Florence Howe (Hg.): *Women and the Power to Change.* New York: McGraw-Hill. S. 47–80.

Hofbauer, Johanna (2006): Konkurrentinnen außer Konkurrenz? Zugangsbarrieren für Frauen im Management aus der Perspektive des Bourdieu´schen Distinktions- und Habituskonzepts. In: *Österreichische Zeitschrift für Soziologie* (31), 4: S. 23–44.

Hofbauer, Johanna (2010): Soziale Homogenität und kulturelle Hegemonie. Ausschließung und Organisation aus Bourdieuscher Perspektive. In: *Feministische Studien* (28), 1: S. 25–39.

Hofbauer, Johanna (2012): Neue Geschlechterordnungen an Hochschulen? Zur theoretischen Fundierung einer empirischen Untersuchung im Sinne der Bourdieuschen Feldtheorie. In: Stefan Bernhard und Christian Schmidt-Wellenburg (Hg.): *Feldanalyse als Forschungsprogramm 1. Der programmatische Kern.* Wiesbaden: VS Verlag für Sozialwissenschaften. S. 427–451.

Hofbauer, Johanna (2015): Of Trump Cards and Game Moves: Positioning Gender Equality as an Element of Power Struggles in Universities. In: Ahu Tatli / Mustafa Özbilgin / Mine Karataş-Özkan (Hg.): *Pierre Bourdieu, Organisation, and Management.* New York: Routledge. S. 139–161.

Hofmann, Peter / Hirschauer, Stefan (2012): Die konstruktivistische Wende. In: Sabine Maasen / Mario Kaiser / Martin Reinhart / Barbara Sutter (Hg.): *Handbuch Wissenschaftssoziologie.* Wiesbaden: Springer VS. S. 85–99.

Höhne, Thomas (2015): *Ökonomisierung und Bildung. Zu den Formen ökonomischer Rationalisierung im Feld der Bildung.* Wiesbaden: Springer VS.

Honneth, Axel (1990): Die zerrissene Welt der symbolischen Formen. Zum kultursoziologischen Werk Pierre Bourdieus. In: Axel Honneth: *Die zerrissene Welt des Sozialen. Sozialphilosophische Aufsätze.* Frankfurt am Main: Suhrkamp. S. 156–181.

Horkheimer, Max (1967): *Zur Kritik der instrumentellen Vernunft.* Frankfurt am Main: S. Fischer.

Irrgang, Stephanie (2002): *Peregrinatio academica. Wanderungen und Karrieren von Gelehrten der Universitäten Rostock, Greifswald, Trier und Mainz im 15. Jahrhundert.* Stuttgart: Franz Steiner.

Jain, Sheena (2013): Bourdieu's Sociology: A Post-Positivist Science. In: *Thesis Eleven* (117), 1: S. 1–16.

Jaksztat, Steffen (2014): Bildungsherkunft und Promotionen: Wie beeinflusst das elterliche Bildungsniveau den Übergang in die Promotionsphase. In: *Zeitschrift für Soziologie* (43), 4: S. 286–301.

Janning, Frank (1991): *Pierre Bourdieus Theorie der Praxis. Analyse und Kritik der konzeptionellen Grundlegung einer praxeologischen Soziologie.* Opladen: Westdeutscher Verlag.

Jasanoff, Sheila (1995): *Handbook of Science and Technology Studies.* Thousand Oaks, Calif.: Sage Publications.

Jenkins, Richard (2001 [1992]): *Pierre Bourdieu.* London: Routledge.

Joas, Hans / Knöbl, Wolfgang (2013 [2004]): *Sozialtheorie. Zwanzig einführende Vorlesungen.* 4. Auflage. Frankfurt am Main: Suhrkamp.

Jurt, Joseph (2008): *Bourdieu.* Stuttgart: Reclam.

Kahlert, Heike (2011): „Cooling out" und der riskante Weg an die Spitze – Zum Einfluss von Ungleichheitregimes auf Karriereorientierungen im wissenschaftlichen Nachwuchs. In: Jutta Wergen (Hg.): *Forschung und Förderung. Promovierende im Blick der Hochschulen.* Münster: LIT.

Kahlert, Heike (2013a): *Gatekeeping für Chancengleichheit in Hochschule und Forschung: Betreuung und Förderung des wissenschaftlichen Nachwuchses. Forschungsergebnisse und Handlungsempfehlungen.* Hildesheim: Stiftung Universität Hildesheim.

Kahlert, Heike (2013b): *Riskante Karrieren. Wissenschaftlicher Nachwuchs im Spiegel der Forschung.* Opladen: Barbara Budrich.

Kaiser, Mario / Maasen, Sabine (2010): Wissenschaftssoziologie. In: Georg Kneer und Markus Schroer (Hg.): *Handbuch Spezielle Soziologien.* Wiesbaden: VS Verlag für Sozialwissenschaften. S. 685–705.

Kaiser, Till / Schneickert, Christian (2016): Cultural Participation, Personality and Educational Inequalities. In: *Sociological Research Online* (21), 3: S. 14.

Kale-Lostuvali, Elif (2016): Two Sociologies of Science in Search of Truth: Bourdieu Versus Latour. In: *Social Epistemology* (30), 3: S. 273–296.

Kant, Immanuel (1998 [1781]): *Kritik der reinen Vernunft.* Hamburg: Felix Meiner.

Kant, Immanuel (2005 [1798]): *Der Streit der Fakultäten.* Hamburg: Felix Meiner.

Karabel, Jerome (2005): *The Chosen. The Hidden History of Admission and Exclusion at Harvard, Yale, and Princeton.* Boston: Houghton Mifflin.

Kastner, Jens (2009): *Die ästhetische Disposition. Eine Einführung in die Kunsttheorie Pierre Bourdieus.* Wien: Turia + Kant.

Kauppi, Niilo (1996): *French Intellectual Nobility. Institutional and Symbolic Transformations in the Post-Sartrian Era.* New York: State University of New York Press.

Kim, Kyung-Man (1994): *Explaining Scientific Consensus. The Case of Mendelian Genetics.* New York: Guilford Press.

Kim, Kyung-Man (2009): What Would a Bourdieuan Sociology of Scientific Truth Look Like? In: *Social Science Information* (48), 1: S. 57–79.

Kneer, Georg (2004): Differenzierung bei Luhmann und Bourdieu. Ein Theorievergleich. In: Armin Nassehi / Gerd Nollmann (Hg.): *Bourdieu und Luhmann. Ein Theorienvergleich*. Frankfurt am Main: Suhrkamp. S. 25–56.

Knorr Cetina, Karin (1984 [1981]): *Die Fabrikation von Erkenntnis. Zur Anthropologie der Naturwissenschaft*. Erweiterte Neuauflage. Frankfurt am Main: Suhrkamp.

Knorr Cetina, Karin (1988): Das naturwissenschaftliche Labor als Ort der „Verdichtung" von Gesellschaft. In: *Zeitschrift für Soziologie* (17), 2: S. 85–101.

Knorr Cetina, Karin (2002 [1999]): *Wissenskulturen. Ein Vergleich naturwissenschaftlicher Wissensformen*. Frankfurt am Main: Suhrkamp.

Kögler, Hans–Herbert (2007): Autonomie und Anerkennung. Kritische Theorie als Hermeneutik des Subjekts. In: Rainer Winter und Peter V. Zima (Hg.): *Kritische Theorie heute*. Bielefeld: Transcript. S. 79–96.

Krais, Beate (1996): The Academic Disciplines: Social Field and Culture of the Discipline. In: David Sciulli (Hg.): *Normative Social Action*. Greenwich: Jai Press. S. 93–112.

Krais, Beate (2000a): Das soziale Feld Wissenschaft und die Geschlechterverhältnisse. Über die verborgenen Mechanismen männlicher Dominanz in der akademischen Welt. In: Beate Krais (Hg.): *Wissenschaftskultur und Geschlechterordnung. Über die verborgenen Mechanismen männlicher Dominanz in der akademischen Welt*. Frankfurt am Main: Campus. S. 31–54.

Krais, Beate (Hg.) (2000b): *Wissenschaftskultur und Geschlechterordnung. Über die verborgenen Mechanismen männlicher Dominanz in der akademischen Welt*. Frankfurt am Main: Campus.

Krais, Beate (2000c): Wissenschaftskultur und weibliche Karrieren. In: *Wechselwirkung* (105/106), 22: S. 28–35.

Krais, Beate (2008): Wissenschaft als Lebensform: Die alltagspraktische Seite akademischer Karrieren. In: Yvonne Haffner und Beate Krais (Hg.): *Arbeit als Lebensform? Beruflicher Erfolg, private Lebensführung und Chancengleichheit in akademischen Berufsfeldern*. Frankfurt am Main: Campus. S. 177–211.

Krais, Beate / Gebauer, Gunter (2002): *Habitus*. Bielefeld: Transcript.

Krause, Monika (2017): How Fields Vary. In: *British Journal of Sociology* 69 (1): S. 3–22.

Kreckel, Reinhard (2016): Zur Lage des wissenschaftlichen Nachwuchses an Universitäten: Deutschland im Vergleich mit Frankreich, England, den USA und Österreich. In: *Beiträge zur Hochschulforschung* (38), 1-2: S. 12–40.

Krohn, Wolfgang (2000): Wissenschaftssoziologie: zwischen Modernisierungstheorie und Sozialkonstruktivismus auf schwankendem epistemischem Boden. In: Richard Münch / Claudia Jauss / Carsten Stark (Hg.): *Soziologie 2000. Kritische Bestandsaufnahmen zu einer Soziologie für das 21. Jahrhundert*. München: Oldenbourg. S. 314–325.

Kuhn, Thomas S. (2007 [1962]): *Die Struktur wissenschaftlicher Revolutionen*. 19. Auflage von der 2. rev. Auflage, um das Postskriptum von 1969 erg. Auflage. Frankfurt am Main: Suhrkamp.

Laitko, Hubert (2011): Das Max-Planck-Institut zur Erforschung der Lebensbedingungen der wissenschaftlich-technischen Welt: Gründungsintention und Gründungsprozess. In: Klaus Fischer / Hubert Laitko / Heinrich Parthey (Hg.): *Interdisziplinarität und Institutionalisierung der Wissenschaft*. Berlin: Wissenschaftlicher Verlag Berlin. S. 199–237.

Lamont, Michèle (1987): How to Become a Dominant French Philosopher: The Case of Jacques Derrida. In: *American Journal of Sociology* 93 (3): S. 584–622.

Lamont, Michèle (2009): *How Professors Think. Inside the Curious World of Academic Judgment*. Cambridge: Harvard University Press.

Lamont, Michèle (2012a): How Has Bourdieu Been Good to Think With? The Case of the United States. In: *Sociological Forum* (27), 1: S. 228–237.

Lamont, Michèle (2012b): Toward a Comparative Sociology of Valuation and Evaluation. In: *Annual Review of Sociology* (38), 21: S. 201–221.

Lamont, Michèle (2017): *Prisms of Inequality: Moral Boundaries, Exclusion and Academic Evaluation*. Amsterdam.

Lang, Frieder R. / Neyer, Franz J. (2004): Kooperationsnetzwerke und Karrieren an deutschen Hochschulen. Der Weg zur Professur am Beispiel des Faches Psychologie. In: *Kölner Zeitschrift für Soziologie und Sozialpsychologie* (56), 3: S. 520–538.

Langenohl, Andreas (2009): Zweimal Reflexivität in der gegenwärtigen Sozialwissenschaft: Anmerkungen zu einer nicht geführten Debatte. In: *Forum Qualitative Sozialforschung* (10), 2. Online verfügbar unter: http://www.qualitative-research.net/index.php/fqs/article/view/1207/2723 [Stand: 28.12.2017].

Lange-Vester, Andrea (2015): Bildungsaufsteiger und Bildungsaufsteigerinnen. Eine Gruppe von Ungleichen im Studium. In: Christina Möller und Angela Graf (Hg.): *Bildung – Macht – Eliten. Zur Reproduktion sozialer Ungleichheit*. Frankfurt am Main: Campus. S. 94–121.

Lange-Vester, Andrea / Teiwes-Kügler, Christel (2013a): Das Konzept der Habitushermeneutik in der Milieuforschung. In: Alexander Lenger / Christian Schneickert / Florian Schumacher (Hg.): *Pierre Bourdieus Konzeption des Habitus. Grundlagen, Zugänge, Forschungsperspektiven:* Wiesbaden: Springer VS. S. 149–174.

Lange-Vester, Andrea / Teiwes-Kügler, Christel (2013b): Habitusmuster und Handlungsstrategien von Lehrerinnen und Lehrern: Akteure und Komplizen im Feld der Bildung. In: Hans-Georg Soeffner (Hg.): *Transnationale Vergesellschaftungen. Verhandlungen des 35. Kongresses der Deutschen Gesellschaft für Soziologie in Frankfurt am Main 2010*. Wiesbaden: Springer VSCD-ROM.

Lange-Vester, Andrea / Teiwes-Kügler, Christel (2013c): *Zwischen W 3 und Hartz IV. Arbeitssituation und Perspektiven von wissenschaftlichen Mitarbeiterinnen und Mitarbeitern*. Leverkusen: Barbara Budrich.

Latour, Bruno (2000): *Die Hoffnung der Pandora. Untersuchungen zur Wirklichkeit der Wissenschaft*. Frankfurt am Main: Suhrkamp.

Latour, Bruno (2001a): *Das Parlament der Dinge. Für eine politische Ökologie*. Frankfurt am Main: Suhrkamp.

Latour, Bruno (2001b): Eine Soziologie ohne Objekt? In: *Berliner Journal für Soziologie* (11), 2: S. 237–252.

Latour, Bruno (2014 [2005]): *Eine neue Soziologie für eine neue Gesellschaft. Einführung in die Akteur-Netzwerk-Theorie*. 3. Auflage. Berlin: Suhrkamp.

Latour, Bruno (2015 [1991]): *Wir sind nie modern gewesen. Versuch einer symmetrischen Anthropologie*. 5. Auflage. Frankfurt am Main: Suhrkamp.

Latour, Bruno / Woolgar, Steve (1986 [1979]): *Laboratory Life. The Construction of Scientific Facts*. Princeton: Princeton University Press.

Le Grand, Julian / Bartlett, William J. (Hg.) (1993): *Quasi-Markets and Social Policy*. Basingstoke: MacMillan.

Lenoir, Timothy (1997): *Instituting Science. The Cultural Production of Scientific Disciplines*. Stanford: Stanford University Press.

Le Roux, Brigitte / Rouanet, Henry (2010): *Multiple Correspondence Analysis*. Thousand Oaks: Sage.

Lebaron, Frédéric (2007): Pour un intellectuel collectif autonome international. In: *Savoir/Agir* (1): S. 5–7.

Lebaron, Frédéric (2010): Economists and the Economic Order. The Field of Economists and the Field of Power in France. In: *European Societies* (3), 1: S. 91–110.

Lenger, Alexander (2008): *Die Promotion. Ein Reproduktionsmechanismus sozialer Ungleichheit*. Konstanz: UVK.

Lenger, Alexander (2009): Ökonomisches, kulturelles und soziales Kapital von Promovierenden. Eine deskriptive Analyse der sozialen Herkunft von Doktoranden im deutschen Bildungswesen. In: *die hochschule. journal für wissenschaft und bildung* (2): S. 104–125.

Lenger, Alexander (2013): Ökonomie der Praxis, ökonomische Anthropologie und ökonomisches Feld: Bedeutung und Potenziale des Habituskonzepts in den Wirtschaftswissenschaften. In: Alexander Lenger / Christian Schneickert / Florian Schumacher (Hg.): *Pierre Bourdieus Konzeption des Habitus. Grundlagen, Zugänge, Forschungsperspektiven*. Wiesbaden: Springer VS. S. 212–246.

Lenger, Alexander (2015): Arbeitskraftunternehmertum und projektbasierter Kapitalismus im wissenschaftlichen Feld. In: Stephan Lessenich (Hg.): *Routinen der Krise – Krise der Routinen. Verhandlungen des 37. Kongresses der Deutschen Gesellschaft für Soziologie in Trier 2014:* Onlinepublikation. S. 1–12.

Lenger, Alexander (2016): Der ökonomische Fachhabitus – professionsethische Konsequenzen für das Studium der Wirtschaftswissenschaften. In: Gerhard Minnameier (Hg.): *Ethik und Beruf. Interdisziplinäre Zugänge*. Bielefeld: Bertelsmann. S. 157–176.

Lenger, Alexander (2017): Die Geisteswissenschaften und ihre Muße. Das wissenschaftliche akademische Feld zwischen Kreativitätsimperativ und Zweckrationalität. In: Gregor Dobler und Peter Philipp Riedl (Hg.): *Muße und Gesellschaft*. Tübingen: Mohr Siebeck. S. 205–225.

Lenger, Alexander / Obert, Mila / Panzer, Christoph / Weinbrenner, Hannes (2016): „Dann hat sich die Universität doch entschlossen mir eine Dauerstelle zu geben". Eine Agency-Analyse zum Erleben der Strukturiertheit wissenschaftlicher Karrieren im akademischen Feld. In: *BIOS – Zeitschrift für Biographieforschung und Oral History* (29), 1: S. 67–93.

Lenger, Alexander / Rhein, Philipp (2014): Das wirtschaftswissenschaftliche Feld und das Feld der Macht. In: Katrin Hirte / Sebastian Thieme / Walter Otto Ötsch (Hg.): *Wissen! Welches Wissen? Zu Wahrheit, Theorien und Glauben sowie ökonomischen Theorien*. Marburg: Metropolis. S. 319–345.

Lenger, Alexander / Rieder, Tobias / Schneickert, Christian (2014): Theoriepräferenzen von Soziologiestudierenden. In: *Soziologie* (43), 4: S. 450–467.

Lenger, Alexander / Rieder, Tobias / Schneickert, Christian (2018): Wissenskultur und Theoriepräferenzen von Soziologiestudierenden. In: Reiner Keller und Angelika Poferl (Hg.): *Wissenskulturen der Soziologie*. Weinheim: Beltz Juventa.

Lenger, Alexander / Schneickert, Christian (2009): Sozialer Sinn. In: Gerhard Fröhlich und Boike Rehbein (Hg.): *Bourdieu-Handbuch. Leben – Werk – Wirkung*. Stuttgart: J.B. Metzler. S. 279–288.

Lenger, Alexander / Schneickert, Christian / Priebe, Stefan (2012): *Studentische MitarbeiterInnen. Zur Situation und Lage von studentischen Hilfskräften und studentischen Beschäftigten an deutschen Hochschulen und Forschungseinrichtungen*. Frankfurt am Main: Gewerkschaft für Erziehung und Wissenschaft.

Lenger, Alexander / Schneickert, Christian / Schumacher, Florian (2013a): Pierre Bourdieus Konzeption des Habitus. In: Alexander Lenger / Christian Schneickert / Florian Schumacher (Hg.): *Pierre Bourdieus Konzeption des Habitus. Grundlagen, Zugänge, Forschungsperspektiven:* Springer VS. S. 13–41.

Lenger, Alexander / Schneickert, Christian / Schumacher, Florian (Hg.) (2013b): *Pierre Bourdieus Konzeption des Habitus. Grundlagen, Zugänge, Forschungsperspektiven.* Springer VS.

Lenger, Alexander / Schumacher, Florian (2009): „Elite", herrschende Klasse, Staatsadel. In: Gerhard Fröhlich und Boike Rehbein (Hg.): *Bourdieu-Handbuch. Leben – Werk – Wirkung*. Stuttgart: J.B. Metzler. S. 90–94.

Lengersdorf, Diana / Wieser, Matthias (Hg.) (2014): *Schlüsselwerke der Science & Technology Studies*. Wiesbaden: Springer VS.

Lepenies, Wolf (2006 [1985]): *Die drei Kulturen. Soziologie zwischen Literatur und Wissenschaft.* 2. Auflage. Frankfurt am Main: Fischer Taschenbuch Verlag.

Lévi-Strauss, Claude (1972): *Strukturale Anthropologie*. Frankfurt am Main: Suhrkamp.

Light, Donald (1974): The Structure of the Academic Professions. In: *Sociology of Education* (47), 1: S. 2–28.

Lind, Inken (2004): *Aufstieg oder Ausstieg? Karrierewege von Wissenschaftlerinnen. Ein Forschungsüberblick*. Bielefeld: Kleine Verlag.

Lindemann, Gesa (1999): Doppelte Kontingenz und reflexive Anthropologie. In: *Zeitschrift für Soziologie* (28), 3: S. 165–181.

LiPuma, Edward (1993): Culture and the Concept of Culture in a Theory of Practice. In: Craig J. Calhoun / Edward LiPuma / Moishe Postone (Hg.): *Bourdieu. Critical Perspectives*. Chicago: University of Chicago Press. S. 14–34.

Luhmann, Niklas (1984): *Soziale Systeme. Grundriß einer allgemeinen Theorie*. Frankfurt am Main: Suhrkamp.

Luhmann, Niklas (1985): *Soziale Differenzierung. Zur Geschichte einer Idee*. Opladen: Westdeutscher Verlag.

Luhmann, Niklas (1992): *Die Wissenschaft der Gesellschaft*. Frankfurt am Main: Suhrkamp.

Luhmann, Niklas (1997): *Die Gesellschaft der Gesellschaft*. Frankfurt am Main: Suhrkamp.

Lutter, Mark / Schröder, Martin (2016): Who Becomes a Tenured Professor, and Why? Panel Data Evidence from German Sociology, 1980–2013. In: *Research Policy* (45), 5: S. 999–1013.

Maasen, Sabine / Kaiser, Mario / Reinhart, Martin / Sutter, Barbara (Hg.) (2012): *Handbuch Wissenschaftssoziologie*. Wiesbaden: Springer VS.

Maasen, Sabine / Weingart, Peter (2008): Unternehmerische Universität und neue Wissenschaftskultur. In: Hildegard Matthies / Dagmar Simon (Hg.): *Wissenschaft unter Beobachtung. Effekte und Defekte von Evaluationen*. Wiesbaden: VS Verlag für Sozialwissenschaften. S. 141–160.

MacKenzie, Donald A. (2006): Is Economics Performative? Option Theory and the Construction of Derivatives Markets. In: *Journal of the History of Economic Thought* (28), 1: S. 29–55.

MacKenzie, Donald A. / Muniesa, Fabian / Siu, Lucia (Hg.) (2007): *Do Economists Make Markets? On the Performativity of Economics*. Princeton: Princeton University Press.

Maeße, Jens (2013): Das Feld und der Diskurs der Ökonomie. In: Maeße, Jens (Hg.): *Ökonomie, Diskurs, Regierung. Interdisziplinäre Perspektiven*. Wiesbaden: Springer VS. S. 241–276.

Maeße, Jens (2014): *Eliteökonomen. Teil 1: Wissenschaft im Wandel der Gesellschaft*. Wiesbaden: Springer VS.

Maeße, Jens / Hamann, Julian (2016): Die Universität als Dispositiv. Die gesellschaftliche Einbettung von Bildung und Wissenschaft aus diskurstheoretischer Perspektive. In: *Zeitschrift für Diskursforschung* (1): S. 29–50.

Maeße, Jens / Pahl, Hanno / Sparsam, Jan (Hg.) (2016): *Die Innenwelt der Ökonomie. Wissen, Macht und Performativität in der Wirtschaftswissenschaft*. Wiesbaden: Springer VS.

Magerski, Christine (2005): Die Wirkungsmacht des Symbolischen. Von Cassirers Philosophie der symbolischen Formen zu Bourdieus Soziologie der symbolischen Formen. In: *Zeitschrift für Soziologie* (34), 2: S. 112–127.

Mannheim, Karl (1964): *Wissenssoziologie. Auswahl aus dem Werk*. Berlin: Luchterhand.

Mannheim, Karl (1984): *Konservatismus. Ein Beitrag zur Soziologie des Wissens*. Frankfurt am Main: Suhrkamp.

Mannheim, Karl (1995 [1929]): *Ideologie und Utopie*. 8. Auflage. Frankfurt am Main: Klostermann.

Marcuse, Herbert (1965): Industrialisierung und Kapitalismus. In: Otto Stammer / Deutsche Gesellschaft für Soziologie (DGS) (Hg.): *Max Weber und die Soziologie heute: Verhandlungen des 15. Deutschen Soziologentages in Heidelberg 1964*. Tübingen: Mohr Siebeck. S. 161–180.

Marx, Karl (1972 [1859]): *Zur Kritik der politischen Ökonomie*. Berlin: Dietz.

Marx, Karl (2013 [1867]): *Das Kapital. Kritik der politischen Ökonomie*. 24. Auflage. unveränderter Nachdruck der 1. Auflage 1962. Berlin: Dietz.

Massih-Tehrani, Nilgun (2017): *Zwischen Massenuniversität und akademischer Elite. Der Wandel des universitären Karrieresystems der französischen Soziologie im Zuge der Hochschulexpansion*. Dissertation. Otto-Friedrich-Universität Bamberg.

Massih-Tehrani, Nilgun / Baier, Christian / Gengnagel, Vincent (2015): EU-Forschungsförderung im deutschen Hochschulraum: Universitäten zwischen Wissensökonomie und akademischer Selbstbestimmung. In: *Soziale Welt* (66), 1: S. 54–74.

Maton, Karl (2003): Reflexivity, Relationism, and Research. Pierre Bourdieu and the Epistemic Conditions of Social Scientific Knowledge. In: *Space & Culture* (6), 1: S. 52–65.

Matthies, Hildegard (2001): Inkongruenz von institutionellen Karriereoptionen und individuellen Karriereaspirationen. In: Hildegard Matthies / Ellen Kuhlmann / Maria Oppen / Dagmar Simon (Hg.): *Karrieren und Barrieren im Wissenschaftsbetrieb. Geschlechterdifferente Teilhabechancen in ausseruniversitären Forschungseinrichtungen*. Berlin: Edition Sigma. S. 88–113.

Matthies, Hildegard (2005): ‚Entrepreneurshipping' in unvollkommenen Märkten – das Beispiel der Wissenschaft. In: Karin Lohr und Hildegard Nickel (Hg.): *Subjektivierung von Arbeit. Riskante Chancen*. Münster: Westfälisches Dampfboot. S. 149–179.

Matthies, Hildegard (2016): Akademischer Hazard und berufliche Identitäten. In: Julia Reuter / Oliver Berli / Manuela Tischler (Hg.): *Wissenschaftliche Karriere als Hasard. Eine Sondierung*. Frankfurt am Main: Campus. S. 29–48.

Matthies, Hildegard / Kuhlmann, Ellen / Oppen, Maria / Simon, Dagmar (Hg.) (2001): *Karrieren und Barrieren im Wissenschaftsbetrieb. Geschlechterdifferente Teilhabechancen in ausseruniversitären Forschungseinrichtungen.* Berlin: Edition Sigma.

Mau, Steffen (2017): *Das metrische Wir. Über die Quantifizierung des Sozialen.* Berlin: Suhrkamp.

Mauss, Marcel (1968 [1923/24]): *Die Gabe. Die Form und Funktion des Austauschs in archaischen Gesellschaften.* 14. Auflage. Frankfurt am Main: Suhrkamp.

Meier, Frank (2009): *Die Universität als Akteur. Zum institutionellen Wandel der Hochschulorganisation,* Wiesbaden: VS Verlag für Sozialwissenschaften.

Mendoza, Pilar / Kuntz, Aaron M. / Berger, Joseph B. (2012): Bourdieu and Academic Capitalism: Faculty „Habitus" in Materials Science and Engineering. In: *Journal of Higher Education* (83), 4: S. 558–581.

Merton, Robert K. (1973): *The Sociology of Science. Theoretical and Empirical Investigations.* Chicago: University of Chicago Press.

Merton, Robert K. (1985a [1973]): *Entwicklung und Wandel von Forschungsinteressen. Aufsätze zur Wissenschaftssoziologie.* Frankfurt am Main: Suhrkamp.

Merton, Robert K. (1985b [1973]): Der Matthäus-Effekt in der Wissenschaft. In: Robert K. Merton: *Entwicklung und Wandel von Forschungsinteressen. Aufsätze zur Wissenschaftssoziologie.* Frankfurt am Main: Suhrkamp. S. 147–171.

Merton, Robert K. (1985c [1973]): Die normative Struktur der Wissenschaft. In: Robert K. Merton: *Entwicklung und Wandel von Forschungsinteressen. Aufsätze zur Wissenschaftssoziologie.* Frankfurt am Main: Suhrkamp. S. 86–99.

Mialet, Hélène (2003): The „Righteous Wrath" of Pierre Bourdieu. In: *Social Studies of Science* (33), 4: S. 613–622.

Möller, Christina (2013): Wie offen ist die Universitätsprofessur für soziale Aufsteigerinnen und Aufsteiger? Explorative Analysen zur sozialen Herkunft der Professorinnen und Professoren an den nordrhein-westfälischen Universitäten. In: *Soziale Welt* (64): S. 341–360.

Möller, Christina (2015): *Herkunft zählt (fast) immer. Analysen über soziale Ungleichheiten unter Universitätsprofessorinnen und -professoren.* Weinheim: Beltz Juventa.

Müller, Hans-Peter (1993): *Sozialstruktur und Lebensstile. Der neuere theoretische Diskurs über soziale Ungleichheit.* 2. Auflage. Frankfurt am Main: Suhrkamp.

Müller, Hans-Peter (2014a): *Pierre Bourdieu. Eine systematische Einführung.* Berlin: Suhrkamp.

Müller, Mirjam (2014b): *Promotion – Postdoc – Professur. Karriereplanung in der Wissenschaft.* Frankfurt am Main: Campus.

Münch, Richard (2006a): Drittmittel und Publikationen. In: *Soziologie* (35), 4: S. 440–461.

Münch, Richard (2006b): Wissenschaft im Schatten von Kartell, Monopol und Oligarchie: Die latenten Effekte der Exzellenzinitiative. In: *Leviathan* (34): S. 466–486.

Münch, Richard (2007): *Die akademische Elite. Zur sozialen Konstruktion wissenschaftlicher Exzellenz.* Frankfurt am Main: Suhrkamp.

Münch, Richard (2009a): Die Konstruktion soziologischer Exzellenz durch Forschungsrating. In: *Soziale Welt* (60), 1: S. 63–89.

Münch, Richard (2009b): *Globale Eliten, lokale Autoritäten. Bildung und Wissenschaft unter dem Regime von PISA, McKinsey & Co.* Frankfurt am Main: Suhrkamp.

Münch, Richard (2011): *Akademischer Kapitalismus. Über die politische Ökonomie der Hochschulreform.* Frankfurt am Main: Suhrkamp.

Münch, Richard (2015): Alle Macht den Zahlen! Zur Soziologie des Zitationsindexes. In: *Soziale Welt* (66), 2: S. 149–160.

Münch, Richard (2016): Kapital und Arbeit um akademischen Shareholder-Kapitalismus. Fatale Allianzen auf dem deutschen Sonderweg zur wissenschaftlichen Exzellenz. In: *Soziologie* (45), 4: S. 412–440.

Münch, Richard / Baier, Christian (2009): Die Konstruktion der soziologischen Realität durch Forschungsratings. In: *Berliner Journal für Soziologie* (19): S. 295–319.

Münch, Richard / Baier, Christian (2012): Institutional Struggles for Recognition in the Academic Field: The Case of University Departments in German Chemistry. In: *Minerva* (50), 1: S. 97–126.

Nairz-Wirth, Erna (2008): Ernst Cassirer. In: Gerhard Fröhlich und Boike Rehbein (Hg.): *Bourdieu-Handbuch. Leben – Werk – Wirkung.* Stuttgart: J.B. Metzler. S. 29–32.

Nassehi, Armin (1999): *Differenzierungsfolgen. Beiträge zur Soziologie der Moderne.* Wiesbaden: VS Verlag für Sozialwissenschaften.

Neckel, Sighard (2001): „Leistung" und „Erfolg". Die symbolische Ordnung der Marktgesellschaft. In: Eva Barlösius / Hans-Peter Müller / Steffen Sigmund (Hg.): *Gesellschaftsbilder im Umbruch.* Wiesbaden: VS Verlag für Sozialwissenschaften. S. 245–265.

Neckel, Sighard / Wagner, Greta (2013): *Leistung und Erschöpfung. Burnout in der Wettbewerbsgesellschaft.* Berlin: Suhrkamp.

Niewöhner, Jörg (2012): Von der Wissenschaftssoziologie zur Soziologie wissenschaftlichen Wissens. In: Stefan Beck / Jörg Niewöhner / Estrid Sörensen (Hg.): *Science and Technology Studies. Eine sozialanthropologische Einführung.* Bielefeld: Transcript. S. 77–101.

Orozco, Teresa (1996): Der Kampf um Anerkennung. Perspektiven der Wissenschaftssoziologie bei Robert K. Merton und Pierre Bourdieu. In: Elisabeth Strauss (Hg.): *Dilettanten und Wissenschaft. Zur Geschichte und Aktualität eines wechselvollen Verhältnisses.* Amsterdam: Rodopi. S. 185–207.

Panofsky, Aaron (2014): *Misbehaving Science. Controversy and the Development of Behavior Genetics.* Chicago: The University of Chicago Press.

Papilloud, Christian (2003): *Bourdieu lesen. Einführung in eine Soziologie des Unterschieds.* Bielefeld: Transcript.

Parsons, Talcott (1971): *The System of Modern Societies.* Englewood Cliffs: Prentice-Hall.

Paulitz, Tanja (2012): *Mann und Maschine. Eine genealogische Wissenssoziologie des Ingenieurs und der modernen Technikwissenschaften, 1850–1930.* Bielefeld: Transcript.

Paulitz, Tanja (2017): Wissenskulturen und Machtverhältnisse. Nichtwissen als konstitutive Leerstelle in der Wissenspraxis und ihre Bedeutung für Technikkulturen. In: Alexander Friedrich / Petra Gehring / Christoph Hubig / Andreas Kaminski / Alfred Nordmann (Hg.): *Technisches Nichtwissen.* Baden-Baden: Nomos. S. 189–210.

Peter, Lothar (2007): Wissenschaftliche Autonomie und gesellschaftliche Parteilichkeit – Pierre Bourdieu als engagierter Intellektueller. In: Effi Böhlke / Rainer Rilling (Hg.): *Bourdieu und die Linke. Politik – Ökonomie – Kultur.* Berlin: Dietz. S. 17–42.

Peters, Gabriel (2014): Explanation, Understanding and Determinism in Pierre Bourdieu's Sociology. In: *History of the Human Sciences* (27), 1: S. 124–149.

Platon: Theaitetos. In: Ursula Wolf (Hg.) (2010): Platon. Sämtliche Werke. *Band 3: Kratylos, Parmenides, Theaitetos, Sophistes, Politikos, Philebos, Briefe.* Reinbek bei Hamburg: Rowohlt. S. 147–251.

Plümper, Thomas / Schimmelfennig, Frank (2007): Wer wird Prof – und wann? Berufungsdeterminanten in der deutschen Politikwissenschaft. In: *Politische Vierteljahresschrift* (48), 1: S. 97–117.
Polanyi, Michael (1985 [1966]): *Implizites Wissen*. Frankfurt am Main: Suhrkamp.
Popper, Karl Raimund (1977a [1945]): *Die offene Gesellschaft und ihre Feinde. Band 1. Der Zauber Platons*. 5. Auflage. durchgesehen und ergänzt. Tübingen: Mohr Siebeck.
Popper, Karl Raimund (1977b [1945]): *Die offene Gesellschaft und ihre Feinde. Band 2. Falsche Propheten: Hegel, Marx und die Folgen*. 5. Auflage. durchgesehen und ergänzt. Tübingen: Mohr Siebeck.
Poulantzas, Nicos (1974 [1968]): *Politische Macht und gesellschaftliche Klassen*. Frankfurt am Main: Athenäum Fischer Taschenbuch.
Reckwitz, Andreas (2003): Grundelemente einer Theorie sozialer Praktiken. Eine sozialtheoretische Perspektive. In: *Zeitschrift für Soziologie* (32), 4: S. 282–301.
Rehbein, Boike (2003): „Sozialer Raum" und Felder. Mit Bourdieu in Laos. In: Boike Rehbein / Gernot Saalmann / Hermann Schwengel (Hg.): *Pierre Bourdieus Theorie des Sozialen. Probleme und Perspektiven*. Konstanz: UVK. S. 77–95.
Rehbein, Boike (2006a): *Die Soziologie Pierre Bourdieus*. Konstanz: UVK.
Rehbein, Boike (2006b): *Habermas und Bourdieu*. Working Paper. Freiburg im Breisgau. Online verfügbar unter: http://nbn-resolving.de/urn:nbn:de:0168-ssoar-29839 [Stand: 28.12.2017].
Rehbein, Boike / Saalmann, Gernot (2009): Feld (champ). In: Gerhard Fröhlich und Boike Rehbein (Hg.): *Bourdieu-Handbuch. Leben – Werk – Wirkung*. Stuttgart: J.B. Metzler. S. 99–103.
Rehbein, Boike / Schneickert, Christian / Weiß, Anja (2009): Klasse (classe). In: Gerhard Fröhlich und Boike Rehbein (Hg.): *Bourdieu Handbuch. Leben – Werk – Wirkung*. Stuttgart: J.B. Metzler, S. 140–147.
Rehbein, Boike / Schwengel, Hermann (2008): *Theorien der Globalisierung*. Konstanz: UVK.
Reinhart, Martin (2012): Wissenschaft und Wirtschaft: Von Entdeckung zu Innovation. In: Sabine Maasen / Mario Kaiser / Martin Reinhart / Barbara Sutter (Hg.): *Handbuch Wissenschaftssoziologie*. Wiesbaden: Springer VS. S. 365–378.
Reitz, Tilman (2017): Academic Hierarchies in Neo-Feudal Capitalism. How Status Competition Processes Trust and Facilitates the Appropriation of Knowledge. In: *Higher Education* 73 (6): S. 871–886.
Reuter, Julia / Berli, Oliver / Tischler, Manuela (Hg.) (2016): *Wissenschaftliche Karriere als Hasard. Eine Sondierung*. Frankfurt am Main: Campus.
Rieger-Ladich, Markus / Grabau, Christian (Hg.) (2017): *Pierre Bourdieu: Pädagogische Lektüren*. Wiesbaden: Springer VS.
Ringer, Fritz K. (1990 [1969]): *The Decline of the German Mandarins. The German Academic Community, 1890–1933*. Hanover: University Press of New England.
Ringer, Fritz K. (1990): The Intellectual Field, Intellectual History, and the Sociology of Knowledge. In: *Theory and Society* 19 (3): S. 269–294.
Ringer, Fritz K. (2010 [1992]): *Fields of Knowledge. French Academic Culture in Comparative Perspective, 1890–1920*. Cambridge: Cambridge University Press.
Rogge, Jan-Christoph (2015a): Soziale Bedingungen und Effekte der quantitativen Leistungsmessung. In: *Soziale Welt* (66), 2: S. 205–214.

Rogge, Jan-Christoph (2015b): The Winner Takes It All? Die Zukunftsperspektiven des wissenschaftlichen Mittelbaus auf dem akademischen Quasi-Markt. In: *Kölner Zeitschrift für Soziologie und Sozialpsychologie* (67), 4: S. 685–707.

Russo, Manfred (2009): Autonomie (autonomie). In: Gerhard Fröhlich und Boike Rehbein (Hg.): *Bourdieu-Handbuch. Leben – Werk – Wirkung.* Stuttgart: J.B. Metzler. S. 65–68.

Sallaz, Jeffrey J. / Zavisca, Jane (2007): Pierre Bourdieu in American Sociology, 1980–2005. In: *Annual Review of Sociology* (33): S. 21–41.

Sartre, Jean-Paul (1974 [1943]): *Das Sein und das Nichts.* 1517. Auflage. Hamburg: Rowohlt.

Saussure, Ferdinand de (1967 [1916]): *Grundfragen der allgemeinen Sprachwissenschaft.* 2. Auflage. Berlin: De Gruyter.

Schäfer, Hilmar (2013): *Die Instabilität der Praxis. Reproduktion und Transformation des Sozialen in der Praxistheorie.* Weilerswist: Velbrück Wissenschaft.

Schäfer, Hilmar (Hg.) (2014): *Praxistheorie. Ein soziologisches Forschungsprogramm.* Bielefeld: Transcript.

Schelsky, Helmut (1971 [1963]): *Einsamkeit und Freiheit. Idee und Gestalt der deutschen Universität und ihrer Reformen.* 2., um einen „Nachtrag 1970" erweiterte Auflage. Düsseldorf: Bertelsmann Universitätsverlag.

Schimank, Uwe (1995a): Für eine Erneuerung der institutionellen Wissenschaftssoziologie. In: *Zeitschrift für Soziologie* (24), 1: S. 42–57.

Schimank, Uwe (1995b): *Hochschulforschung im Schatten der Lehre.* Frankfurt am Main: Campus.

Schimank, Uwe / Volkmann, Ute (2008): Ökonomisierung der Gesellschaft. In: Maurer, Andrea (Hg.): *Handbuch der Wirtschaftssoziologie.* Wiesbaden: VS Verlag für Sozialwissenschaften. S. 382–393.

Schinkel, Willem (2007): Sociological Discourse of the Relational: The Cases of Bourdieu & Latour. In: *Sociological Review* (55), 4: S. 707–729.

Schmidt-Wellenburg, Christian (2013): *Die Regierung des Unternehmens. Managementberatung im neoliberalen Kapitalismus.* Konstanz: UVK.

Schmitz, Andreas / Witte, Daniel / Gengnagel, Vincent (2017): Pluralizing Field Analysis: Toward a Relational Understanding of the Field of Power. In: *Social Science Information* (56), 1.

Schneickert, Christian (2013a): Globaler Habitus? Der Habitusbegriff in der Globalisierungsforschung. In: Alexander Lenger / Christian Schneickert / Florian Schumacher (Hg.): *Pierre Bourdieus Konzeption des Habitus. Grundlagen, Zugänge, Forschungsperspektiven:* Springer VS. S. 377–395.

Schneickert, Christian (2013b): *Studentische Hilfskräfte und MitarbeiterInnen.* Konstanz: UVK.

Schneickert, Christian (2013c): Die Wurzeln von Bourdieus Habituskonzept in der Phänomenologie Edmund Husserls. In: Alexander Lenger / Christian Schneickert / Florian Schumacher (Hg.): *Pierre Bourdieus Konzeption des Habitus. Grundlagen, Zugänge, Forschungsperspektiven.* Wiesbaden: Imprint: Springer VS. S. 75–89.

Schneickert, Christian (2015a): *Nationale Machtfelder und globalisierte Eliten.* Konstanz: UVK.

Schneickert, Christian (2015b): Buchnotiz: Pierre Bourdieu: Über den Staat. Vorlesungen am Collège de France 1989–1992. In: *Philosophische Rundschau. Eine Zeitschrift für philosophische Kritik* (62), 2: S. 185–189.

Schneickert, Christian (2015c): Eliten im Kontext der Globalisierung. In: Angela Graf / Christina Möller (Hg.): *Bildung – Macht – Eliten. (Re)Produktion sozialer Ungleichheiten.* Frankfurt am Main: Campus. S. 208–230.

Schneickert, Christian (2016): Das globalisierte Feld der Macht: Nationale, transnationale oder globale Eliten? In: Björn Wendt / Marcus B. Klöckner / Sascha Pommrenke / Michael Walter (Hg.): Wie Eliten Macht organisieren. Bilderberg & Co.: Lobbying, Thinktanks und Mediennetzwerke. VSA: Verlag. S. 67–79.

Schneickert, Christian / Lenger, Alexander (2010): Studentische Hilfskräfte im deutschen Bildungswesen. In: *Berliner Journal für Soziologie* (20), 2: S. 203–224.

Schneickert, Christian / Lenger, Alexander (2016): Studentische Arbeitskraftunternehmer*innen: Projektbasierter Kapitalismus im wissenschaftlichen Feld. In: Andrea Lange-Vester und Tobias Sander (Hg.): *Soziale Ungleichheiten, Milieus und Habitus im Hochschulstudium.* Weinheim: Beltz Juventa. S. 265–285.

Schneickert, Christian / Schumacher, Florian (2014): Writing Distinction. Eine illegitime Kultur als subkulturelles Feld. In: *Österreichische Zeitschrift für Soziologie* (39), 1: S. 43–60.

Schultheis, Franz (2007): *Bourdieus Wege in die Soziologie. Genese und Dynamik einer reflexiven Sozialwissenschaft.* Konstanz: UVK.

Schumacher, Florian (2011): *Bourdieus Kunstsoziologie.* Konstanz: UVK.

Schütz, Alfred (1974): *Der sinnhafte Aufbau der sozialen Welt. Eine Einleitung in die verstehende Soziologie.* Frankfurt am Main: Suhrkamp.

Schütz, Alfred / Luckmann, Thomas (1975): *Strukturen der Lebenswelt.* Neuwied: H. Luchterhand.

Schwingel, Markus (1995): *Pierre Bourdieu zur Einführung.* Hamburg: Junius.

Schwinn, Thomas (2007): *Soziale Ungleichheit.* Bielefeld: Transcript.

Schwinn, Thomas (Hg.) (2008): *Differenzierung und soziale Ungleichheit. Die zwei Soziologien und ihre Verknüpfung.* 3. Auflage. Frankfurt am Main: Humanities Online.

Silva, Elizabeth / Warde, Alan (Hg.) (2010): *Cultural Analysis and Bourdieu's Legacy. Settling Accounts and Developing Alternatives.* London: Routledge.

Simmel, Georg (1989 [1890]): Über sociale Differenzierung. In: Heinz-Jürgen Dahme (Hg.): Georg Simmel: *Gesamtausgabe Band 2. Aufsätze 1887 bis 1890.* Frankfurt am Main: Suhrkamp. S. 109–295.

Sismondo, Sergio (2011): Bourdieu's Rationalist Science of Science: Some Promises and Limitations. In: *Cultural Sociology* (5), 1: S. 83–97.

Slaughter, Sheila / Leslie, Larry L. (1997): *Academic Capitalism. Politics, Policies, and the Entrepreneurial University.* Baltimore: Johns Hopkins University Press.

Slaughter, Sheila / Rhoades, Gary (2004): *Academic Capitalism and the New Economy. Markets, State, and Higher Education.* Baltimore: Johns Hopkins University Press.

Snow, Charles Percy (1987): Die zwei Kulturen. Rede Lecture [1959]. In: Helmut Kreuzer (Hg.): *Die Zwei Kulturen. Literarische und naturwissenschaftliche Intelligenz. C.P. Snows These in der Diskussion.* München: Klett-Cotta im Deutschen Taschenbuch Verlag. S. 19–58.

Stegmann, Stefanie (2005): „... *got the lock!"* – *Wissenschaft und ihr Outfit. Eine kulturwissenschaftliche Studie über Effekte von Habitus, Fachkultur und Geschlecht.* Münster: LIT.

Stehr, Nico (1994): Wissenschaftssoziologie. In: Harald Kerber / Arnold Schmieder (Hg.): *Spezielle Soziologien. Problemfelder, Forschungsbereiche, Anwendungsorientierungen.* Reinbek bei Hamburg: Rowohlt. S. 541–555.

Stichweh, Rudolf (2013 [1994]): *Wissenschaft, Universität, Professionen. Soziologische Analysen.* Neuauflage. Bielefeld: Transcript.
Šuber, Daniel /Schäfer, Hilmar / Prinz, Sophia (Hg.) (2011): *Pierre Bourdieu und die Kulturwissenschaften. Zur Aktualität eines undisziplinierten Denkens.* Konstanz: UVK.
Swartz, David L. (1997): *Culture and Power. The Sociology of Pierre Bourdieu.* Chicago: University of Chicago Press.
Swartz, David L. (2003): From Critical Sociology to Public Intellectual: Pierre Bourdieu and Politics. In: *Theory and Society* (32): S. 791–823.
Swartz, David L. (2010): Pierre Bourdieu's Political Sociology and Public Sociology. In: Elizabeth Silva / Alan Warde (Hg.): *Cultural Analysis and Bourdieu's Legacy. Settling Accounts and Developing Alternatives.* London: Routledge. S. 45–59.
Swartz, David L. (2013): *Symbolic Power, Politics, and Intellectuals. The Political Sociology of Pierre Bourdieu.* Chicago: University of Chicago Press.
Ullrich, Peter (2016): Prekäre Wissensarbeit im akademischen Kapitalismus. Strukturen, Subjektivitäten und Organisierungsansätze in Mittelbau und Fachgesellschaften. In: *Soziologie* (45), 4: S. 388–411.
Varela, María do Mar Castro / Dhawan, Nikita (2015): *Postkoloniale Theorie. Eine kritische Einführung.* Bielefeld: Transcript.
Vester, Michael / Oertzen, Peter von / Geiling, Heiko / Hermann, Thomas / Müller, Dagmar (2001): *Soziale Milieus im gesellschaftlichen Strukturwandel. Zwischen Integration und Ausgrenzung.* Frankfurt am Main: Suhrkamp.
Wacquant, Loïc J. D. (2006): Habitus. In: Jens Beckert / Milan Zafirovski (Hg.): *International Encyclopedia of Economic Sociology.* London: Routledge. S. 315–319.
Wagner, Wolf (1977): *Uni-Angst und Uni-Bluff. Wie studieren und sich nicht verlieren.* Berlin: Rotbuch.
Weber, Lena (2017): *Die unternehmerische Universität. Die Ökonomisierung der Universitäten und der Gleichstellungspolitik in Deutschland, Großbritannien und Schweden.* Weinheim: Beltz Juventa.
Weber, Max (1976 [1921/22]): *Wirtschaft und Gesellschaft. Grundriss der verstehenden Soziologie.* 5. Auflage. Tübingen: Mohr.
Weber, Max (1988 [1919]): Wissenschaft als Beruf. In: Max Weber: *Gesammelte Aufsätze zur Wissenschaftslehre.* 7. Auflage, photomechan. Nachdruck der 6. Auflage. Tübingen: Mohr. S. 582–613.
Weber, Max (1991 [1920]): Zwischenbetrachtung: Theorie der Stufen und Richtungen religiöser Weltablehnung. In: Max Weber: *Die Wirtschaftsethik der Weltreligionen. Konfuzianismus und Taoismus. Schriften 1915–1920.* Tübingen: Mohr. S. 479–522.
Wehling, Peter (2014): Reflexive Autonomie der Wissenschaft. Eine feldtheoretische Perspektive mit und gegen Pierre Bourdieu. In: Martina Franzen / Arlena Jung / David Kaldewey / Jasper Korte (Hg.): *Autonomie revisited. Beiträge zu einem umstrittenen Grundbegriff in Wissenschaft, Kunst und Politik. Zeitschrift für theoretische Soziologie.* Sonderband 2. Weinheim: Beltz Juventa. S. 62–87.
Weingart, Peter (1972): Wissenschaftsforschung und wissenssoziologische Analyse. In: Peter Weingart (Hg.): *Wissenschaftssoziologie 1: Wissenschaftliche Entwicklung als sozialer Prozes.* Frankfurt am Main: Fischer Athenäum. S. 11–42.
Weingart, Peter (2001): *Die Stunde der Wahrheit? Zum Verhältnis der Wissenschaft zu Politik, Wirtschaft und Medien in der Wissensgesellschaft.* Weilerswist: Velbrück Wissenschaft.

Weingart, Peter (2003): *Wissenschaftssoziologie*. Bielefeld: Transcript.
Weingart, Peter (2008): Ökonomisierung der Wissenschaft. In: *N.T.M.* (16), 4: S. 477–484.
Weingart, Peter (2010a): Wissenschaftssoziologie als Gesellschaftsdiagnose. In: *Soziale Welt* (61), 1: S. 89–98.
Weingart, Peter (2010b): Die „unternehmerische Universität". In: *Nach Feierabend. Züricher Jahrbuch für Wissenschaftsgeschichte* (6): S. 55–72.
Weischer, Christoph / Diaz-Bone, Rainer (2015): Homologie. In: Rainer Diaz-Bone und Christoph Weischer (Hg.): *Methoden-Lexikon für die Sozialwissenschaften*. Wiesbaden: Springer VS. S. 181.
Wetterer, Angelika (Hg.) (1992): *Profession und Geschlecht. Über die Marginalität von Frauen in hochqualifizierten Berufen*. Frankfurt am Main: Campus.
Wetterer, Angelika (Hg.) (1995): *Die soziale Konstruktion von Geschlecht in Professionalisierungsprozessen*. Frankfurt am Main: Campus.
Wieczorek, Oliver / Beyer, Stephanie / Münch, Richard (2017): Fief and Benefice Feudalism. Two Types of Academic Autonomy in US Chemistry. In: *Higher Education* (73), 6, S. 887–907.
Wieser, Matthias (2012): *Das Netzwerk von Bruno Latour. Die Akteur-Netzwerk-Theorie zwischen Science & Technology Studies und poststrukturalistischer Soziologie*. Bielefeld: Transcript.
Witte, Daniel / Schmitz, Andreas (2016): Patent, Delegation und Konsekration. Elemente einer Geltungstheorie des Expertenwissens. In: Jürgen Raab und Reiner Keller (Hg.): *Wissensforschung – Forschungswissen. Beiträge und Debatten zum 1. Sektionskongress der Wissenssoziologie*. Weinheim, Basel: Beltz Juventa. S. 252–262
Woolgar, Steve (1988): *Knowledge and Reflexivity. New Frontiers in the Sociology of Knowledge*. London: Sage.
Zahner, Nina Tessa (2006): *Die neuen Regeln der Kunst. Andy Warhol und der Umbau des Kunstbetriebs im 20. Jahrhundert*. Frankfurt am Main: Campus.
Zimmermann, Karin (2000): *Spiele mit der Macht in der Wissenschaft. Paßfähigkeit und Geschlecht als Kriterien für Berufungen*. Berlin: Edition Sigma.
Zuckerman, Harriet (1988): The Sociology of Science. In: Smelser, Neil J. (Hg.): *Handbook of Sociology*. Newbury Park, California: Sage Publications. S. 511–576.
Zuckerman, Harriet (1996 [1977]): *Scientific Elite. Nobel Laureates in the United States*. New Brunswick: Transaction Publishers.
Zuckerman, Harriet (2010): Dynamik und Verbreitung des Matthäus-Effekts. Eine kleine soziologische Bedeutungslehre. In: *Berliner Journal für Soziologie* (20), 3: S. 309–340.

Printed by Books on Demand, Germany